Collection « L'esprit économique »

fondée par Sophie Boutillier et Dimitri Uzunidis en 1996
dirigée par Sophie Boutillier, Blandine Laperche, Dimitri Uzunidis

Si l'apparence des choses se confondait avec leur réalité, toute réflexion, toute Science, toute recherche serait superflue. La collection « L'esprit économique » soulève le débat, textes et images à l'appui, sur la face cachée économique des faits sociaux : rapports de pouvoir, de production et d'échange, innovations organisationnelles, technologiques et financières, espaces globaux et microéconomiques de valorisation et de profit, pensées critiques et novatrices sur le monde en mouvement...
Ces ouvrages s'adressent aux étudiants, aux enseignants, aux chercheurs en sciences économiques, politiques, sociales, juridiques et de gestion, ainsi qu'aux experts d'entreprise et d'administration des institutions.

La collection est divisée en six séries :

Dans la série *Economie et Innovation* sont publiés des ouvrages d'économie industrielle, financière et du travail et de sociologie économique qui mettent l'accent sur les transformations économiques et sociales suite à l'introduction de nouvelles techniques et méthodes de production. L'innovation se confond avec la nouveauté marchande et touche le cœur même des rapports sociaux et de leurs représentations institutionnelles.

La série *Economie formelle* a pour objectif de promouvoir l'analyse des faits économiques contemporains en s'appuyant sur les approches critiques de l'économie telle qu'elle est enseignée et normalisée mondialement. Elle comprend des livres qui s'interrogent sur les choix des acteurs économiques dans une perspective macroéconomique, historique et prospective.

Dans la série *Le Monde en Question* sont publiés des ouvrages d'économie politique traitant des problèmes internationaux. Les économies nationales, le développement, les espaces élargis, ainsi que l'étude des ressorts fondamentaux de l'économie mondiale sont les sujets de prédilection dans le choix des publications.

La série *Krisis* a été créée pour faciliter la lecture historique des problèmes économiques et sociaux d'aujourd'hui liés aux métamorphoses de l'organisation industrielle et du travail. Elle comprend la réédition d'ouvrages anciens, de compilations de textes autour des mêmes questions et des ouvrages d'histoire de la pensée et des faits économiques.

La série *Clichés* a été créée pour fixer les impressions du monde économique. Les ouvrages contiennent photos et texte pour faire ressortir les caractéristiques d'une situation donnée. Le premier thème directeur est : mémoire et actualité du travail et de l'industrie ; le second : histoire et impacts économiques et sociaux des innovations.

La série *Cours Principaux* comprend des ouvrages simples, fondamentaux et/ou spécialisés qui s'adressent aux étudiants en licence et en master en économie, sociologie, droit, et gestion. Son principe de base est l'application du vieil adage chinois : « le plus long voyage commence par le premier pas ».

CONDORCET ÉCONOMISTE

5-7, rue de l'École-Polytechnique ; 75005 Paris

http://www.editions-harmattan.fr/

ISBN : 978-2-14-034195-3
EAN : 9782140341953

Gérard Minart

Condorcet économiste

Un libéralisme économique au service du bien public

L'Harmattan

OUVRAGES DU MÊME AUTEUR

Pierre DAUNOU, l'anti-Robespierre, éditions Privat, 2001.

Les Opposants à NAPOLÉON, éditions Privat, 2003.

Frédéric BASTIAT, le croisé du libre-échange, éditions de l'Harmattan, 2004.

Jean-Baptiste SAY, maître et pédagogue de l'Ecole française d'économie politique libérale, éditions Charles Coquelin, 2005.

CLEMENCEAU journaliste, L'Harmattan, 2005.

Actualité de Jacques RUEFF, le plan de redressement de 1958, une réussite du libéralisme appliqué, éditions Charles Coquelin, 2007.

Armand CARREL, l'homme d'honneur de la liberté de la presse, éditions de L'Harmattan, 2011.

Gustave de MOLINARI (1819-1912) Pour un gouvernement à bon marché dans un milieu libre, éditions Charles Coquelin, 2012.

Entrepreneur et esprit d'entreprise, l'avant-gardisme de Jean-Baptiste SAY, éditions de l'Harmattan, 2013.

Jacques RUEFF, un libéral français, éditions Odile Jacob, 2016

Benjamin CONSTANT économiste : Pour un libéralisme économique qui concilie efficacité et justice, éditions de L'Harmattan, 2019.

Collaboration à *Histoire du libéralisme en Europe* (sous la direction de Philippe Nemo et Jean Petitot), chapitre sur Daunou, Presses Universitaires de France, 2006.

Collaboration à *Dictionnaire du libéralisme* (sous la direction de Mathieu Laine), notices sur Jacques Rueff et Jean-Baptiste Say, Larousse, 2012.

INTRODUCTION

Condorcet dans le « champ des réalités »

Dans l'œuvre de Condorcet, l'économie
occupe une place considérable.
Jean-Claude Perrot

Oui, il existe un Condorcet économiste.

Oui, ce Condorcet-là mérite de figurer en bonne place dans la longue histoire de l'Ecole française d'économie politique libérale, ne serait-ce qu'en raison du soutien actif et indéfectible qu'il a apporté à la politique de réforme de son ami Turgot.

Oui, un tel Condorcet a plutôt été négligé voire oublié par les principaux historiens de la pensée économique. Le *Gide et Rist*, le *Gonnard* et, plus près de nous, le *Henri Denis* de la collection Thémis ne le mentionnent qu'en passant.

Quant à Schumpeter, le grand maître de la discipline, s'il reconnaît que Condorcet s'est illustré dans tous les domaines de la science et de la politique, il se montre pour le reste très expéditif dans son *Histoire de l'analyse économique* quand il écrit : « Sa contribution à l'économie ne mérite pas d'être rappelée. »[1]

Il est vrai que l'ambition de Schumpeter est moins d'édifier une histoire des faits, des pensées, des doctrines ou des hommes qu'une histoire des « théories ». Autrement dit de suivre, quasiment à la loupe, la naissance, l'émergence, la validité, la longévité de ces *théories* qui, en économie, ont une importance analogue à celle des *théorèmes* en mathématiques. Les héros de sa grande histoire - il le dit lui-même - sont moins des hommes que des théories. Et l'emploi du terme *analyse* montre bien la volonté scientifique de sa démarche. Raymond Barre souligne très justement que ce qui intéresse Schumpeter « c'est le développement de l'économie en tant que science », alors que, de toute évidence, ce qui anime Condorcet c'est l'économie en tant qu'instrument au service des droits et de la justice.

Dans le domaine de l'économie, Condorcet est d'abord et avant tout un homme d'action et non un théoricien.

Sa plume sera au service de l'action, son ambition sera toute tendue vers l'action, ses propos, ses écrits, ses actes seront tous orientés dans le sens de l'action.

---

[1] Schumpeter, *Histoire de l'analyse économique*, Paris, Gallimard, 1983, tome 1, *L'âge des fondateurs*, p.193. La traduction française de cette *Histoire* a été préfacée par Raymond Barre.

Et cela en vue d'un seul objectif : le bien public.

Rien de plus révélateur que ce passage d'une lettre adressée à Turgot en juin 1772 alors que ce dernier est intendant du Limousin : « Vous êtes bien heureux d'avoir la passion du bien public et de pouvoir le satisfaire ; c'est une grande consolation et d'un ordre supérieur à celle de l'étude. »[2]

Ajoutons cette autre confidence qu'il fait à Voltaire, en 1776, juste après le renvoi de Turgot : « Je vais me remettre à la géométrie et à la philosophie. Il est bien froid de ne plus travailler que pour la gloriole, quand on s'est flatté pendant quelque temps de travailler pour le bien public. »[3]

Voilà pourquoi le « doux Condorcet » – l'expression est de Julie de Lespinasse - deviendra souvent « mouton enragé » dans les combats économiques quand il s'agira, par exemple, de défendre Turgot contre Necker ou contre la caste des privilégiés qui rejette ses réformes et va les faire échouer.

Si cet amour du bien public n'a pas été un thème suffisamment dominant pour retenir durablement l'attention des historiens anciens de la pensée économique, ce n'est plus le cas, heureusement, des historiens contemporains.

Depuis quelques décennies un retour à Condorcet s'est opéré à la fois dans l'esprit du grand public et dans les travaux des universitaires.

Le signe annonciateur – ou déclencheur – a été la publication en 1988 de l'ouvrage d'Elisabeth et Robert Badinter : *Condorcet, un intellectuel en politique*, qui a obtenu un grand succès et a été republié les années suivantes dans la collection populaire du Livre de Poche.[4]

Voilà pour le retour dans le grand public.

Au même moment, les universitaires ne furent pas en reste puisque, dans la perspective du bicentenaire de la Révolution française un imposant colloque international sur Condorcet s'est tenu à Paris en juin 1988.

L'ambition de cette manifestation était d'engager entre chercheurs et institutions de diverses disciplines – sciences, histoire, économie, pédagogie, sociologie – un travail systématique de réévaluation de l'œuvre de Condorcet, travail dont devait surgir, sous l'impulsion de Gilbert Faccarello et de Jean-Claude Perrot, parmi d'autres, la figure rajeunie, complétée et précisée d'un « Condorcet économiste »

Les actes de ce colloque, publiés dès l'année suivante – rapidité rare après des rencontres de cette ampleur – constituent aujourd'hui à la fois une

---

[2] *Correspondance inédite de Condorcet et de Turgot, 1770-1779*, publiée par Charles Henry, Paris, 1883, Charavay frères, p.87.

[3] *Œuvres de Condorcet*, édition Arago, Paris, 1847-1849, Firmin Didot frères, premier volume, p.115.

[4] Elisabeth et Robert Badinter : *Condorcet, un intellectuel en politique*, Paris, 1989, Le Livre de Poche.

somme, une référence, une bible, bref un nouveau chemin remarquablement balisé à travers les écrits de Condorcet.[5]

Ce travail trouva un appréciable appui extérieur avec la parution, toujours en 1988, de la traduction française du monumental ouvrage de l'historien anglais Keith Baker sur Condorcet, traduction préfacée par François Furet. Autre somme, autre référence, cet ouvrage offre, lui aussi, un chemin remarquablement balisé dans l'œuvre de Condorcet.[6]

Si bien que l'année 1988 pourrait recevoir, pour ce qui concerne la redécouverte de Condorcet, le titre d'année sans pareille avec le Badinter, le Colloque international de 1988 et le Keith Baker qui, tous trois, ouvrirent la voie à des recherches nouvelles.

C'est d'ailleurs sous le titre de *Recherches nouvelles sur Condorcet* que se tint à Paris, les 7 et 8 octobre 1994, un nouveau grand colloque organisé à l'occasion d'un autre bicentenaire : celui de la mort du philosophe.[7]

Rien de surprenant donc si depuis 1988 jusqu'à nos jours on assiste à de multiples initiatives visant à mieux connaître la vie de Condorcet et à mieux apprécier la place et l'importance de ses idées dans les nombreux domaines qu'il a explorés, toujours avec cette double ambition d'y intéresser un large public et d'encourager la recherche universitaire.

Citons deux exemples, parmi beaucoup d'autres, de cette double ambition : d'une part la publication en 1988 dans la collection de poche GF-Flammarion du livre testament de Condorcet *Esquisse d'un tableau historique des progrès de l'esprit humain*, avec une substantielle introduction d'Alain Pons et, d'autre part, en 1994, le savant volume de l'Institut national d'études démographiques qui a pour titre *Condorcet, arithmétique politique*.[8]

A cela il conviendrait d'ajouter, toujours à destination du grand public, la réédition du rapport, du plan et du décret présentés par Condorcet en 1792 à l'Assemblée législative concernant l'instruction publique.[9]

Textes d'autant plus nécessaires à connaître qu'on verra à quel point instruction du peuple et développement économique sont liés dans la pensée

---

[5] *Condorcet, mathématicien, économiste, philosophe, homme politique*, Paris, 1989, Minerve.

[6] Keith Baker, *Condorcet, raison et politique*, Paris, 1988, Hermann.

[7] L'essentiel des travaux de ce colloque a été publié sous le titre : *Condorcet, homme des Lumières et de la Révolution*, Paris, 1997, ENS-éditions, Fontenay/Saint-Cloud.

[8] Condorcet, *Esquisse d'un tableau historique des progrès de l'esprit humain*, suivi de *Fragment sur l'Atlantide*, introduction par Alain Pons, avec chronologie de la vie de Condorcet et bibliographie, Paris, 1988, GF-Flammarion et *Condorcet, arithmétique politique. Textes rares et inédits (1767-1789)*, Paris, 1994, Institut national d'études démographiques.

[9] Les écrits de Condorcet sur l'instruction publique (*Rapport* et *Cinq mémoires*), ont été republiés en 1989 en deux volumes, avec commentaires de Charles Coutel et Catherine Kintzler, dans la collection « Les Classiques de la République », éditions Edilig. Les *Cinq mémoires* ont aussi été publiés par les mêmes commentateurs en GF-Flammarion en 1994.

de Condorcet, l'instruction publique étant le seul moyen efficace, selon lui, pour lutter contre les préjugés, les approximations, les superstitions, voire les fausses nouvelles qui perturbent le processus de création et d'échange des richesses.

Profitons de l'occasion pour rappeler ici que Condorcet, né en 1743 et mort en 1794, est un personnage riche de nombreuses et grandes qualités et qu'il offre ainsi à travers sa biographie de multiples visages.

Ce fut d'abord un mathématicien précoce, tôt découvert et constamment soutenu par d'Alembert. Son goût et ses dons pour les mathématiques, joints à l'intérêt qu'il porte à l'économie politique, l'amèneront à concevoir le rapprochement des sciences physiques et des sciences sociales pour tenter d'appliquer aux secondes les méthodes rationnelles et rigoureuses des premières par l'usage des statistiques et du calcul des probabilités.

Ce fut ensuite un philosophe, « le dernier des philosophes du grand XVIIIe siècle, celui qui survivait à tous pour voir leurs théories lancées dans le champ des réalités », selon Michelet.[10]

Ou encore « le dernier de l'illustre race », selon l'Idéologue Ginguené.[11]

Ce fut aussi un penseur politique, à ranger, comme Montesquieu avant lui ou Benjamin Constant après lui, dans l'éminente compagnie des constitutionnalistes car principal auteur, en 1793, d'un *Projet de déclaration des droits naturels, civil et politiques des hommes* et du projet de Constitution des Girondins.

Ce fut encore l'architecte d'un vaste et ambitieux projet de réforme de l'instruction publique qui devait inspirer les pères fondateurs de la Troisième République. C'est par là surtout que Condorcet est resté très présent dans la mémoire populaire car les idées qu'il a développées n'ont rien perdu de leur grandeur et de leur noblesse.

Enfin ce fut un esprit encyclopédique, à la fois homme de sciences et homme de lettres, membre à ce double titre de deux illustres institutions : l'Académie royale des sciences et l'Académie française.

Du coup, on comprend que Julie de Lespinasse ait pu écrire à son propos :

« Parlez-lui philosophie, belles-lettres, sciences, arts, gouvernement, jurisprudence, et, quand vous l'aurez écouté, vous direz cent fois par jour que c'est l'homme le plus étonnant que vous ayez jamais entendu. Il n'ignore rien, pas même les choses les plus disparates à ses goûts et ses

---

[10] *Histoire de la Révolution française*, par J. Michelet, Paris, 1889, Imprimerie nationale, tome deuxième, p.296.

[11] Selon Marc Régaldo dans son article sur les Idéologues dans la revue *Dix-huitième siècle*, N° 2, 1970, p.116.

occupations [...] Rien n'est au-dessous de son attention, et sa mémoire est si prodigieuse qu'il n'a jamais rien oublié. »[12]

Toutefois, ce qui retiendra surtout notre attention, c'est sa proximité avec Turgot.

Condorcet fut à la fois ami, confident, conseiller, collaborateur et disciple de Turgot.

C'est par Turgot, avec Turgot, en soutien de Turgot dans les combats que celui-ci mène pour réformer le pays que Condorcet se révèle et s'affirme économiste.

Dans l'action, ils sont comme deux frères d'armes.

Et cela malgré la différence des âges.[13]

Même vision critique d'une société bloquée et gangrenée. Bloquée par les privilèges, gangrenée par les préjugés. Même volonté de lancer le pays dans l'expansion économique par la promotion des libertés, la nécessité des réformes, l'instauration de la justice et le soutien aux innovations. Même optimisme dans les pouvoirs de la raison et la diffusion des Lumières pour sortir les hommes de leur condition de sujets afin de les élever à la dignité de citoyens.

Si bien qu'il est impossible de raconter Condorcet-économiste si on ne raconte pas en même temps, en parallèle, dans le même mouvement, Turgot-réformateur.

En effet, la biographie d'un tel Condorcet économiste peut être divisée en plusieurs périodes, et cela en relation avec la vie, les écrits et les diverses responsabilités de Turgot.

- Il y a d'abord un Condorcet *avant* Turgot.

Cette séquence va de sa naissance le 17 septembre 1743 à Ribemont, dans le département de l'Aisne, jusqu'en 1769-1770, moment de sa première rencontre avec Turgot, à l'époque intendant de la Généralité de Limoges. C'est le temps du Condorcet jeune et brillant mathématicien, protégé de d'Alembert et membre, grâce à lui, de l'Académie royale des sciences. Cette position permettra à Condorcet de jouer le rôle d'intermédiaire entre le monde savant français et étranger et Turgot quand celui-ci, pour sa politique de réforme et d'aménagement du territoire, aura besoin, pour certaines innovations, du concours de savants de diverses disciplines.

- Il y a surtout un Condorcet *avec* Turgot.

Cette période exceptionnelle s'étend de 1770 jusqu'au décès de Turgot en 1781. Elle est marquée durant ces onze années par la vive amitié et l'intense

[12] *Œuvres de Condorcet*, op.cit., premier volume, p.628.

[13] Turgot, né en 1727, était de seize ans plus âgé que Condorcet.

collaboration qui unit les deux hommes dans tous les domaines, depuis la philosophie la plus haute jusqu'à la politique quotidienne. La disgrâce de Turgot en 1776 n'interrompt nullement cette relation car Turgot, dans sa retraite et jusqu'à sa mort, continuera de s'intéresser aux questions scientifiques, entre autres l'astronomie, et sollicitera souvent le savoir de son ami.

- Il y a ensuite un Condorcet *après* Turgot :

C'est la période d'une sorte de bilan avec la préparation, puis la publication en 1786 du livre capital de Condorcet qui deviendra un ouvrage de référence dans l'histoire du libéralisme et qui porte comme titre : *Vie de Monsieur Turgot.*

Condorcet, en termes émouvants, rend hommage « à la mémoire d'un grand homme que j'ai tendrement chéri, dont l'amitié m'a été si douce et si utile, et dont le souvenir sera toujours pour moi un de ces sentiments délicieux et tristes qui deviennent une partie de notre existence, et ont le pouvoir de nous la rendre plus chère ».[14]

- Il y a enfin un Condorcet *sans* Turgot.

De 1786 jusqu'en 1794, date de sa mort, Condorcet se souviendra, surtout durant la Révolution dont il sera l'un des acteurs, des idées et des écrits de son ami. Par exemple de ce *Mémoire sur les municipalités* que Turgot avait présenté à Louis XVI quelques semaines avant son renvoi et qui avait des accents révolutionnaires. Texte dont on retrouvera la trame dans le projet de Constitution que Condorcet rédigera en 1793.

Pour bien comprendre Condorcet, et surtout Condorcet économiste, il faudra donc constamment se rappeler qu'il a passé une grande partie de sa vie, et l'on sait qu'elle fut courte – cinquante et un ans – non seulement dans l'intimité et l'amitié de Turgot mais aussi dans son souvenir.

Il faut dire que l'ombre portée du grand Turgot a souvent masqué les qualités d'économiste de Condorcet. D'autant qu'il s'est lui-même volontairement tenu dans cette ombre.

Notre ambition, ici, est de sortir Condorcet de cette situation pour mieux faire briller la richesse de ses écrits économiques.

Et sociaux.

Condorcet est le premier libéral à penser intensément le social.

Comme dans beaucoup d'autres domaines, il a été prémonitoire. Ainsi, sous l'appellation de *Caisses d'accumulation*, a-t-il prévu nos caisses d'épargne et nos assurances sociales.

---

[14] Condorcet, *Vie de Monsieur Turgot*, Arago 5, p. IV.

« Condorcet, écrit Jaurès, était si préoccupé du problème social, de la suppression de la misère, qu'il glissait ses vues sur ce grand sujet en toute question. »[15]

Dans son livre sur la Révolution, François Furet annonce qu'il va analyser ce grand événement dans son temps long, à savoir de Turgot à Gambetta, autrement dit de 1776 à 1876-1877. Il aurait pu remplacer le nom de Turgot par celui de Condorcet, d'autant que la République de Gambetta et de ses grands successeurs sera fortement marquée par la pensée de Condorcet, notamment dans ses principaux fondements reposant sur le grand thème de l'instruction publique.

Ce qui suffirait à prouver que Condorcet n'est pas seulement l'homme d'un territoire qui s'appellerait économie politique mais qu'il est surtout l'homme d'un continent qui se nomme sciences sociales. Et, de surcroît, avec l'ambition de découvrir les liens cachés mais étroits qui relient ce continent-là à cet autre qui s'appelle sciences physiques.

Rappelons ici qu'avant d'être des acteurs de premier plan de la vie économique, politique et sociale de leur époque, Condorcet et Turgot sont d'abord et avant tout des philosophes des Lumières. Comme tels, ils s'inspirent pour agir d'une doctrine élaborée au fil des siècles et rationnellement charpentée qui est celle des droits naturels.

Turgot, comme grand commis de l'Etat, c'est-à-dire comme superpréfet du Limousin durant treize ans et comme ministre des Finances durant vingt mois, inscrit son action dans une perspective parfaitement claire et ouvertement proclamée : rétablir le peuple dans la jouissance de ses droits naturels, à savoir, pour les principaux : liberté, égalité, propriété, justice...

Condorcet, dans sa défense de la politique de Turgot, dans ses activités de scientifique puis, plus tard, dans ses diverses responsabilités sous la Révolution agira dans le sens de cette même finalité.

Une finalité qui, chez l'un et chez l'autre, se décline dans une injonction : le bien public. Car rétablir les hommes dans la jouissance de leurs droits naturels, c'est instituer la justice, donc œuvrer pour le bien public.

Dans cette relation entre deux hommes exceptionnels on est donc bien dans le domaine de l'action, autrement dit dans ce « champ des réalités » dont parle Michelet, et non dans l'espace conceptuel et abstrait des théories.

Au demeurant, cette expression si bien venue de « champ des réalités » nous servira de référence et de fil conducteur tout au long de cet ouvrage sur Condorcet économiste car il est rare de voir un intellectuel de haute renommée et de grand savoir qui n'hésite pas, par amour du bien public, à

---

[15] Jean Jaurès, *Histoire socialiste de la Révolution française, Tome II, la Législative*, Messidor, éditions sociales, p.430.

descendre dans ce champs des réalités et à y risquer sa réputation de savant, son confort d'intellectuel, sa sérénité de philosophe.

Et jusqu'à sa vie.

Si, en économie, Turgot fut à la fois acteur et théoricien, et même grand théoricien aux dires de Schumpeter, Condorcet sera d'abord, avant tout et presque exclusivement un acteur.[16]

Avec d'Alembert, écrit François Arago, Condorcet était devenu géomètre, « Turgot lui inspira à son tour le goût de l'économie sociale. »[17]

Donc de l'économie de combat.

A ce titre nous assisterons, dès 1776, au premier grand débat inaugural de la Modernité en économie politique sous la forme d'un rude affrontement entre Necker, défenseur de la mémoire du *protectionniste* Colbert et Condorcet, ami et conseiller du *libéral* Turgot.

Protectionnisme contre libéralisme : voilà un combat qui existe encore de nos jours...[18]

Que ce soit avec Turgot ou après Turgot, trois mots peuvent résumer toute l'économie politique de Condorcet : libertés, justice, innovations, en clair : promotion des libertés, nécessité de la justice, développement des innovations.

XXX

Nos citations de Condorcet dans cet ouvrage seront extraites - sauf indication contraire - de l'édition dite Arago en 12 volumes des œuvres de Condorcet. Chaque citation sera suivie de la mention Arago, puis du numéro du volume concerné, puis du numéro de la page dans le volume. Ces 12 volumes sont accessibles en téléchargement gratuit sur Internet.

XXX

La dernière partie de cet ouvrage sera consacrée à une courte biographie commentée de Condorcet. En effet, pour bien comprendre les implications de son économie politique dans les politiques de son époque il est nécessaire de rappeler les grandes lignes de son existence ainsi que les divers milieux qu'il a fréquentés.

---

[16] Voir le jugement élogieux de Schumpeter sur Turgot dans son *Histoire de l'analyse économique*, op.cit., p.342.

[17] *Œuvres de Condorcet*, op.cit., tome premier, p.Lxviij.

[18] Voir l'ouvrage récent publié chez Peter Lang en 2019, dans la collection Business & Innovation et intitulé : *Libéralisme et protectionnisme, économie politique des relations internationales* (sous la direction de MM. André Tiran et Dimitri Uzunidis).

Première partie

LA MARSEILLAISE DU BLÉ

1

Le fond du décor :
Philosophie, Encyclopédie, Physiocratie

Avant d'entrer dans l'examen des idées économiques de Condorcet, il est nécessaire de rappeler les grandes caractéristiques de la scène intellectuelle de son époque, d'autant qu'il sera, avec Turgot, l'un des personnages essentiels de cette scène.

Ce temps est marqué par trois univers qui, sans se confondre, se recoupent très largement :

- La Philosophie ;
- L'Encyclopédie ;
- la Physiocratie.

La philosophie est celle « du grand XVIIIe siècle », selon l'expression de Michelet, autrement dit celle des Lumières.

En 1770, ses principaux représentants ont disparu, comme Montesquieu, ou sont à quelques années de leur mort comme Rousseau. Subsistent Diderot, d'Alembert mais surtout Voltaire. Ce dernier règne en vieux patriarche de la raison dans sa retraite de Ferney. Toute l'Europe pensante défile devant le grand homme. D'Alembert et Condorcet ont fait le pèlerinage de Ferney et ont passé deux semaines avec celui qui signe ses lettres : « Le vieux malade de Ferney » mais qui, dans l'intimité, toujours vert, vif et ironique se dépeint comme « ayant un pied dans la tombe et de l'autre faisant des gambades ».

Le jeune Condorcet n'aura pas de plus fidèle soutien que le vieux Voltaire. La confiance de ce dernier est totale et même respectueuse, comme en témoigne leur correspondance.

Ainsi, le 23 mai 1773 – Voltaire a soixante-dix-neuf ans et Condorcet trente – le premier écrit-il au second :

« Vous êtes un vrai philosophe, Monsieur, c'est-à-dire un vrai sage, et vous rendez la philosophie bien aimable par les grâces de votre esprit. Il ne faut que deux hommes comme vous et M. d'Alembert pour conserver le dépôt du feu sacré que tant d'hypocrites veulent éteindre. »

Et le 5 décembre de la même année :

« C'est bien vous qui êtes mon maître, Monsieur le Marquis [...] C'est vous qui êtes un vrai philosophe et un philosophe éloquent [...] Ce que j'aime autant que votre prose c'est votre personne. Jamais les belles-lettres et la philosophie n'ont été si honorées que par vous. »

Et il demande à Condorcet d'agréer « le tendre respect du vieux malade de Ferney ».[19]

D'autres lettres suivront, de même tonalité. Ainsi l'une de 1775 où Voltaire qualifie Condorcet « d'orateur de la raison et de la patrie » et où il l'encourage à soutenir « les opinions d'un sage » (Turgot) contre « les systèmes d'un banquier » (Necker).[20]

De tels éloges valent adoubement.

Au reste Turgot, lui aussi, avait fait le pèlerinage philosophique de Ferney mais en 1760, soit dix ans avant sa rencontre avec Condorcet et il était devenu l'un des admirateurs les plus passionnés de Voltaire. Celui-ci avait été séduit par la personnalité de Turgot, ses connaissances, ses idées, son esprit de réforme, comme il le sera par Condorcet et toujours pour la même raison qui éclate dans sa correspondance : il y voyait deux défenseurs de la raison, de la tolérance et du bien public.

L'encyclopédie est une vaste entreprise intellectuelle et éditoriale menée par deux personnalités, Diderot et d'Alembert, qui étaient avant tout des philosophes au sens du XVIIIe siècle et qui avaient l'ambition de porter le flambeau de la raison dans le domaine des savoirs, de tous les savoirs. Ce qui aboutissait à vouloir installer l'esprit d'examen dans le vaste monde des connaissances dominé pour partie par la révélation divine.

Dès ses débuts, cette œuvre gigantesque est jugée par l'Eglise comme une démarche quasi démoniaque.

D'où les difficultés suscitées par la censure.

Avant même la parution des premiers tomes, en 1751, et rien qu'à la lecture du prospectus annonçant cette initiative, le père Berthier, jésuite célèbre, avait lancé l'attaque. Dès le deuxième tome, l'Eglise redouble de véhémence, ce qui amène le Conseil du roi à interdire les deux premiers volumes. Mais l'aventure continue grâce à la bienveillance de Malesherbes, directeur de la Librairie et ami des philosophes, et avec le soutien de madame de Pompadour. Alors le pape en personne et le Parlement de Paris s'en mêlent. Le premier anathématise les auteurs de cette œuvre impie et le second condamne *l'Encyclopédie* à être lacérée et brûlée par le bourreau. Découragé, d'Alembert abandonne l'entreprise en cours de route mais Diderot tient bon. « J'encyclopédise comme un forçat », écrit-il à un ami.[21]

Une sorte de guerre civile des idées, comme les Français adorent en mener, s'organise alors autour de l'Encyclopédie. Elle met en présence deux camps irréconciliables. D'un côté la Tradition - les jésuites, l'Eglise, la Sorbonne, le roi, le Parlement, - de l'autre la Modernité : les philosophes, les encyclopédistes, les nobles libéraux, les salons, les défenseurs de la science.

---

19 *Œuvres de Condorcet*, Arago, tome premier, p.16 et 21.
20 Ibid., p.80.
21 *Magazine littéraire*, numéro de décembre 2000 consacré à Diderot.

C'est d'ailleurs sous le couvert d'une démarche scientifique que s'avançaient les encyclopédistes. C'est au nom de la science qu'ils portaient la torche de l'esprit critique dans tous les domaines, même les plus intouchables, même les plus sacrés, au risque de brûler les vieilles tentures.

Sous les feux de cet esprit critique, l'Ancien Régime, disons plus exactement l'Ancienne Pensée, se met à craquer de toutes parts. Cette Ancienne Pensée, fondée sur Dieu, la théologie, la croyance et l'obéissance se voit menacée par une Nouvelle Pensée, fondée sur la raison, la nature, la science et l'esprit d'examen.

Dans le monde de l'Ancienne Pensée, les hommes sont unis par la foi.

Dans le monde de la Nouvelle Pensée, les hommes doivent être unis par la raison, la tolérance et la liberté.

Ouvert en 1751, le combat durera jusqu'en 1765 car il y aura une interruption de huit ans entre la parution des sept premiers volumes et la sortie des dix volumes suivants.

Finalement ce recensement de tous les savoirs finira par aller à son terme avec la publication de 17 volumes de textes, 11 de planches, 5 de suppléments et 2 de tables.

Trop jeune pour être un encyclopédiste actif – il a huit ans lors de la parution des premiers volumes – Condorcet sera un encyclopédiste d'esprit. Et par d'Alembert un héritier de cette vaste aventure intellectuelle qu'il qualifiera « d'entreprise la plus grande et la plus utile que l'esprit humain ait jamais formée. »[22]

La Physiocratie est en quelque sorte la mise en œuvre dans l'activité économique des idées principales de la philosophie des Lumières. Elle a fait passer la France de la politique étatique, dirigiste, autoritaire et centralisée de Colbert, basée sur la puissance d'un commerce extérieur conquérant dont la finalité était d'accumuler les métaux précieux, vrai signe de richesse pour les mercantilistes, à une politique absolument opposée reposant sur les libertés et visant à rénover et à accroître ce qui était considéré comme le secteur-clé dans la production des richesses, à savoir l'agriculture.

La Physiocratie résulte de la rencontre de trois hommes exceptionnels : François Quesnay, philosophe, encyclopédiste, médecin de Louis XV, Vincent de Gournay, grand voyageur et négociant international et le marquis de Mirabeau, le père du célèbre tribun de la Révolution française qui publie en 1756 un ouvrage qui a un très grand succès *L'Ami des hommes*, où il se désole de la désertion des campagnes françaises :

---

[22] Condorcet, *Eloge de d'Alembert*, Arago, tome 3, p.67.

«Nous désertons, écrit-il, les villages pour les bourgs, les bourgs pour les villes, les villes pour la capitale, et c'est à quoi tend toute une nation, si le gouvernement n'est attentif à lui donner une propension contraire. »[23]

C'est déjà l'opposition de Paris et de la province.

C'est déjà « Paris et le désert français ».[24]

C'est déjà l'opposition entre les grandes villes et les campagnes.

Retenons bien ceci : le mouvement physiocratique sera, à son origine, la vive réaction de trois hommes qui, l'un à la ville, l'autre à la campagne, le troisième parcourant la France après avoir parcouru l'Europe, se désolent de l'état d'abandon dans lequel se trouve le pays et plus spécialement son agriculture.

Les historiens de la pensée économique datent de ce moment l'acte de naissance véritable de la Physiocratie.

Deux ans plus tard, en 1758, paraît le livre-phare de la Physiocratie : *Le tableau économique* de Quesnay où celui-ci décrit la circulation des richesses dans le corps social à l'image de la circulation du sang dans le corps humain.

Avec cet ouvrage c'est l'économie, à la fois comme discipline intellectuelle autonome et comme pratique raisonnée de production des richesses, qui effectue sa grande entrée sur la scène politique.

Le *Mercure de France* ne s'y trompe pas qui écrit, précisément en novembre de cette même année 1758 :

« L'économie politique est aujourd'hui la science à la mode. Les livres qui traitent de l'agriculture, de la population, de l'industrie, du commerce et des finances sont dans les mains d'une infinité de personnes qui, naguère, ne feuilletaient que des romans. »[25]

Avec Quesnay, Mirabeau et Gournay, la Physiocratie s'affiche désormais comme un véritable mouvement intellectuel.

L'un de ses membres éminents, qui sera aussi son historien, Dupont de Nemours, l'appelle une *école.* Ses détracteurs la nommeront une *secte.*[26]

Après *Le Tableau économique* de Quesnay, vont se succéder les grandes œuvres de la physiocratie :

- 1760 : *La Théorie de l'impôt* de Mirabeau.

Ce livre est tellement révolutionnaire que son auteur se retrouve emprisonné à Vincennes, puis exilé sur ses terres des environs de Sens.

- 1763 : *Philosophie rurale.*

---

[23] Louis Barthou, *Mirabeau*, Paris, 1913, Hachette, p.12

[24] Titre d'un célèbre ouvrage du géographe Jean-François Gravier paru en 1947 et réédité en 1958.

[25] Cité par Steven L Kaplan, dans son livre *Raisonner sur les blés, essais sur les Lumières économiques*, Paris, 2017, Fayard, p.463.

[26] Sur la physiocratie, ses précurseurs, ses nombreux membres et ses différentes tendances, voir *Notice sur les économistes* de Dupont de Nemours dans *Œuvres de Turgot*, chez Guillaumin, tome 1, p.258.

Ce livre est écrit conjointement par Mirabeau et par Quesnay.

Entre 1763 et 1766 le groupe des physiocrates apparaît comme solidement constitué autour de Quesnay et Mirabeau (Gournay est mort en 1759). Il comprend : l'abbé Baudeau, Roubaud, Mercier de la Rivière, Abeille, Turgot, Trudaine, Herbert, Malesherbes, Dupont de Nemours, Morellet, Le Trosne, de Saint-Péravy, pour ne citer que les principaux.

Le public les appelle les « philosophes-économistes ».

Eux préfèrent s'appeler « les économistes ».

Le nom de « physiocrates » ne leur sera donné qu'après 1767, quand Dupont de Nemours aura publié les œuvres de Quesnay sous le titre de *Physiocratie.*

-1765 : *Droit naturel*, de Quesnay

-1767 : *Maximes générales du gouvernement économique d'un royaume agricole*, de Quesnay et *Ordre naturel et essentiel des sociétés politiques*, de Mercier de la Rivière.

Ce dernier livre est considéré par de nombreux commentateurs comme la meilleure introduction à la doctrine physiocratique.

- 1768 : *De l'origine et des progrès d'une science nouvelle*, de Dupont de Nemours.

Ce dernier a rédigé de nombreux ouvrages ou articles, entre autres sur le commerce des grains, les corvées, la Compagnie des Indes, etc. Il fera partie du cabinet de Turgot au Contrôle général des finances au côté de Condorcet. C'est celui des physiocrates qui vécut le plus longtemps puisqu'il participa à la Révolution française et lui survécut (il fut élu à la Constituante par le baillage de Nemours, d'où son nom, pour le différencier d'autres Dupont comme Dupont de l'Eure).

- 1769-1770 : publication de *Réflexions sur la formation et la distribution des richesses*, l'œuvre capitale de Turgot, écrite en 1766 mais publiée seulement trois ans plus tard.

- 1771 : *Introduction à la philosophie économique*, de l'abbé Baudeau, le livre principal d'un auteur abondant qui a laissé quatre-vingts volumes d'écrits économiques sur les sujets les plus divers. Notons aussi que l'abbé Baudeau est l'auteur d'une très intéressante et très claire *Explication du tableau économique*, rédigée à l'intention d'une grande dame de ses connaissances.

- 1777 : *De l'intérêt social, par rapport à la valeur, à la circulation, à l'industrie et au commerce intérieur et extérieur*, de Le Trosne.[27]

---

[27] Les œuvres de Quesnay ont été rééditées en 1991 dans la collection GF-Flammarion sous le titre : *Physiocratie*, édition établie par Jean Cartelier. Les œuvres de Quesnay accompagnées de celles des principaux physiocrates avaient été publiées par Eugène Daire chez Guillaumin en 1846 dans la collection des principaux économistes sous le titre : *Physiocrates.* En 1966, Otto Zeller, d'Osnabrück, a réimprimé cette édition de 1846 qui est disponible sur Internet (site Gallica).

Voilà pour les hommes et les œuvres.

Les premiers sont éminents, les secondes sont capitales.

Il s'agit bien d'une école, soudée autour d'un maître. Avec, comme dans toute école, des tendances. Ainsi Quesnay et Mirabeau mettent-ils l'accent sur le laboureur, autrement dit sur la production des richesses à partir de l'activité agricole alors que Gournay porte son attention plutôt sur le négociant et le commerçant, c'est-à-dire sur la circulation de ces mêmes richesses.

Mais tous, sans exception et à un même degré, sont solidement unis sur la doctrine.

Cette doctrine, c'est celle de l'ordre naturel.

Tous les physiocrates partagent la conviction, dictée par la raison et soulignée par l'évidence, que les êtres et les choses sont régis, dans l'univers, par un *ordre naturel.*

Cet ordre naturel se manifeste à l'intelligence et à la sensibilité par des *lois naturelles.*

Celles-ci apprennent à l'être humain qu'il dispose d'une certaine nature, qu'il occupe une certaine place, qu'il est voué à certaines finalités, dont la première, à l'origine de l'humanité, est d'abord de survivre, ensuite de vivre, enfin de se développer pour occuper la place éminente qui lui est réservée dans l'univers.

Pour tout cela, l'être humain possède un bien précieux qui est sa personne et dont il est seul propriétaire. Il importe donc qu'il soit aussi propriétaire de tous les prolongements de sa personne, à savoir son travail, les outils de son travail, les fruits de son travail.

Voilà posés les premiers maillons de la grande chaîne de la *propriété.*

Mais la propriété à elle seule ne suffit pas. Pour vivre, répondre à ses besoins, se développer, l'homme doit échanger et commercer. Et cela avec efficacité, donc en toute liberté.

Et voilà posés les premiers jalons sur la grande route des *libertés économiques.*

Personne, propriété et liberté sont donc intimement liées. Mieux, c'est quasiment la même chose.

Mais l'homme ne vit pas seul. Il est entouré de semblables. Il faut que ses propriétés et ses libertés soient protégées. Il délègue donc à la société cette fonction de protection : c'est l'origine du pacte social, qui a pour finalité d'établir la *sûreté* pour tous.

Disponible aussi sur Internet/Gallica : *Œuvres économiques et philosophiques de F. Quesnay*, par Auguste Oncken, 1888, Paris et Francfort. Soulignons enfin un remarquable *François Quesnay, œuvres économiques complètes et autres textes* publié par l'Institut national d'études démographiques en 2005 en deux volumes.

Propriété, liberté, sûreté : voilà ce que certains commentateurs appelleront la « Sainte Trinité » des physiocrates. On pourrait ajouter à cela l'instruction. L'un des thèmes que partagent avec force les physiocrates et Condorcet, en plus des idées libérales, c'est la nécessité de l'instruction publique. Pour Quesnay et Dupont de Nemours, entre autres, le développement de la raison par l'instruction est la grande porte d'accès à *l'évidence* de l'ordre naturel des sociétés. *Evidence*, c'est le grand mot de la philosophie de la connaissance des Physiocrates, philosophie exposée sous ce titre par Quesnay dans un article célèbre de l'Encyclopédie. L'*évidence*, c'est ce qui s'impose de soi-même à l'intelligence humaine, c'est ce qui saute aux yeux de l'esprit.

De tout cela surgira un *droit naturel*, c'est-à-dire un droit conforme à la nature humaine et qui, en tant que tel, sera, comme cette nature, universel, intemporel, immuable.

On comprend mieux maintenant pourquoi l'école de Quesnay a retenu, pour marquer son identité, le terme de physiocratie, qui signifie : pouvoir et puissance de la nature. Etant entendu que cette expression n'est pas limitée à la seule création des richesses.

La physiocratie, c'est aussi le pouvoir, la puissance, l'évidence d'un ordre naturel, de lois naturelles, d'un droit naturel.

La physiocratie, c'est à la fois une physique et une métaphysique.

Ses adeptes seront en même temps des philosophes et des économistes.

Et le philosophe et l'économiste par excellence sera Turgot.

Par sa formation, son âge, ses fonctions il sera l'héritier de la physiocratie en opérant la grande synthèse entre les idées de Quesnay et celles de Gournay.

Dans l'histoire économique, Vincent de Gournay passe pour être l'auteur de la phrase qui claque comme la devise et l'étendard des libéraux : *Laissez faire ! Laissez passer !* Turgot, pour sa part, l'attribue à un nommé Legendre, commerçant, s'adressant à Colbert. Quoi qu'il en soit cette phrase résume bien le libéralisme économique naissant, celui dans lequel va évoluer Condorcet disciple, ami et collaborateur de Turgot.

Un libéralisme économique, soulignons-le, qui prend racine, s'expérimente et se théorise en France dans les dix années qui précèdent la parution en Grande-Bretagne, en 1776, du livre-phare, du livre-référence d'Adam Smith sur *la Richesse des nations*. Sans entrer ici dans des querelles d'antériorité ou de supériorité, rappelons quand même que tous les écrits théoriques et pratiques de Turgot auront été rédigés avant cette année mémorable de 1776 et qu'à cette date Turgot aura sur Adam Smith l'avantage d'une double carrière de praticien de l'économie, d'abord comme intendant du Limousin, ensuite comme ministre des Finances. C'est d'ailleurs en assurant sur le terrain ses responsabilités de grand commis de la monarchie que Turgot rédigera, au milieu de mille difficultés, donc « dans le torrent des circonstances » – l'expression est de lui – l'essentiel de son œuvre théorique.[28]

Et s'il y a quelqu'un qui, après sa mort, continuera de vivre dans un tel torrent, c'est bien Condorcet, jusqu'à être tragiquement emporté par la tornade révolutionnaire.

Si Turgot sera sympathisant de la *secte,* il niera à plusieurs reprises en faire partie. Son génie débordera de toutes parts une certaine étroitesse d'esprit des Physiocrates.

Dans une lettre du 15 février 1771 datée de Limoges et envoyée à Dupont de Nemours, Turgot critique « les deux patriarches des économistes », à savoir Quesnay et Mirabeau, parce que « leur grand respect des disciplines fait qu'ils veulent toujours lier ce qu'il disent à ce qu'ont dit les maîtres, d'où je conclus qu'ils déraisonneront toute leur vie, car pour bien raisonner, il faut commencer par faire table rase, chose antipathique à tout esprit de secte ». [29]

Le 24 juin 1780, dans une autre lettre à Dupont, il fait cette confidence : « Il est plaisant que moi qui ai toute ma vie détesté les sectes, qui n'ai jamais été encyclopédiste, ni économiste, j'aie plus que personne essuyé le double reproche d'être l'un et l'autre. »[30]

Quant à Condorcet, il sera encore moins Physiocrate que Turgot.

Dupont de Nemours ne le cite d'ailleurs pas comme membre de cette école.

S'il partage avec les Physiocrates quatre grands thèmes, au demeurant fondamentaux - la philosophie des droits naturels, l'attachement aux libertés économiques, le rôle du propriétaire foncier dans le processus de création des richesses, la nécessité de l'instruction publique - Condorcet s'en détache, comme d'ailleurs Turgot, sur un point essentiel : la vision de l'avenir de l'humanité. Tous les deux ont une perception dynamique de cet avenir à partir de leur grande idée de la perfectibilité indéfinie de l'espèce humaine, alors que les Physiocrates de stricte observance proches de Quesnay restent sur une position statique, notamment sur les institutions politiques avec leur théorie du despotisme légal.

---

[28] C'est dans une lettre à Voltaire datée du 24 août 1761 que Turgot, lui annonçant qu'il vient d'être nommé intendant de Limoges, précise qu'il s'est laissé entraîner « au torrent des circonstances ». (Gustave Schelle, *Œuvres de Turgot et documents le concernant*, Paris, Alcan, tome deuxième, p.86.)

[29] Gustave Schelle, *Œuvres de Turgot,* tome troisième, p.474

[30] Ibid., tome cinquième, p.628.

Et Condorcet ajoutera à son propre système de valeurs la liberté de la presse « le vrai thermomètre, écrira-t-il, d'après lequel on peut juger les intentions des hommes publics ou des corps politiques ».[31]

En conséquence Condorcet marchera à grands pas vers l'éventualité de la République au point d'être, dès 1791, l'un des premiers républicains.

N'empêche que sa singularité réside en ceci qu'il concentre dans sa seule personne le meilleur des trois univers intellectuels de son siècle qui forment le fond du décor de ses années d'action : il touche aux Lumières par Voltaire, à l'Encyclopédie par d'Alembert, à la Physiocratie par Turgot.

Et ce n'est pas un hasard s'il écrira en signe de témoignage et de reconnaissance, un *Eloge de d'Alembert*, une *Vie de Voltaire* et une *Vie de Monsieur Turgot.*

---

[31] Condorcet, *Lettres d'un citoyen des Etats-Unis à un Français sur les affaires présentes*, Arago 9, p.106.

2

Le Savant et le Politique au service de l'innovation

Turgot et Condorcet se rencontrent pour la première fois en 1769 chez Julie de Lespinasse, l'égérie de d'Alembert.

Turgot a quarante-deux ans. Il est depuis huit ans intendant du Limousin, l'une des provinces les plus déshéritées du royaume.

Condorcet a vingt-six ans. Il est depuis peu membre de l'Académie royale des sciences grâce à l'influence de d'Alembert. C'est ce dernier qui l'a introduit dans le célèbre salon que Julie de Lespinasse tient rue de Bellechasse à Paris. Là se croisent philosophes, encyclopédistes, économistes, écrivains, visiteurs étrangers attirés par la France, tous adeptes, chacun dans son domaine, de ce Siècle des Lumières qui entend instaurer dans la vie politique et sociale le règne de la raison, de la liberté, du droit, de l'égalité et de la justice.

Rappelons d'abord que Turgot occupera trois postes de responsabilités : le premier à la fin du règne de Louis XV comme intendant du Limousin durant treize ans (1761-1774) ; le deuxième et le troisième au début du règne de Louis XVI d'abord comme Secrétaire d'Etat de la marine pendant quelques semaines en juillet 1774 puis comme Contrôleur général des Finances durant vingt mois (24 août 1774-12 mai 1776).

Durant ces années il mènera de front une politique de réformes immédiates – libéralisation du commerce des grains, abolition des corvées, suppression des maîtrises et des jurandes – et une politique de plus long terme que l'on qualifierait de nos jours d'aménagement du territoire fondée principalement sur l'innovation.

Très rapidement une correspondance régulière s'instaure entre Condorcet et Turgot. Si ce dernier aime revenir à Paris et y retrouver ses amis, il ne peut le faire autant qu'il le souhaiterait, retenu à Limoges par sa lourde charge d'intendant.

Dans un premier temps, le rôle de Condorcet sera d'informer Turgot des événements principaux de l'actualité politique et intellectuelle de la capitale. Il est une sorte de vigie culturelle au service de l'intendant du Limousin. A partir de là, une solide amitié va naître entre les deux hommes, qui se découvrent des affinités dans pratiquement tous les domaines essentiels de l'existence.

Ainsi, dès le 10 mars 1770, quelques mois après leur première rencontre, Condorcet écrit-il à Turgot ces lignes révélatrices :

« Les raisons qui vous retiennent à Limoges sont bien justes, mais bien cruelles pour vous et pour ceux qui voudraient vous voir à Paris. Je ne puis me défendre d'un sentiment bien triste lorsque je compare le luxe de Paris à la misère du Limousin, et que je pense que ce luxe est pris en partie sur le nécessaire de ces malheureux. »

Et de terminer cette lettre par ces mots:

« Adieu, Monsieur, comptez, je vous supplie, sur ma tendre amitié, et croyez que celle que vous voulez bien m'accorder me flatte et me touche également. »[32]

Dans toutes les lettres qui suivront, et elles seront nombreuses, on trouvera les mêmes sentiments d'attachement et d'amitié, d'un côté d'ailleurs comme de l'autre.

C'est au fil de cette correspondance que l'on verra Turgot faire de plus en plus appel, pour sa politique de réforme dans le Limousin, au savoir scientifique de Condorcet et à ses relations françaises et étrangères.

Et dans ce nouveau *champ des réalités*, s'il existe un domaine spécifique où Condorcet sera d'un précieux concours pour son ami Turgot, c'est bien celui de l'innovation.

Car Turgot veut innover en tout et innover partout.

Or, pour innover et aménager le territoire dans la perspective d'une meilleure productivité de l'économie il a besoin du monde savant :

Il a besoin de géomètres experts pour établir un cadastre digne de ce nom ;

Il a besoin des mêmes géomètres pour fixer la jauge exacte des tonneaux destinés, sur les navires, à transporter les vins et les alcools, les fausses jauges trafiquées d'un double fond ouvrant la porte à toutes les fraudes au fisc.

Il a toujours besoin de ceux-là dans la modernisation des véhicules. « Savez-vous, demande-t-il à Condorcet, si le problème de la hauteur la plus avantageuse des roues pour la facilité du tirage a été résolu bien complètement et en ayant égard à toutes les circonstances ? Il serait très intéressant pour la pratique qu'on eût levé sur cela tous les doutes. »[33].

Il a besoin de spécialistes de l'hydraulique et des fluides pour développer les voies navigables ou entretenir celles qui existent car ce sont les canaux « qui assurent la subsistance du peuple en offrant au commerce en grand des moyens de transport sûrs et peu dispendieux ».[34]

Ecoutons sur ce point un Condorcet non seulement économiste mais également apôtre de l'aménagement du territoire :

« L'activité du commerce et de l'industrie, proclame-t-il, dépend de la multiplication des grandes routes, des ports de commerce, des rivières

---

[32] *Correspondance inédite de Condorcet et de Turgot*, publiée par Charles Henry p. 1 et 2.
[33] Ibid., p.156.
[34] Condorcet, *Réflexions sur le commerce des blés*, Arago 11, p.193.

navigables, des canaux, des ponts qui unissent les provinces que la nature a séparées par des fleuves ; disons plus, sans tous ces moyens de communication, les provinces de l'intérieur d'un grand Etat, les cantons éloignés des grandes villes seront toujours sans fertilité, sans force, sans population ; les subsistances circuleront lentement, et la vie d'une partie du peuple restera toujours à la merci des saisons. »[35]

Turgot a aussi besoin de minéralogistes pour le choix des matériaux destinés à empierrer les routes en offrant aux véhicules les meilleures surfaces de roulement ;

Il a besoin de mathématiciens pour établir et imposer sur tout le territoire l'unification des poids, mesures, longueurs ;

Il a besoin de spécialistes de la santé animale pour lutter de manière préventive ou curative contre certaines épizooties dévastatrices du bétail.

Il a besoin de chimistes, et en premier lieu de Lavoisier, pour rénover et moderniser le vaste secteur de la production des poudres et salpêtres. Il envisage même de créer un prix en faveur de celui « qui aurait vu de plus près le secret de la nature dans la formation et la génération du salpêtre, et qui aurait enseigné les moyens les plus prompts et les plus économiques pour le fabriquer en grand et en abondance ».[36]

Enfin, il a besoin des savants pour régler des problèmes de nuisances que les économistes d'aujourd'hui qualifieraient « d'externalités négatives », comme en témoigne cette lettre de novembre 1774 :

« Je désirerais avoir l'avis de l'Académie Royale des sciences sur la question importante de savoir si la coutume de rouir le chanvre dans les rivières peut gâter les eaux au point de les rendre malsaines pour les bestiaux, et peut-être aussi pour les hommes, et si l'usage contraire de le faire rouir dans les mares d'eau non courantes, n'a pas l'inconvénient de rendre l'air encore plus malsain. »[37]

Arrêtons-nous sur ce dernier point : c'est déjà de l'écologie bien avant que le mot n'apparaisse en politique.

Condorcet partagera lui aussi cette préoccupation.

En 1776, dans ses *Réflexions sur le commerce des blés*, après avoir rappelé sa définition du droit de propriété, il admet que l'on puisse porter atteinte à ce droit pour préserver l'environnement :

« La propriété d'une terre, explique-t-il, renferme nécessairement le droit de disposer à son gré des fruits de cette terre, et toute loi qui gêne cette libre disposition est une atteinte à la propriété territoriale, qui doit être aussi entière, aussi libre, aussi invariable que celle des denrées, des habits, et même que celle de l'argent. Il n'y a qu'un cas où la loi puisse légitimement

---

[35] Condorcet, *Eloge de M. Trudaine*, Arago 2, p. 227.

[36] Gustave Schelle, *Œuvres de Turgot et documents le concernant*, Paris, Alcan, tome quatrième, p.240.

[37] Ibid., p.376.

restreindre le droit de propriété : c'est celui où l'exercice de ce droit serait un crime ; c'est-à-dire où ce droit devenant contraire à la sûreté ou au droit antérieur d'un autre, cesse d'être un droit, et n'est plus qu'une usurpation et une violence.

« Ainsi, on peut empêcher le possesseur d'une terre de l'employer à une culture qui, en corrompant l'air, causerait des maladies dans les habitations voisines ; ainsi, puisque dans les pays marécageux la vie moyenne des hommes est souvent abrégée d'un cinquième, on peut, en dédommageant le propriétaire, faire exécuter, sans son consentement, des travaux qui doivent rétablir la salubrité de l'air. »[38]

Comme quoi le souci de la qualité de l'environnement se trouve explicitement exprimé dès les premiers temps du libéralisme économique en actes et chez deux éminents représentants d'un tel libéralisme.

Bref, toute cette politique repose sur une poutre maîtresse qui a nom innovation.

Et la première source des innovations se trouve dans le monde savant.

Il importe donc de mobiliser un tel monde pour le mettre au service d'une politique d'innovations dans la perspective du bien public :

« Toute découverte, écrit Condorcet, est une conquête de l'homme sur la nature et le hasard. »[39]

Et c'est lui, évidemment, qui va être le lien, l'intermédiaire, on dirait aujourd'hui l'interface, entre le monde savant dont il est l'une des figures de proue et le monde politique où Turgot incarne la réforme.

En économie pratique, c'est le premier exemple, à une telle échelle, avec de tels personnages, d'une forte volonté de rapprocher et de faire coopérer ces deux mondes. Il s'agit, dans la vaste sphère des connaissances, de choisir celles qui sont utiles.

Bref, nous assistons bien à travers cette amitié entre Condorcet et Turgot à la rencontre du savant et du politique au service de l'innovation.

Dans cette perspective, Condorcet présente pour Turgot cet autre avantage d'être par excellence un homme de réseaux.

Depuis 1769, date de son entrée à l'Académie royale des sciences, le voilà installé au centre de ce réseau des sciences qui rassemble le monde savant français de toutes les disciplines. De surcroît, grâce à d'Alembert, il a accès aussi à nombre de savants étrangers.

En effet, d'Alembert est membre des Académies des sciences de Prusse, de Russie, du Portugal, de Naples, de Turin, de Norvège, de Padoue. Il est membre des Académies royale des belles-lettres de Suède, de l'Institut de Bologne, de la Société littéraire de Cassel. Il appartient aussi à la Société philosophique de Boston.

---

[38] Condorcet, *Réflexions sur le commerce des blés*, Arago 11, p.165.

[39] Condorcet, *Discours lu à l'Académie des sciences,* Arago 1, p.420.

Enfin, ajoutons ces autres réseaux situés au cœur de Paris où règnent l'économie, la science, les lettres, la politique : celui des Physiocrates, celui des Encyclopédistes, celui typiquement parisien des célèbres salons de l'époque, celui de la franc-maçonnerie, celui des ambassades étrangères : faut-il rappeler que Mme de Staël sera épouse de l'ambassadeur de Suède, que l'Italien Galiani, qui s'opposera à Turgot sur la liberté du commerce des grains, sera secrétaire de l'ambassade de son pays à Paris, enfin que Franklin et Jefferson seront ambassadeurs des Etats-Unis en France ?

Par sa présence dans ces salons et ces réseaux Condorcet peut converser avec un monde de spécialistes dans tous les secteurs d'activité mais aussi avec certaines personnalités étrangères qui les fréquentent assidûment,

Condorcet sera un esprit cosmopolite au temps de la première mondialisation : celle de la pensée.

Et il va faire son entrée dans l'économie active, concrète, celle du quotidien, par la grande porte de l'innovation.

C'est donc dans la seconde moitié du XVIIIe siècle que Turgot et Condorcet, un temps associés dans la gestion des affaires du pays, vont systématiser dans la pratique le recours au monde savant – donc à l'innovation - en faveur de la croissance économique, de la réforme sociale et de l'aménagement du territoire.

Soulignons tout de suite qu'une telle démarche vise à mettre en œuvre les trois grandes idées qui se trouvent au cœur de leur philosophie et qui se résument en trois mots qui sont pour eux trois impératifs : liberté, égalité, justice.

En effet, il ne peut y avoir de vraie *liberté,* notamment dans les échanges économiques, s'il n'existe pas, dans tout le pays, un réseau de communication efficace, par routes ou voies navigables, permettant de transporter rapidement et sans perte les biens de consommation de la campagne vers la ville, ou d'une ville à l'autre, ou vers les ports d'exportation, et cela dans des conditions de concurrence égales pour tous.

Il ne peut y avoir *égalité* dans les échanges – autre condition d'une économie de marché – s'il n'y a pas lutte contre les monopoles et uniformisation, sur tout le territoire, des poids, des mesures, des monnaies.

Enfin, il ne peut y avoir *justice* en faveur du monde de la production s'il n'y a pas dans toutes les régions un même cadastre incontesté qui fixe de manière exacte et indiscutable la propriété de chacun, surtout à une époque où, selon les Physiocrates, l'impôt devra porter quasi exclusivement sur le domaine foncier.

Facteur de productivité, l'innovation sera donc, de surcroît, le moteur de la réforme économique et sociale.

Après Turgot et Condorcet, cette alliance du savant et du politique aura un bel avenir, surtout au moment où la France amorcera son grand virage vers la révolution industrielle. Cette alliance sera défendue et promue dans de nombreux ouvrages.

Citons en deux, à titre d'exemples, parmi beaucoup d'autres :

L'un, le plus célèbre, est le *Traité d'économie politique* de Jean-Baptiste Say, dont la première édition paraîtra en 1803. La Révolution industrielle a démarré. La France commence de se couvrir de manufactures imitées de l'Angleterre. Le travail mécanique du textile – coton, lin, laine – est la première étape de ce grand bouleversement qui va aboutir à la production de masse. Jean-Baptiste Say, qui sera bientôt lui-même filateur de coton dans le Pas-de-Calais, va théoriser dans ses écrits d'économiste et de praticien, la nécessité de l'alliance du savant, autrement dit l'homme de la recherche fondamentale, avec le chef d'entreprise, c'est-à-dire l'homme de la pratique qui va mettre en application les résultats de cette recherche. Selon lui le travail du savant qui fait des expériences et des livres est productif au même titre que le travail de l'entrepreneur ou que celui du manouvrier.

Et de préciser :

« L'homme force la nature à travailler de concert avec lui à la création des produits [...] Nous tournons à notre profit toutes les lois du monde physique. Nous sommes presque toujours en communauté de travail avec la nature. »[40]

L'autre ouvrage, qui paraît en 1815, porte comme titre : *Pensées sur divers objets de bien public*. Il émane d'un personnage qui était très connu à son époque mais qui est bien oublié de la nôtre : Charles Victor de Bonstetten. Né à Berne en 1745, donc contemporain de Condorcet, mort en 1832 à l'âge canonique pour l'époque de quatre-vingt-sept ans, il avait parcouru l'Angleterre, dont il connaissait la langue, puis tous les pays scandinaves et aussi l'Italie. Ami de Necker et de son épouse, qui tenait salon à Paris avant la Révolution, de Germaine de Staël leur fille, de Benjamin Constant et de tous les intellectuels qui fréquentaient le groupe de Coppet, « ces Etats-Généraux de l'opinion européenne », selon l'expression de Stendhal, il était aussi un familier de Voltaire qui le recevait souvent à Ferney.

L'un des chapitres de son ouvrage entend démontrer « qu'il faut mettre l'industrie nationale en contact avec les sciences ».

Et il aura la définition la plus brève mais surtout la plus limpide et la plus populaire de l'innovation, autrement dit de la relation nécessaire entre le savant et le politique, quand il écrira :

« C'est en faisant tomber la lumière de l'homme qui pense sur le travail de l'homme qui agit, que la grande société se développe. »[41]

---

[40] Jean-Baptiste Say, *Traité d'économie politique, ou simple exposition de la manière dont se forment, se distribuent et se consomment les richesses*, Paris, 1803, Crapelet, tome 1, p.59.

[41] Charles Victor de Bonstetten, *Pensées sur divers objets de bien public*, Genève, 1815, chez Manget et Cherbuliez, libraires, p., 95.

Faire tomber les lumières des savants sur l'activité économique, cela avait été, bien avant Say et Bonstetten, l'une des grandes ambitions de Condorcet et de Turgot.

Tous deux, par l'appel aux découvertes scientifiques, feront entrer les savants sur la grande scène de l'expansion économique.

Pour le bien public.

3

Premières traces…

Les premières traces d'un vif intérêt de Condorcet pour l'économie politique en tant que science sociale apparaissent relativement tôt dans sa biographie.

Cet intérêt s'aperçoit dans un dialogue qu'il noue avec l'économiste italien Pietro Verri à travers deux longues lettres, l'une de 1771, l'autre de 1773.

Né à Milan en 1728, donc contemporain de Turgot, le comte Pietro Verri est issu d'une famille aristocratique et appartient à une brillante génération d'intellectuels italiens parmi lesquels Cesare Beccaria.

Journaliste, écrivain, haut fonctionnaire, historien, moraliste, esprit encyclopédique et disciple des Lumières, Pietro Verri est aussi un réformateur qui a consacré une partie de son existence au bien public.

En 1771 il révèle ses talents d'économiste en publiant un ouvrage qui a pour titre : *Méditations sur l'économie politique.*[42]

Il l'adresse aussitôt à Condorcet.[43]

Soulignons d'abord ce premier élément : un aristocrate milanais de quarante-trois ans, de surcroît homme d'Etat, envoie son ouvrage à un jeune Condorcet de vingt-huit ans, qui n'a encore rien publié en économie politique.

En effet, si Condorcet est membre de l'Académie royale des sciences depuis peu, il n'est connu dans un milieu très restreint que pour trois publications de mathématiques pures.[44]

Insistons au passage sur une situation que nous avons déjà mentionnée, à savoir qu'il existe à cette époque, non seulement en France mais aussi dans toute l'Europe, un véritable réseau de têtes pensantes qui permet à des intellectuels de toutes disciplines d'échanger livres, correspondances, projets et idées dans tous les domaines.

C'est le Moyen Age d'Internet. Le réseau existe, sauf que les informations y voyagent à la vitesse de la diligence, pas à celle de la lumière.

Toutefois, ce qui nous intéresse ici c'est la réponse de Condorcet.

---

[42] Cet ouvrage capital dans l'histoire de l'économie politique a fait l'objet d'une édition critique bilingue par un groupe d'universitaires dirigés par M. André Tiran, aux éditions Garnier en 2015.

[43] Sur Pietro Verri, voir l'ouvrage d'Eugène Bouvy : *Le Comte Pietro Verri (1728-1797), ses idées et son temps*, Paris, 1889, Hachette.

[44] *Du calcul intégral* en 1765, *Du problème des trois corps* en 1767, *Essai d'analyse* en 1768.

Dans ses deux lettres à Pietro Verri nous allons découvrir un économiste qui s'entretient d'égal à égal avec son correspondant italien et qui se permet de rectifier certaines thèses avancées par son interlocuteur.

Pour comprendre ce qui les oppose, il faut rappeler les grandes lignes de l'économie politique de Pietro Verri. Selon lui, l'existence d'un grand nombre de besoins variés et complexes et la possibilité de les satisfaire tous est signe de civilisation. Mais pour les satisfaire une économie efficace doit reproduire chaque année une somme de valeurs supérieure à la somme des valeurs consommées pour son entretien.

Abondance et reproduction : autant dire des besoins nombreux d'un côté, une reproduction annuelle suffisante pour les satisfaire de l'autre, voilà les deux pôles de l'économie politique de Pietro Verri. Elle suppose une multiplicité d'acheteurs et de vendeurs pour faire face à des désirs variés et vastes.

Condorcet évidemment se déclare en accord avec une telle économie de marché reposant sur la liberté des échanges qui est celle « des philosophes qui ont étudié les sciences économiques » et qui ont prouvé « l'utilité d'une administration douce et juste, d'une liberté indéfinie dans le commerce ».

Allusion évidente à l'économie politique des Physiocrates, version Vincent de Gournay.

Mais voici que le *géomètre* Condorcet va critiquer fermement Pietro Verri pour avoir abusivement employé « le langage de la géométrie » sur un point fondamental de son économie politique, à savoir la formation des prix sur le marché résultant du face à face entre acheteurs et vendeurs.

Et Condorcet de s'expliquer :

« Vous dites que le prix est en raison inverse du nombre des vendeurs, et en raison directe de celui des acheteurs. Je sais bien que le prix augmente quand le nombre des acheteurs augmente, et qu'il diminue quand celui des vendeurs s'accroît ; mais est-ce dans le même rapport ? C'est ce que je ne crois pas. Ainsi le langage géométrique dans ce cas, et dans tous les autres de cette espèce, bien loin de conduire à des idées plus précises, me semble induire en erreur ; on se dit que l'auteur se serait contenté du langage ordinaire, s'il n'avait pas entendu parler d'une proportion rigoureusement exacte. »[45]

Ce reproche qu'adresse Condorcet à Pietro Verri d'être trop géométrique dans ses explications des phénomènes économiques, il le reprend et l'accentue dans sa seconde lettre de 1773 après avoir reçu la sixième édition des *Méditations sur l'économie politique* de l'Italien :

« Pardonnez-moi, écrit-il, de revenir encore ainsi à la charge sur cet emploi du langage de la géométrie. Il peut conduire à traiter d'une manière

[45] Première lettre de Condorcet à Pietro Verri du 7 novembre 1771 dans *Œuvres de Condorcet,* Arago 1, p.283.

abstraite des questions qui ne doivent jamais être traitées que d'après l'expérience, et les faits, et les idées les plus lumineuses en elles-mêmes, les plus conformes à la vérité, comme celles que vous nous donnez sur ce que c'est que le besoin ou l'abondance lorsqu'il s'agit du prix des denrées, cessent de l'être lorsque vous les assujettissez à cette rigueur analytique, et que vous voulez les considérer comme des nombres abstraits. La quantité de la marchandise universelle, celle d'une marchandise particulière, peuvent être rapportées à des nombres ; mais l'envie d'acheter et celle de vendre ne sont susceptibles d'aucun calcul, et cependant les variations du prix dépendent de cette quantité morale, qui dépend elle-même de l'opinion et des passions. »[46]

Pour Condorcet, s'il y a des choses qui peuvent recevoir un nombre, par exemple les quantités de marchandises enregistrées sur le marché, il y a d'autres choses qui, elles, ne sont pas quantifiables et qui, pourtant, vont jouer un rôle dans l'échange, car elles agissent « sur la tête du commerçant » comme l'envie, l'opinion, les passions, bref ce qu'il appelle « la quantité morale », autrement dit ce halo de psychologie qui enveloppe toute décision économique.

Pratiquement à la même époque un autre économiste, Le Trosne, grande figure de l'école physiocratique, insiste lui aussi sur les aspects psychologiques de l'économie politique. Ainsi, selon lui, les « chertés locales » des blés peuvent déclencher « la crainte et l'imagination ». Et de demander :

« Qui peut calculer les effets de l'imagination effrayée ? Qui peut soumettre aux combinaisons de l'ordre naturel ce qui n'a de soi-même, ni règle, ni mesure, ni fondement. »[47]

A travers cette correspondance de Condorcet et de Pietro Verri, qui constitue une grande leçon de réalisme en économie politique, on assiste au surgissement d'un vaste débat qui, dans l'avenir, va animer, voire déchirer toute l'économie politique entre ceux qui voudront la soumettre aux calculs et aux équations et ceux qui refuseront une telle prétention au nom du caractère inéluctablement humain, donc psychologique, d'une telle discipline. Cela donnera naissance aux deux grands courants qui divisent encore aujourd'hui – et plus que jamais – l'économie politique : d'un côté le courant mathématique souvent illustré par de brillants mathématiciens et, en France, par nombre de polytechniciens et, de l'autre côté, le courant psychologique, parfois nommé courant littéraire, incarné de nos jours par l'école dite « autrichienne », laquelle refuse une mathématisation excessive de l'économie qui lui ferait perdre son caractère de science essentiellement humaine.

---

[46] Deuxième lettre de Condorcet à Pietro Verri, datée de 1773, op.cit., p.287.
[47] Le Trosne, *La liberté du commerce des grains, toujours utile*, cité par Steven L Kaplan, *Raisonner sur les blés*, op.cit., p.515.

Bien plus tard, et surtout plus âgé, Condorcet, lui aussi, sera tenté d'appliquer aux sciences sociales – donc à l'économie – les méthodes et les outils qui auront prouvé leur efficacité dans les sciences physiques. Mais il prendra un autre chemin : il tentera de faire entrer l'esprit de rationalité en économie politique par le langage des probabilités, qui ménage une part d'incertitude dans les affirmations, plutôt que par le langage de la géométrie.

Préférer le probable au certain dans une matière aussi sensible aux phénomènes psychologiques que l'économie, en clair tenir compte de la « quantité morale » de « l'envie » des « passions » pour reprendre les expressions de Condorcet, était sans doute une démarche plus réaliste et surtout plus prudente. D'ailleurs, dans la dernière partie de sa seconde lettre à Pietro Verri, il explicite, à partir d'un exemple touchant à la population, sa position entre le probable et le certain :

« On peut, écrit-il, savoir combien un pays contient d'hommes un tel jour ; on peut prouver que si on y détruisait le célibat monastique, la population y augmenterait ; mais on ne peut calculer quelle serait la mesure de cette augmentation. »[48]

En clair, il est certain que la suppression du célibat monastique fera croître le nombre des naissances par rapport à la situation antérieure, mais quant à prévoir le nombre exact de cette augmentation, c'est une autre affaire que même « l'esprit géométrique » ne saurait trancher.

Si la correspondance avec Pietro Verri est un premier signe fort de l'intérêt que porte Condorcet à l'économie politique, il en existe un second, plus bref mais tout aussi éclairant pour notre propos et qui date de la même époque.

En effet, le 6 avril 1772, Condorcet, qui se trouve chez sa mère, à Ribemont, en Picardie, écrit à Turgot :

« Il est vrai, Monsieur, que j'étais triste en quittant Paris, et je le suis encore [...] Lorsque je quitte mes amis, je suis aussi triste qu'un ministre exilé. Je verrai avec bien du plaisir ce que vous voudrez m'écrire sur la physique ou sur l'économie politique [...] Le pays où je me trouve à présent ne souffre point de la cherté des vivres comme celui que vous habitez ; le blé y est cher, mais il y en a et plus qu'il n'en faut pour le nourrir. L'édit de 1764 a fait défricher beaucoup de terres, et l'usage de cendres minérales qu'on a découvertes dans les environs de La Fère a mis à portée d'avoir des prairies artificielles [...] En 1764, l'agriculture languissait ; beaucoup de fermiers étaient ruinés ; ils se sont relevés depuis. Peut-être dans peu d'années tout sera-t-il pis encore qu'en 1764. Je vais constater, pour un petit

---

48 *Deuxième lettre à Pietro Verri, op.cit.*

canton, la différence de l'état actuel à celui de 1764 ; il est bon qu'il reste des preuves du changement qu'a produit l'exportation. »[49]

Relevons deux informations contenues dans cette lettre car elles intéressent notre propos :

La première, c'est que Condorcet place sur le même plan, au même niveau de ses préoccupations intellectuelles, la physique et « l'économie politique ».

La seconde, c'est que ce Condorcet de vingt-neuf ans s'intéresse de très près à l'état de l'agriculture de son canton natal au point de mener une étude comparative de la situation de la paysannerie entre 1764 et 1772.

Il n'est pas négligeable de rappeler que ces confidences sont faites après que Turgot a publié plusieurs de ses écrits économiques les plus importants, entre autres son *Eloge de Vincent de Gournay* en 1759 mais surtout ses *Réflexions sur la formation et la distribution des richesses* en 1769 et 1770 qui le placent au premier plan des grands *théoriciens* de l'économie politique, salué comme tel plus tard par Schumpeter et par Hayek, lequel le qualifiera de *génie unique*.

Qu'un tel *génie unique* soit attentif aux propos de Condorcet sur *l'économie politique* est un témoignage qui prend ici toute sa valeur.

Adoubé par Voltaire dans la confrérie des philosophes, voici Condorcet adoubé par Turgot dans celle des économistes.

Rien de surprenant si, deux ans plus tard, faisant son entrée au gouvernement, Turgot prendra Condorcet à son cabinet.

---

[49] *Correspondance inédite de Condorcet et de Turgot* publiée par Charles Henri, Paris, Charavay, p.81. Charles Henry attribue à tort cette lettre à Turgot s'adressant à Condorcet alors que c'est l'inverse qui est vrai : il s'agit de Condorcet s'adressant à Turgot, comme le prouve la mention de La Fère qui est une commune de Picardie, située non loin de Ribemont, ville natale de Condorcet. Ajoutons que c'est en 1764 que la liberté du commerce des grains avait été instituée une première fois, avec la liberté d'exporter (voir chapitre suivant).

4

La Marseillaise de Condorcet

Le 20 juillet 1774, Turgot entre au gouvernement.

Il est nommé par Louis XVI secrétaire d'Etat à la Marine et aux Colonies.

Deux jours plus tard, Condorcet en informe Voltaire :

« Vous savez sans doute la nomination de M. Turgot. Il ne pouvait rien arriver de plus heureux à la France et à la raison humaine. Jamais il n'est entré dans aucun conseil de monarque d'homme qui réunit à ce point la vertu, le courage, le désintéressement, l'amour du bien public, les lumières et le zèle pour les répandre [...] M. Turgot est un de vos admirateurs les plus passionnés, et un de mes illustres amis ; ainsi nous aurons des raisons particulières d'être heureux, si les raisons particulières pouvaient se faire entendre ici. »[50]

Poste d'attente et galop d'essai pour Turgot.

Un peu déçu, Voltaire ironise :

« Je ne suis ni marin ni musicien. Je suis fâché, écrit-il à Madame du Deffand, que M. Turgot n'ait que le département de nos vaisseaux. Je ne le crois pas plus marin que moi ; mais il m'a paru un excellent homme sur terre, plein d'une raison très éclairée, aimant la justice comme les autres aiment leurs intérêts, et aimant la vérité presque autant que la justice.»[51]

La marquise du Deffand elle aussi est satisfaire :

« Ces commencements-ci sont de bon augure : je crois le choix de M. Turgot très bon, et quoique je ne le voie plus, j'ai conservé beaucoup d'estime pour lui ; s'il ne se rend pas esclave de systèmes, et qu'il ait égard aux circonstances, je ne doute pas qu'il ne soit un très bon ministre. »[52]

Un mois plus tard Turgot accède au Contrôle général, en clair au ministère des Finances.

Dès qu'il entre dans cette nouvelle fonction, il appelle à son cabinet ses deux amis intimes : Dupont de Nemours et Condorcet. Le premier est nommé Inspecteur général du Commerce et des Manufactures et le second directeur des Monnaies.

Condorcet sera l'aiguillon, souvent impatient, du ministre.

Dupont, plus âgé, plus calme, dont la devise est « rien par choc, tout par ondulation », sera le modérateur.[53]

---

[50] *Œuvres complètes de Voltaire, correspondance XVII (années1774-1776),* Paris, 1882, Garnier frères, p.39.

[51] Ibid., p.56

[52] Ibid., p.48.

[53] Edgar Faure, *La Disgrâce de Turgot*, Paris, 1961, Gallimard, p.107.

Dès le 13 septembre Turgot, par arrêt pris en Conseil du Roi, rétablit la liberté du commerce des grains.

Nous disons bien rétablit, et non institue.

Ici, un retour en arrière s'impose.

La liberté du commerce des grains avait été instituée une première fois dix ans plus tôt, en 1763 et 1764, par une Déclaration du Roi du 25 mai 1763 suivie d'un long Edit de juillet 1764.

Avant ces actes publics libérateurs, toute la chaîne des céréales – production, stockage, circulation, achats, ventes, importations, exportations – était enserrée dans un carcan de normes, règlements, contrôles, injonctions, prohibitions. Depuis la première gerbe récoltée jusqu'au pain sortant du four du boulanger tout le parcours économique du blé se déroulait sous l'œil inquisiteur d'une police des grains.

Donnons quelques exemples significatifs de ce monde réglementaire :

Dès le grain produit, le cultivateur perd toute liberté. L'écoulement de sa production lui échappe. Il doit emprunter un chemin balisé d'obligations et d'interdictions. Même chose pour le propriétaire si ses fermages lui sont payés en nature, c'est-à-dire en sacs de blé.

D'abord, il leur est interdit à l'un et à l'autre de vendre leur blé chez eux, de même qu'il leur est défendu de le stocker à domicile. Ils sont obligés de le porter au marché public, entendons par là un marché organisé en totalité par l'Etat et qui, obligatoirement, doit se tenir dans les villes au milieu de la population. La raison d'une telle organisation est simple : il faut impérativement que le blé soit « vu » par la foule des consommateurs. Il importe « d'étaler aux yeux du peuple une subsistance certaine ». En clair il faut montrer ostensiblement l'abondance « car l'abondance entretient nécessairement la tranquillité publique ».[54]

Bref, il s'agit d'éviter des terreurs paniques qui pourraient naître d'un sentiment d'absence d'approvisionnement.

A ce marché, les cultivateurs sont contraints de vendre d'abord aux particuliers, ensuite aux boulangers. La vente prioritaire aux particuliers s'impose du fait qu'à l'époque beaucoup de consommateurs, à la campagne, s'ils disposent d'un four, cuisent encore le pain chez eux à la fois pour leur famille et souvent pour le voisinage.

A la clôture du marché, toutes les quantités amenées doivent être vendues, à n'importe quel prix.

Les exportations sont interdites : le blé national doit rester à l'intérieur des frontières nationales. La foule entend imposer le même principe dans les provinces. Le blé provincial doit rester à l'intérieur de la province où il a été produit. D'où l'extrême nervosité des consommateurs quand ils apprennent

[54] *Œuvres de Turgot*, collection des principaux économistes, Paris, 1844, Guillaumin, tome II, p.330.

qu'une partie du blé d'une région excédentaire va être transférée dans une région déficitaire.

Une telle attitude, ajoutée à la mauvaise qualité des routes et aux taxes, entre autres d'octroi, qui frappent la circulation des marchandises qui passent d'une ville à l'autre sont autant d'obstacles à la fluidité des échanges, seul remède aux disettes locales.

D'où l'obligation pour le gouvernement de construire et de gérer ses propres magasins de stockage, avec tous les soupçons de mauvaise gestion, voire de corruption, que fait naître une telle étatisation. Ainsi Louis XV et une de ses maîtresses seront-ils accusés, à tort, d'avoir mis en place un véritable *Pacte de famine* pour en tirer des profits personnels.

Evidemment cet enfer réglementaire, dominé par la police des grains, est pavé des meilleures intentions gouvernementales dès lors qu'il s'agit de lutter contre les disettes, voire les famines, en procurant au peuple du pain à un prix raisonnable.

La Déclaration royale du 25 mai 1763 et l'édit de juillet 1764 abattent donc une première fois cet édifice réglementaire puisque cette nouvelle politique permet « à tous les sujets du Roi indistinctement de faire le commerce des grains librement, d'en avoir des magasins, d'en vendre et d'en acheter, sans être inquiétés, ni astreints à aucune formalité ; elle permet le transport d'une province à l'autre sans congé, permission et formalité aucune ; elle affranchit les grains des droits de péage, passage, pontage et travers, à l'exception seulement des droits de hallage, minage et autres droits de marché ».[55]

En ce qui concerne les exportations et les importations, autrement dit « la liberté de la sortie et de l'entrée des grains dans le royaume », le Roi explique longuement pourquoi il révoque l'arsenal réglementaire et institue la liberté :

- La liberté est propice à animer et à étendre la culture des terres « dont le produit est la somme la plus réelle et la plus sûre des richesses d'un Etat ».
- La liberté est de nature à entretenir entre les différentes nations « cette communication d'échanges du superflu avec le nécessaire, si conforme à l'ordre établi par la divine Providence ».
- Enfin, si la liberté n'est que justice pour les propriétaires de terres et pour les fermiers elle sera aussi un bienfait pour le peuple en entretenant l'abondance par la création de magasins de stockage et l'entrée des blés étrangers.[56]

En 1763 et 1764 Turgot est intendant du Limousin.

Non seulement il est l'un des ardents défenseurs de la nouvelle politique royale, d'inspiration très physiocratique, mais il passe pour être aussi l'un

[55] Gustave Schelle, op.cit., tome quatrième, p.217.
[56] Ibid., p.130.

des rédacteurs de l'Edit de juillet, qu'il met aussitôt en application dans sa Généralité.

Cinq ans plus tard, une grave crise économique éclate dans toute la France, conséquence de mauvaises moissons. Elle frappe durement le Limousin. Elle contraint Turgot à réprimer plusieurs émeutes autour de Limoges et à créer dans l'urgence des bureaux et des ateliers de charité pour répondre aux souffrances de la population. Les bureaux ont pour mission de distribuer des vivres et les ateliers de mettre en vigueur une politique de grands travaux pour résorber le chômage.

Le 23 décembre 1770, devant l'aggravation de la crise, l'abbé Terray, à l'époque Contrôleur général des finances, décide de restreindre la liberté de circulation des grains. Retour en arrière fermement désapprouvé par Turgot qui, dans sept lettres adressées à Terray, critique cette décision, argumente longuement, chiffres à l'appui, en faveur de la liberté et expose les motifs qui lui font regarder toute atteinte à la liberté entière du commerce des grains « comme le plus grand de tous les obstacles à la prospérité de l'agriculture, par conséquent à l'accroissement, même à la conservation de la richesse particulière et publique ».

Et d'ajouter :

« La liberté est le seul préservatif possible contre la disette, le seul moyen d'établir et de conserver entre les prix des différents lieux et des différents temps ce juste niveau sans cesse troublé par l'inconstance des saisons et l'inégalité des récoltes. »[57]

On comprend donc pourquoi, quatre ans plus tard, quand lui-même accède au Contrôle général des finances, sa première décision, le 13 septembre 1774, est de rétablir immédiatement et sans aucune hésitation la liberté « entière » du commerce des grains.

Cette fois Voltaire exulte :

« Le vieux malade de Ferney, lui écrit-il, remercie la nature de l'avoir fait vivre assez longtemps pour voir l'arrêt du 13 septembre 1774. Il présente son respect et ses vœux à l'auteur. » [58]

Plus tard Michelet, à son tour, évoquant « l'admirable ordonnance de septembre, noble, claire, éloquente » proclamera : « C'est la Marseillaise du blé ».[59]

Autrement dit le renversement d'une Bastille d'interdictions protégée par une bureaucratie despotique.

Le blé : c'était bien la question politique, économique, sociale – et souvent tragiquement humaine – qui avait caractérisé les années noires de la monarchie à travers les révoltes populaires causées par les disettes.

---

[57] Ibid., tome troisième, p. 267.

[58] Œuvres complètes de Voltaire, op.cit., p.87.

[59] Michelet, *Histoire de France*, Paris, 1887, Lacroix, tome XIX, p. 191-192.

Si labourage et pâturage ont été les deux mamelles de la vieille France, fiscalité et disettes en ont été les deux fléaux, incarnés respectivement par les figures sinistres du *gabelou* et de *l'affameur*.

Si bien que la question des blés va quitter l'ambiance feutrée des hautes sphères gouvernementales pour tomber dans l'arène des vindictes populaires, en passant d'ailleurs par les discussions dans les salons, surtout ceux des Physiocrates.

Ici, pour connaître l'ambiance d'une époque, il faut toujours en revenir à Voltaire. D'une plume ironique, il souligne le phénomène :

«Vers l'an 1750, écrit-il, la nation, rassasiée de vers, de tragédies, de comédies, d'opéras, de romans, d'histoires romanesques, de réflexions morales plus romanesques encore, et de disputes théologiques sur la grâce et sur les convulsions, se mit enfin à raisonner sur les blés. On oublia même les vignes pour ne parler que de froment et de seigle. On écrivit des choses utiles sur l'agriculture ; tout le monde les lut, excepté les laboureurs. »[60]

En vérité le blé, à l'époque de Voltaire et de Condorcet, s'apparente au pétrole d'aujourd'hui : c'est une matière hautement stratégique sur quoi repose à la fois la subsistance de la population et l'essentiel du développement économique.

Le blé, par le pain, c'est « le germe de nouveaux hommes. », comme l'écrit Necker.[61]

Le blé, c'est le pétrole des bras. C'est l'énergie de la force humaine. C'est le moteur du travail.

Et l'ensemble des autres céréales, c'est le pétrole de la mécanique animale.

De surcroît, c'est aussi le fourrage, qui devient litière, laquelle devient fumier donc engrais, quand les litières souillées sont enfouies dans le sol.

Tout cela, c'est presque une économie *circulaire,* comme on dit aujourd'hui : tout part de la terre et revient à la terre.

Au demeurant, la question des blés ne sera qu'un volet de la question de l'ensemble des grains et, plus largement encore de toutes les subsistances.

« Il n'y a point, écrit Charles Coquelin, de question économique qui ait éveillé au même degré que la question des céréales la sollicitude des gouvernements et des législateurs ; aussi n'y en a-t-il point qui ait été l'objet d'un plus grand nombre d'actes publics. Tous les gouvernements du monde ont porté leur attention sur la subsistance du peuple ; tous, ou presque tous, ont voulu régler cette importante matière par des lois [...] On remplirait un volume de la seule nomenclature des actes publics rendus en France depuis le XIIe siècle sur le commerce ou la culture des grains. Du règne d'Henri IV

---

60 Œuvres complètes de Voltaire, *Dictionnaire philosophique II,* Paris, 1878, Garnier, p. 11.

61 *Eloge de Jean-Baptiste Colbert*, dans Œuvres complètes de M. Necker, Paris, Treuttel et Wurtz, 1821, tome quinzième, p.32.

seulement jusqu'au règne de Louis XVI, on en compte cent-soixante, et l'on sait que les gouvernements qui suivirent en furent encore plus prodigues. »[62]

L'Ecole physiocratique surgit donc dans le débat public à un moment où la croissance économique et l'entretien des hommes reposent sur la puissance de la nature. Et le grain de blé qui, tombant au sol, donne non un autre grain mais un épi lourd de multiples grains devient le symbole et l'étendard de cette puissance.

Ainsi l'agriculture devient-elle la dispensatrice – seule dispensatrice - du sang de la nation comme entendait le prouver le docteur – on dira le « Divin Docteur » – François Quesnay.

Tout doit donc être organisé autour de l'agriculture, en fonction de l'agriculture, en faveur de l'agriculture.

Libérer l'agriculture en donnant pleine liberté au travail du cultivateur ;

Libérer l'agriculture en donnant pleine liberté à la circulation des grains ;

Libérer l'agriculture en débarrassant les fermiers de la sujétion des corvées pour qu'ils consacrent la totalité de leur temps aux travaux des champs ;

Libérer l'agriculture en lui offrant de bonnes routes, des voies navigables efficaces, des ports accueillants, des magasins de stockage sécurisés, tout cela pour permettre à ses produits d'atteindre rapidement et efficacement tous les marchés de consommation.

Ce sera la grande ambition du nouveau Contrôleur général.

On comprend mieux pourquoi Turgot veut mettre en place une politique de libre circulation des grains suivie de la suppression des corvées et d'une totale liberté du travail par disparition des maîtrises et des jurandes.

Ces trois réformes se tiennent.

Elles sont indissociables.

Elles forment un tout.

Elles sont nécessaires.

Elles visent à développer la productivité de l'agriculture.

Elles entendent satisfaire au bien public et à établir la justice.

Elles seront immédiatement soutenues par un Condorcet qui fait son entrée dans le combat économique par un tir en rafales.

Entre 1774 et 1776 il publie six ouvrages concernant à la fois la liberté du commerce des grains et la suppression des corvées :

- *Lettres sur le commerce des grains* en 1774 ;
- *Réflexion sur les corvées en 1775 ;*
- *Monopole et monopoleur* en 1775 ;
- *Lettre d'un laboureur de Picardie* en 1775 ;

---

[62] Charles Coquelin, *La question des céréales*, Revue des Deux Mondes, tome 12, 1845, p.842.

- *Réflexions sur le commerce des blés* en 1776 ;
- *Sur l'abolition des corvées* en 1776 [63]

Ces textes constituent un éclatant appui à la politique de Turgot et un hymne à la liberté économique.

Ce sera la Marseillaise de Condorcet.

[63] *Lettres sur le commerce des grains*, par M. ***, Paris, 1774, Couturier ; *Réflexions sur les corvées,* Œuvres de Condorcet, Arago 11, p.59 ; *Monopole et monopoleur*, ibid., p.35 ; *Lettre d'un laboureur de Picardie*, ibid., p.1 ; *Réflexions sur le commerce des blés,* ibid., p.87 ; *Sur l'abolition des corvées*, ibid., p.87.

5

L'ombre de Colbert

Revenir à une liberté totale du commerce du blé dans la perspective d'instaurer l'abondance de sa production : voilà donc la vaste ambition de l'Edit du 13 septembre 1774 que Turgot, à peine nommé ministre des Finances, a présenté à la signature de Louis XVI et qui a eu pour effet immédiat de ressusciter un Voltaire presque mourant.

Avec ses divers écrits visant à soutenir une telle politique, Condorcet, à trente-trois ans, fait donc son entrée sur une scène économique où vont s'affronter partisans et adversaires de cette liberté, à savoir les Physiocrates et les philosophes amis de Turgot d'un côté et, de l'autre, des personnalités regroupées autour de l'abbé Galiani ou de Jacques Necker.

Le terme de scène n'est pas exagéré.

Le débat de l'époque peut être interprété comme la répétition générale d'une vaste et longue pièce qui se joue toujours sous nos yeux.

Si le décor a changé, si l'enjeu principal n'est plus le blé, l'intrigue et les personnages sont toujours les mêmes.

L'intrigue, c'est le commerce, c'est-à-dire l'échange, sous son double aspect intérieur et international. On dirait aujourd'hui la mondialisation.

Les personnages se répartissent toujours en trois grandes catégories : les libre-échangistes, aujourd'hui appelés progressistes, les protectionnistes, aujourd'hui nommés nationalistes, enfin l'Etat et ses agents, ces derniers étant chargés de faire appliquer l'arsenal - pour ne pas dire l'artillerie - des lois, décrets, règlements, taxes, prohibitions qui frappent l'activité commerciale en vue de la réguler. En 1776 la face visible de cet Etat, c'est une redoutable Police des grains constituant une véritable caste bureaucratique dotée de larges pouvoirs d'investigation et de sanction. Image parfaite de ce que l'on nommera plus tard l'Etat tentaculaire.

Au temps de Condorcet une ombre planait sur ce théâtre : celle de Colbert, que Condorcet, dans une lettre à Voltaire, qualifie de tyran qui a fait « tout le mal qui lui était nécessaire pour conserver sa place ».[64]

Elle plane toujours.

Et, en référence à Colbert, on se pose encore la même question : le dirigisme économique, autrement dit l'économie pilotée par l'Etat qui, sous le nom de mercantilisme, a duré deux siècles, de 1550 à 1750, est-il définitivement inscrit dans les gènes du peuple français ?

Condorcet va répondre affirmativement d'entrée : « La longue habitude du régime prohibitif, écrit-il, le fait regarder comme l'état naturel ». Et il

[64] Condorcet, *Correspondance avec Voltaire*, Arago 1, p.142.

ajoute une réflexion ironique toujours d'actualité, à savoir « qu'on est si accoutumé à voir le gouvernement se mêler du commerce » que si jamais il décidait de ne rien faire ce serait « une action extraordinaire et nouvelle ».[65]

Cette pièce avait aussi dans ses coulisses un personnage maudit qu'on ne voyait jamais sur le devant de la scène parce que mystérieux, puissant, suspect, sorte de bouc émissaire objet de toutes les vindictes parce que soupçonné d'être l'auteur de toutes les calamités : le *marchand*. Sous l'accusation de *monopoleur* on lui reprochait d'acheter les blés pour les stocker et faire monter les prix, donc d'être le grand responsable de la cherté du pain.

Ce *marchand*, ce *négociant*, bref cet *intermédiaire,* selon ses diverses appellations, c'est précisément lui que Turgot et Condorcet vont sortir de l'ombre, propulser sur l'avant-scène, placer en pleine lumière pour en faire le pivot et l'acteur principal du marché libre des grains.

« Plus il y aura de marchands de blé, écrit Condorcet, et plus aussi, dans les années d'abondance, il y aura de probabilité que la quantité excédante de blé produite par l'amélioration de la culture, trouvera des consommateurs. »[66]

Condorcet rappelle opportunément que trois choses essentielles influent fortement sur ce marché :

- Les saisons ;
- Les années ;
- Les lieux.

Selon que les saisons seront sèches ou pluvieuses, selon que les années seront fertiles ou déficitaires, selon que les lieux de production seront favorisés ou défavorisés par les voies de communication, ces disparités ou climatiques ou géographiques engendreront nécessairement d'amples mouvements sur les prix. Les agents économiques capables de porter remède à une telle situation ce sont les *marchands* car eux seuls disposent de possibilités variées et efficaces pour stabiliser les prix autour d'un prix moyen.

Et Condorcet énumère ces possibilités :

- Eux seuls possèdent de vastes réseaux d'informateurs – que Condorcet appelle des *commissionnaires* – en France et à l'étranger, capables de leur faire remonter rapidement des éléments d'appréciation sur l'état des récoltes, des marchés et des stocks. On trouve ici l'esquisse d'une idée qui prendra une grande place dans l'économie d'aujourd'hui, à savoir l'importance de l'information dans le fonctionnement des marchés et, à l'opposé, les inconvénients de ce que l'on nomme de nos jours *les asymétries d'information.*

---

[65] Condorcet, *Lettres sur le commerce des grains*, Paris, 1774, Couturier père, p.20.
[66] Condorcet, *Réflexions sur le commerce des blés*, Arago 9, p.144.

« Chaque pays où la récolte a été mauvaise, explique Condorcet, aura alors des marchands qui sauront dans quel endroit il faudra acheter le blé, et qui connaîtront les moyens les moins dispendieux de le faire arriver ; ils auront des commissionnaires déjà accoutumés à traiter avec eux, des lieux de dépôt tout préparés. Il y aura de même, dans les pays où la récolte aura été abondante, des commerçants qui ne perdront pas un instant pour faire leurs achats ; et les secours seront prêts avant que l'on se soit aperçu du besoin. »[67]

- Eux seuls exercent un commerce constant qui est leur occupation ordinaire et eux seuls possèdent la variété des capitaux nécessaires à une telle activité. Comme ils sont mobiles, ils peuvent œuvrer à l'intérieur d'une vaste zone. Ce n'est le cas ni des propriétaires, ni des fermiers. « Il faut donc, constate Condorcet, qu'il y ait un marchand entre le possesseur de la denrée et le consommateur [...] Ni les propriétaires, ni les fermiers ne peuvent aller vendre loin d'eux. »[68]

- Eux seuls peuvent consacrer du temps et surtout des capitaux sous forme d'avances suffisantes pour créer des magasins de stockage en vue de conserver la ressource des bonnes récoltes des années précédentes, ou des autres pays, en prévision des années déficitaires, et cela pour rendre insensible à la population, autant qu'il est possible, la flambée des prix. De même eux seuls peuvent consacrer d'importants moyens « à pratiquer ou à perfectionner l'art de conserver les grains ».[69]

Condorcet observe au passage que leur concurrence présente cet avantage de rendre impossible tout monopole et de les porter à se contenter « de profits médiocres ».

Les marchands sont donc les agents, mieux, les instruments de « l'égalisation des prix », remède le plus sûr contre la disproportion trop grande de ces mêmes prix.[70]

Pour être efficace le marchand doit donc opérer dans un univers régi par deux impératifs : une grande liberté d'action dans le court, moyen et long terme, autrement dit une liberté assurée et protégée pour acheter, circuler, stocker, vendre, importer, exporter, ce qui induit un respect scrupuleux des droits de propriété.

D'où un retrait de l'Etat de ce type d'activité.

Le rôle de l'Etat n'est pas de se substituer au marchand. Sa mission est bien plus haute, il doit instaurer la liberté et faire respecter les droits de propriété :

« Les avantages de la liberté, écrit Condorcet, tiennent à ce que cette liberté est publique, à ce qu'elle est établie par une loi, à ce qu'elle produit un commerce de subsistances toujours actif parce qu'il y a toujours pour le

---

[67] Ibid., p.121.
[68] Ibid., p.120.
[69] Ibid., p.123.
[70] Ibid., p.102.

marchand sûreté et certitude de vendre : or, il n'y a point d'acte d'administration qui puisse procurer ces avantages. »[71]

Ainsi, à la productivité de la terre mise en relief par les Physiocrates – le fameux grain de blé qui donne naissance à un épi – Condorcet ajoute-t-il une autre sorte de productivité : la productivité de la liberté :

« La liberté du commerce des blés, souligne-t-il, en favorise la reproduction, voilà ce qui est hors de doute. »[72]

Si bien que l'on pourrait résumer toute sa pensée en économie (ainsi que toute la politique de Turgot) sous la forme d'une équation qui pourrait s'écrire ainsi :

Accroissement des subsistances = productivité de la terre x par productivité de la liberté.

Il s'agit là d'un retournement complet de politique et de doctrine.

Les agents principaux de l'activité économique ne sont plus l'Etat et sa bureaucratie mais la liberté et la protection des droits de propriété. La liberté, en permettant de « bons prix », c'est-à-dire des prix stables, encourage la production, multiplie les échanges intérieurs et extérieurs et, enfin, permet la hausse des salaires.

Et les bienfaits de la liberté ne concernent pas seulement la production. Ils s'étendent à l'ensemble de l'économie :

« Je me flatte d'avoir prouvé, affirme Condorcet, que la liberté tend à maintenir la circulation et le prix des subsistances dans l'état le plus avantageux aux différentes classes de citoyens. »[73]

Réflexions sur le commerce des blés – premier grand ouvrage d'économie politique de Condorcet - doit donc être analysé sous une double perspective.

C'est d'abord un ouvrage écrit *dans le torrent des circonstances.* Il a pour ambition avouée de soutenir la politique libérale de Turgot et de répondre à ses détracteurs, surtout Necker comme on le verra plus loin. Il se compose donc de deux parties : d'une part une revue minutieuse des avantages de la liberté commerciale dans le secteur précis du commerce des blés, d'autre part une critique argumentée du système prohibitif en la matière.[74]

Cet ouvrage est d'autant plus une œuvre d'actualité et de combat que Condorcet est à l'époque membre du cabinet de Turgot.

---

[71] Ibid., p.175.

[72] Condorcet, *Lettres sur le commerce des grains*, op.cit., p.20.

[73] Condorcet, *Réflexions sur le commerce des blés*, op.cit., p.162.

[74] Rappelons que le terme *prohibition* signifie très précisément interdiction légale. A l'époque de Condorcet, c'est ce terme qui est couramment employé pour désigner les politiques interventionnistes de l'Etat dans la vie économique. De telles politiques étaient résumées dans l'expression générale de *système prohibitif.* Interventionnisme, protectionnisme, colbertisme dirigisme, étatisme sont autant de synonymes contemporains de ce genre de politique qui se caractérise par une intervention forte de l'Etat dans l'activité économique.

Toutefois, cet écrit est aussi un ouvrage de doctrine, autrement dit une occasion pour l'auteur de donner de la profondeur de champ à sa pensée en abordant les principaux éléments de base d'un libéralisme économique en voie de constitution à un moment historique marqué, d'un côté, par l'application d'une politique physiocratique libérale au secteur agricole et, surtout, d'un autre côté, par les écrits théoriques de Turgot, tous parus et constituant la première grande démarche analytique visant à doter la liberté économique de fondements scientifiques.

Si l'on ajoute à cela que ces *Réflexions* sont publiées, rappelons-le, la même année que *La Richesse des Nations* d'Adam Smith, on constate qu'elles s'inscrivent dans un vaste mouvement d'idées en faveur de la liberté qui agite toute l'Europe.

Et même l'Amérique puisque l'année 1776 est aussi celle de la *Déclaration d'indépendance des Etats-Unis* rédigée par un Jefferson qui, dix ans plus tard, à la veille de la Révolution française, ambassadeur à Paris de sa jeune nation, deviendra un ami très proche de Condorcet.

Si dans ses *Réflexions* Condorcet pose la pointe de son compas sur l'affaire des blés, ce n'est là qu'un point de départ. A partir de ce thème d'actualité il trace une succession de cercles de plus en plus larges où il aborde successivement la question des subsistances dans sa globalité, puis celle des relations entre subsistances et population, puis celle de la formation des prix, des fermages, des profits et surtout des salaires, lesquels semblent pris comme en étau entre population et subsistances, puis celle du commerce international et du libre-échange à travers les diverses politiques touchant les importations et les exportations, enfin celle de l'instruction publique pour, entre autre ambition, initier le peuple aux lois rationnelles de l'économie politique.

Quand il proclame que la liberté du commerce des blés en favorise la *reproduction*, Condorcet nous livre le mot central, le mot-clé qui est de nature à nous faire pénétrer au cœur de son économie politique.

Sous sa plume, le terme *reproduction* signifie, en l'occurrence, la moisson de l'année prochaine. Il est impératif que cette moisson future reproduise en mieux, aussi bien en volume qu'en qualité, la moisson de l'année en cours. Par quel moyen ? par ce qu'il nomme, dans le vocabulaire de Turgot, *les avances annuelles*, en d'autres termes les investissements en argent et en travail que le cultivateur doit impérativement pratiquer soit pour améliorer la qualité et la productivité du sol déjà en exploitation, soit pour procéder à de nouveaux défrichements et à leur mise en service. Ce en quoi Condorcet fait sienne l'une des maximes célèbres des Physiocrates : « L'abondance des productions s'obtient par les grandes avances. »[75]

---

[75] François Quesnay, *Physiocratie*, Paris, 1991, GF-Flammarion, p. 257.

Améliorer la production par des *avances annuelles*, accroître cette production par de nouveaux défrichements, cette démarche peut se résumer en termes contemporains d'une seule phrase : entretien et accumulation du capital. C'est dire que cela nous projette, si on y ajoute le règne de la liberté en économie, sur le seuil de ce capitalisme libéral qui va devenir dès ce moment historique la loi de la Modernité.

De quelque côté de l'activité économique que l'on se tourne, il faudra donc des avances, d'abord pour lancer la grande roue de la production agricole, de la transformation manufacturière et de la distribution commerciale, ensuite pour entretenir son mouvement.

Qui va apporter ces avances ?

Ceux qui ont épargné.

D'abord petitement, à l'origine de la société, pour se prémunir contre les accidents de la vie. Puis de façon plus importante, pour augmenter l'aisance par des achats de meubles, de vaisselle, d'outils. Puis plus massivement, quand l'or et l'argent devenant monnaies métalliques, l'accumulation des valeurs sera facilitée à quiconque voudra amasser.

Ainsi naîtra le vaste fleuve des capitaux : par éveil de petites sources, surgissement de multiples ruisseaux, convergence de grandes rivières :

« Quiconque, avait écrit Turgot, soit par le revenu de sa terre, soit par les salaires de son travail ou de son industrie, reçoit chaque année plus de valeurs qu'il n'a besoin d'en dépenser, peut mettre en réserve ce superflu et l'accumuler : ces valeurs accumulées sont ce qu'on appelle un capital [...] Le possesseur d'un capital peut donc d'abord l'employer à acheter des terres ; mais il a encore d'autres ressources. »[76]

Car ce capital pourra être placé – investi – dans tous les secteurs et contribuer ainsi à fournir des avances à l'ensemble de l'économie.

Evidemment, pour Condorcet, l'objectif visé par le mécanisme de la reproduction est un objectif de bien public.

Il le proclame d'entrée :

« Que tous les membres de la société aient une subsistance assurée dans chaque saison, dans les différentes années, et quel que soit le lieu qu'ils habitent ; que surtout celui qui n'a que ses salaires puisse acheter la subsistance qui lui est nécessaire : tel est l'intérêt général de toute nation ; tel doit être le but de toute législation sur les subsistances. »[77]

Selon lui, le moteur de cette reproduction doit être ce qu'il appelle : « le bon prix ».

C'est Quesnay, en 1757, dans son article *Grains* paru dans le volume VII de l'Encyclopédie, qui avait établi la théorie physiocratique du bon prix.

---

[76] *Œuvres de Turgot*, Guillaumin, collection des principaux économistes, Paris, 1844, tome premier, p. 37.

[77] Condorcet, *Réflexions sur le commerce des blés*, op.cit., p.111.

Il avait résumé cette théorie dans une phrase lapidaire :

« La non-valeur avec l'abondance n'est point richesse ; la cherté avec pénurie est misère ; l'abondance avec cherté est opulence. »[78]

Pour Quesnay la cherté du blé – donc en conséquence celle du pain – si elle constitue une situation économique très favorable pour le producteur, surtout si cette cherté s'applique à une récolte abondante, ne sera pas défavorable au consommateur dans la mesure ou le cultivateur exploitant pourra servir de bons salaires à sa main-d'œuvre, de même d'ailleurs qu'un bon fermage au propriétaire de ses terres. Favoriser la production par la combinaison de la cherté et de l'abondance c'est donc favoriser ceux qui interviennent dans la production et la commercialisation des céréales et, de surcroît, permettre au cultivateur d'apporter à sa terre *de grandes avances.*

Reste à éviter les à-coups sur le marché du blé, en d'autres termes à obtenir la stabilisation et l'égalisation des cours au niveau du bon prix en vue de maintenir à la fois une cherté supportable pour le salarié et une abondance permanente.

Cela sera rendu possible par la liberté des importations et des exportations, les unes et les autres agiront alors, selon les circonstances, comme éléments régulateurs et stabilisateurs des prix.

Conclusion de Quesnay :

« Les denrées ne peuvent donc être des richesses pour toute nation que par l'abondance et par le bon prix entretenus constamment par une bonne culture, par une grande consommation et par un commerce extérieur. »[79]

Abondance, bon prix, libre-échange : abondance grâce à de fortes avances annuelles, bon prix pour servir de bonnes rémunérations aux acteurs du secteur, libre-échange conçu comme régulateur du marché, voilà les trois composantes d'une nouvelle économie politique élaborée par les Physiocrates, appliquée par Turgot, défendue et soutenue par Condorcet.

C'est un renversement total de la politique traditionnelle de la monarchie.

C'est un tournant historique.

C'est la disparition de la police des grains et de son carcan réglementaire au profit de la liberté et des droits de propriété.

Le bon prix présente aussi pour Condorcet un intérêt supplémentaire : il permet de desserrer l'étau qui prend en tenaille le salaire entre population et subsistance.

Dans l'histoire de l'économie politique, les relations entre croissance de la population, niveau des subsistances et montant des salaires ont constitué une sorte de Triangle des Bermudes où sont venus s'abîmer, pour ne pas dire s'écraser, un nombre considérable de réflexions, de proclamations, de

---

[78] *Œuvres économiques et philosophiques de F. Quesnay*, publiées par Auguste Oncken, Paris, 1888, Jules Peelman, p. 246.

[79] Ibid.

propositions, de théories qui, toutes, tournent autour d'une question qui pour beaucoup paraissait sans solution, à savoir la formation et le niveau d'un salaire juste dans un univers de concurrence entre les ouvriers pour trouver du travail.

Qu'il existât à un moment donné une relation entre le volume des subsistances et le nombre des bouches à nourrir, cela apparaissait comme une évidence à la lumière de la seule observation empirique. D'autant que cette relation pouvait presque s'analyser en termes de physique comme une pression s'exerçant sur un volume : pression d'une population en accroissement rapide sur un volume des subsistances souvent en stagnation. Plus tard, Malthus se rendra célèbre en tentant d'exprimer ce vaste problème quasiment sous forme d'équation quand il affirmera que la population s'accroît selon une progression géométrique (1, 2, 4, 8, 16, 32 etc.), alors que la masse des subsistances ne s'accroît que selon une progression arithmétique (1, 2, 3, 4, 5, 6 etc.).

De là était né le concept de « salaire de subsistance », autrement dit un salaire tout juste suffisant pour permettre à l'ouvrier de vivre, lui et sa famille, et de se reproduire. Un minimum vital, en quelque sorte, qui résultait de la concurrence que se faisaient les ouvriers entre eux pour trouver du travail. Cette situation précaire imposée par les lois économiques de la concurrence sera appelée au XIXe siècle par le socialiste Ferdinand Lassalle « La loi d'airain des salaires ».

Turgot avait exprimé une telle loi dès 1766, dans ses *Réflexions sur la formation et la distribution des richesses :*

« En tout genre de travail, avait-il écrit, il doit arriver et il arrive, en effet, que le salaire de l'ouvrier se borne à ce qui lui est nécessaire pour lui procurer sa subsistance. »[80]

Condorcet, de son côté, dès le début de ses *Réflexions sur les blés*, admet qu'une telle situation existe mais que ce n'est nullement une fatalité et que l'étau qui bloque l'évolution des salaires peut être desserré par la libération de l'économie de ses entraves réglementaires.

Il est vrai, explique-t-il, « qu'un ouvrier qui exigerait un salaire supérieur à ce qui est nécessaire pour vivre au plus grand nombre de salariés, serait exposé à manquer d'ouvrage. En effet, comme ce n'est pas une vue d'humanité qui fait employer les salariés, mais une vue d'intérêt, il faut nécessairement que le taux général des salaires se règle sur ce qui est nécessaire à la subsistance du plus grand nombre de familles. Celles qui auraient besoin que leurs chefs eussent des salaires plus forts tombent dans la misère, et n'en sont tirées que par des secours particuliers. »[81]

---

[80] *Turgot, formation et distribution des richesses*, Paris, textes choisis et présentés par Joël-Thomas Ravix et Paul-Marie Roman, 1997, GF-Flammarion, p.161.
[81] Condorcet, *Réflexions sur les blés*, op.cit., p.103.

C'est ce qui était arrivé dans le Limousin quand l'intendant Turgot avait dû mettre en place des secours particuliers sous forme d'ateliers et de maisons de charité.

Mais Condorcet affirme qu'il faut trouver la cause d'une telle situation dans des lois prohibitives, des impôts indirects, qui viennent mettre des entraves à l'industrie du peuple, troubler son repos, l'exposer à des avanies et à des vexations :

« Otez ces entraves, continue-t-il, vous verrez la culture se perfectionner et se varier, l'âme du peuple prendre plus d'activité et d'énergie, de nouvelles branches d'industrie se créer, le peuple, enfin, multiplier ses ressources, devenir plus indépendant du riche, pouvoir en exiger des salaires assez forts, non seulement pour subsister, mais pour se mettre à l'abri des accidents. S'il peut y avoir quelque équilibre entre ceux qui ont tout et ceux qui n'ont rien, c'est seulement entre le besoin qu'a le pauvre de l'argent du riche, et celui qu'a le riche de l'industrie du pauvre, que cet équilibre peut s'établir. »[82]

Le salaire de subsistance est donc la résultante d'un faux équilibre économique fruit de l'abus des règlements, des entraves bureaucratiques, des impôts et des contraintes diverses qui bloquent le développement de l'activité économique. Le retour à la liberté créera un nouvel et vrai équilibre entre les classes sociales qui auront besoin les unes des autres. Et dans un tel contexte de liberté et d'initiative les salaires pourront être « assez forts » pour permettre à la main-d'œuvre non seulement de subsister mais de se mettre à l'abri des accidents en se constituant une épargne, autrement dit un « superflu » au-delà du salaire de subsistance.

Appliqué au secteur spécifique du blé, la thèse de Condorcet peut s'exprimer ainsi : la liberté totale du commerce des grains doit entraîner le développement de l'activité économique dans ce secteur, créant dans son sillage de bons prix donc la possibilité d'obtenir un bon niveau des salaires.

Soulignons ce fait important dans l'histoire de l'économie politique : en parlant de « superflu » au-delà du salaire de subsistance, Condorcet esquisse – sans prononcer le mot, lequel viendra plus tard – la notion de *productivité du travail* en économie libre.

Et, en conséquence, il avance aussi la notion de partage de ces gains de productivité entre les différents acteurs de l'activité productive.

Toutes ces considérations de Condorcet, analysées d'un peu haut et comme vues d'avion, font songer à l'esquisse de ce qu'on nomme aujourd'hui un écosystème. Certes, si le mot n'existe pas à l'époque, néanmoins le schéma y apparaît déjà en associant dans un même ensemble :

---

[82] Ibid., p.104.

- L'institution de la liberté et la protection des droits de propriété par un Etat dépouillé de toutes ses fonctions interventionnistes et ramené à ses seules responsabilités régaliennes ;

- La qualité de l'information sur les récoltes et les stocks et la transmission rapide de ces informations par le moyen de *commissionnaires* spécialisés dans ce type d'activité ;

- La constitution d'une épargne susceptible de donner naissance à des capitaux bienvenus dans ce secteur économique.

- La généralisation de l'instruction publique pour lutter, en économie, contre les préjugés, les superstitions, les approximations, les fausses informations, les manipulations, les « peurs paniques » et les emportements irréfléchis.

- Enfin, le recours à la science appliquée et à l'innovation dans de nombreux domaines, entre autres ceux des routes, canaux, ports, magasins de stockage pour une circulation rapide des grains et leur bonne conservation d'une année sur l'autre.

6

Condorcet contre Necker : le duel inaugural du libéralisme contre le protectionnisme

En avril et mai 1775, moins d'un an après le retour à la liberté du commerce des grains, de violentes émeutes éclatent, comme autant de foyers d'incendie, d'abord à Dijon, puis dans la vallée de l'Oise, enfin à Paris.

La cause est la cherté du pain.

Si une mauvaise récolte, l'année précédente, a entraîné une flambée des prix, les émeutiers sont prompts à voir dans la nouvelle politique libérale de Turgot la source unique de tous leurs maux.

La révolte prend des formes extrêmes : on brûle des moulins, on jette des farines à la rivière, on pille des bateaux de grains, on incendie des granges, on saccage des boulangeries…

Devant la passivité du lieutenant de Police de l'époque, Turgot doit se transformer en ministre de l'Intérieur et prendre les choses en main. Il réprime durement ce mouvement, d'autant qu'il suspecte certains nobles privilégiés, hostiles à sa politique, d'encourager les émeutiers.

Voltaire n'est pas loin de penser la même chose.

Voyageant aux environs de Paris, il raconte dans son style inimitable un épisode de cette « Guerre des Farines » dont il a été témoin :

« Quand nous approchâmes de Pontoise, écrit-il, nous fûmes tout étonnés de voir environ dix à quinze mille paysans qui couraient comme des fous en hurlant, et qui criaient : *Les blés, les marchés ! Les marchés, les blés !* Nous remarquâmes qu'ils s'arrêtaient à chaque moulin, qu'ils le démolissaient en un moment, et qu'ils jetaient blé, farine, et son dans la rivière. J'entendis un petit prêtre qui, avec une voix de Stentor, leur disait : « Saccageons tout, mes amis, Dieu le veut ; détruisons toutes les farines, pour avoir de quoi manger. »

« Je m'approchai de cet homme ; je lui dis : « Monsieur, vous me paraissez échauffé, voudriez-vous me faire l'honneur de vous rafraîchir dans ma charrette ? J'ai de bon vin. » Il ne se fit pas prier. « Mes amis, dit-il, je suis habitué de paroisse. Quelques-uns de mes confrères et moi nous conduisons ce bon peuple. Nous avons reçu de l'argent pour cette bonne œuvre. Nous jetons tout le blé qui nous tombe sous la main, de peur de la disette. Nous allons égorger dans Paris tous les boulangers pour le maintien des lois fondamentales du royaume. Voulez-vous être de la partie ?

« Nous le remerciâmes cordialement, et nous prîmes un autre chemin […] En passant par Paris, nous fûmes témoins de toutes les horreurs que commit cette horde de vengeurs des lois fondamentales. Ils étaient tous ivres, et criaient d'ailleurs qu'ils mouraient de faim. »[83]

Les mesures prises par Turgot rétablissent l'ordre rapidement.

Après enquête, on découvrira que le désordre avait été attisé par les rumeurs, les fausses informations, les bruits infondés, les ragots ayant pour origine l'ampleur de la disette.

« Répandre l'opinion d'une disette prochaine, écrira Condorcet, souvent suffit pour la produire. »[84]

Toujours l'influence de la psychologie – ici la psychologie des foules - sur l'économie…

Hasard ou acte délibéré : c'est précisément en pleine *Guerre des Farines* que Necker publie, sous le titre *Sur la législation et le commerce des grains*, un ouvrage qui s'oppose à la politique libérale des Physiocrates donc, en filigrane, à celle de Turgot, à qui il fait porter aussitôt un exemplaire de son livre.

Turgot en accuse sèchement réception dans une lettre datée du 23 avril 1775 :

« J'ai reçu, Monsieur, l'exemplaire de votre ouvrage que vous avez fait mettre à ma porte. Je vous remercie de cette attention. Si j'avais eu à écrire sur cette matière et que j'eusse cru défendre l'opinion que vous embrassez, j'aurais attendu un moment plus paisible où la question n'eût intéressé que les personnes en état de juger sans passion. Mais, sur ce point comme sur d'autres, chacun a sa façon de penser. »

Dès le lendemain Necker proteste de sa bonne foi et entend se justifier. Il précise que son ouvrage a été remis à l'imprimeur le mois précédent « alors, ajoute-t-il, qu'il n'y avait pas la moindre cherté nulle part ».

Et de continuer :

« Si celle qui est survenue depuis, dans quelques endroits, vous avez paru un motif de suspendre la publication d'un tel ouvrage et que vous me l'eussiez fait connaître, j'aurais eu pour vos volontés une respectueuse déférence. Mais un ouvrage abstrait, modéré pour le fond des idées et circonspect dans la forme, ne peut avoir, ce me semble, aucun rapport avec les passions. Vous me pardonnerez j'espère, Monsieur, l'intérêt et l'empressement que je mets à vous présenter ce qui peut me justifier du petit reproche que vous paraissez me faire ; il est assez fâcheux pour moi de différer de votre façon de penser sur quelques objets de l'économie

[83] *Diatribe à l'auteur des Ephémérides*, Œuvres complètes de Voltaire, tome 29 (Mélanges VIII), p.368, Paris, Garnier frères, 1879.

[84] Condorcet, *Réflexions sur le commerce des blés*, op.cit. p.233.

politique. Je ne voudrais pas que vous me trouvassiez d'autres torts. Votre opinion à cet égard me serait vraiment sensible. »[85]

Cet incident n'est pas anodin.

L'abbé Morellet le qualifie de « grande opposition que M. Necker a montré à l'administration de M. Turgot ».

La conséquence immédiate est que Condorcet monte au front pour défendre la politique de Turgot à travers deux ouvrages. Le premier, polémique et d'une ironie toute voltairienne, paraît immédiatement après celui de Necker et prend la forme d'une *Lettre d'un laboureur de Picardie à M. N.* Le second, plus doctrinal, ce sont ses *Réflexions sur le commerce des blés.*

Soulignons que Condorcet n'hésitera pas à dénoncer « l'adresse qu'a eue M. Necker de bien choisir le moment où il a publié son ouvrage ». Il soulignera en effet que la première édition a paru entre les émeutes de Dijon et celles de Paris et que la seconde édition a été diffusée pendant les émeutes de Paris. Selon lui « il était impossible de choisir une circonstance plus favorable au succès d'un livre d'éloquence, où l'on attaquait les principes qui servaient de prétexte à l'émeute ». Pour Condorcet les livres d'éloquence s'opposent aux ouvrages de raisonnement en ceci que le livre d'éloquence est celui « où le lecteur, ébloui par le brillant des phrases, oublie, en lisant chaque page, ce que la précédente contenait »[86]

A l'instant où éclate cette querelle, Necker est un personnage important.

D'origine suisse, il a réussi en France comme banquier, il est estimé des milieux d'affaires et son nom rayonne à l'intérieur des frontières nationales comme à l'étranger grâce au salon que son épouse tient à Paris et qui est fréquenté par l'élite intellectuelle.

En économie politique, on sait où il se situe : deux ans plus tôt, en 1773, il a publié un *Eloge de Colbert* couronné par l'Académie française.[87]

Le duel Condorcet-Necker constitue donc un moment important dans l'histoire de l'école française d'économie politique : c'est le premier grand conflit public entre la Modernité et la Tradition, entre la liberté et la réglementation, entre les idées qui marqueront – et même qui feront – la prochaine Révolution de 1789 et celles qui, à travers Colbert, ont été le sceau de la monarchie française.

Certes, quelques années plus tôt, une telle situation s'était déjà produite lors d'un affrontement plus feutré entre deux abbés célèbres : l'Abbé

[85] Les échanges de lettres entre Necker et Turgot, de même que le jugement de Morellet se trouvent dans *Œuvres de Turgot et documents le concernant*, par Gustave Schelle, Paris, Alcan, tome quatrième, p.412.

[86] Condorcet, *Réflexions sur le commerce des blés*, op.cit., p.174, 105 et 191.

[87] *Eloge de Jean-Baptiste Colbert, discours qui a remporté le prix de l'Académie française en 1773*, dans : Œuvres complètes de M. Necker publiées par le Baron de Staël son petit-fils, Paris, 1821, Treuttel et Würtz, tome quinzième, p.4.

Galiani, auteur d'un ouvrage publié en 1770 *Dialogues sur le commerce des blés*, qui était une critique vive et alerte des idées des Physiocrates, à qui avait répliqué l'Abbé Morellet, ami de jeunesse de Turgot, dans une *Réfutation des Dialogues de l'Abbé Galiani sur le commerce des blés.*

Cette guerre des soutanes avait surtout animé, voire amusé, les salons de l'époque, d'autant que Galiani les fréquentait assidûment, surtout celui de Madame d'Epinay.

Galiani, secrétaire de l'ambassade de Naples à Paris, ecclésiastique mondain, spirituel, virevoltant, ami de Diderot qui prendra sa défense contre Morellet, avait une connaissance approfondie de l'univers intellectuel des Physiocrates et de ses représentants. Il ne manquait pas de perspicacité dans ses jugements sur eux et sur l'avenir de leur politique. Ainsi, quelques jours après la nomination de Turgot au Contrôle général, avait-il annoncé sa chute dans une lettre prémonitoire adressée à Madame d'Epinay :

« Enfin M. Turgot est contrôleur-général ; il restera trop peu de temps en place pour exécuter ses systèmes. Il punira quelques coquins, il pestera, se fâchera, voudra faire le bien, rencontrera des épines, des difficultés, des coquins partout. Son crédit diminuera, on le détestera, on dira qu'il n'est pas bon à la besogne ; l'enthousiasme se refroidira, il se retirera, ou on le renverra, et on reviendra une bonne foi de l'erreur d'avoir voulu donner une place telle que la sienne, à un homme très vertueux et très philosophe. La libre exportation du blé sera celle qui lui cassera le cou ; souvenez-vous-en. »[88]

Et il avait eu cette autre intuition elle aussi curieusement prémonitoire :

« Tout pays qui établira et soutiendra la liberté indéfinie des blés, sera bouleversé ; sa forme deviendra entièrement républicaine, démocratique, et la classe des paysans deviendra la première et la plus puissante. »[89]

Cela dit, l'affrontement entre Condorcet et Necker va prendre un bien plus grand éclat que celui entre Galiani et Morellet en raison à la fois des circonstances – la guerre des farines – et du statut public des protagonistes : Condorcet est un membre influent du cabinet du ministre Turgot et Necker est un banquier arrivé dont nul ne doute qu'il a l'ambition de gérer un jour les finances de la monarchie.

Un tel affrontement, qui surgit après deux siècles de mercantilisme, aura sens historique et valeur inaugurale, surtout en France, dans la longue lutte qui commence alors et qui dure encore aujourd'hui, entre le libre-échangisme et le protectionnisme. Et même un sens doublement historique dans la mesure où se profilent et s'opposent, derrière chacun des protagonistes, les deux grandes figures tutélaires de l'économie française : Colbert dont Necker a fait l'éloge et Turgot, dont Condorcet écrira la vie.

---

[88] *Correspondance inédite de l'Abbé Ferdinand Galiani pendant les années 1765 à 1783*, tome deuxième, Paris, 1818, Dentu, imprimeur-libraire, p.130.

[89] Ibid., p.110.

La suite résidera en ceci que, plus tard, de grandes voix en provenance de tous les horizons viendront se mêler aux débats pour soutenir l'un ou l'autre des camps en présence.

C'est ainsi que dans les années 1826-1829, sous la Restauration, Benjamin Constant n'aura de cesse de dénoncer la hausse des prix induite par l'abus des droits de douane, fustigeant « la fureur de renchérissement qui s'était emparée des prohibitionnistes ».[90]

En 1847, sous la Monarchie de Juillet, lors d'un mémorable meeting organisé à Marseille par l'Association française pour la liberté des échanges que préside Frédéric Bastiat, Lamartine, devant plus de mille personnes, prononcera un vibrant credo en faveur du libre échange, en dénonçant avec véhémence le code des douanes qui incarne selon lui « l'Apocalypse, le code de l'égoïsme, le livre d'or du monopole, l'Evangile du mensonge social » du protectionnisme.[91]

En 1868, sous le Second Empire, à la Tribune du Parlement, une autre grande voix de l'époque, Adolphe Thiers, se prononcera, à l'inverse, en faveur du protectionnisme au nom de la défense du « travail national » face au « travail étranger », car il importe de donner la priorité à la production nationale sur la production étrangère.[92]

Plus près de nous, en 1958, dès les premiers pas de la Cinquième République, on se souvient comment le général de Gaulle, adoptant un plan ambitieux d'assainissement financier proposé par Jacques Rueff, mettra en œuvre une vaste politique de libération des échanges. « C'est là une révolution ! écrira-t-il dans ses *Mémoires d'espoir*. Le plan nous conseille, en effet, de faire sortir la France de l'ancien protectionnisme qu'elle pratique depuis un siècle. »[93]

Enfin, très récemment, lors de la crise sanitaire créée par la pandémie du Coronavirus, on a vu avec quelle intensité a resurgi le conflit entre protectionnistes et libre-échangistes.

Cela dit, Condorcet lui aussi, bien après son affrontement avec Necker, publiera son jugement sur Colbert, non sous forme d'un livre mais en une dizaine de pages contenues dans ses *notes* sur Voltaire.[94]

---

[90] Phrase citée par Gustave de Molinari dans un article du *Journal des Débats* du mardi 20 mai 1868.

[91] *Journal des économistes*, septembre 1847, p. 167. Ce numéro du *Journal des économistes* a donné un long compte rendu de cette réunion publique de Marseille pour la liberté des échanges, avec la quasi-totalité du discours de Lamartine. Ce discours est accessible aussi sur le site internet de l'Institut Coppet avec une présentation de Benoît Malbranque.

[92] *Discours parlementaires de M. Thiers*, troisième partie (1867-1868) XI, Paris, 1881, Calmann Lévy, p.542.

[93] Charles de Gaulle, *Mémoires d'espoir*, Paris, 1970, Plon, collection Presse-Pocket, p.156.

[94] Condorcet, *Notes sur Voltaire*, Arago 4, pages 375 à 385.

Jugement extrêmement sévère qui dénonce plusieurs aspects de la politique de ce dernier, entre autres sa politique fiscale et ses règlements sur les manufactures :

« Quant aux impôts, souligne Condorcet, la forme la plus onéreuse au peuple fut constamment préférée. Le Code des aides, celui des gabelles, que Colbert publia, sont un monument d'absurdité et de tyrannie. Il est impossible de porter plus loin le mépris des hommes ; il est impossible que le ministre qui a écrit ce Code eût conservé quelques sentiments d'humanité ou de justice. Dans ses règlements sur les manufactures, on érigea en lois ce qui n'était que l'avis des fabricants habiles sur la manière de fabriquer, et on soumit à des peines corporelles et infamantes les ouvriers qui ne se conformeraient pas à ces opinions. Enfin, Colbert n'ayant plus d'expédients, imagina de faire une opération sur les petites monnaies, et de soumettre à des droits les denrées qui servent à la subsistance du petit peuple de Paris [...] On peut le regarder comme un homme habile, mais non comme un homme de génie ; ce nom ne convient en politique qu'à ceux qui s'élèvent au-dessus des opinions et des idées même des hommes éclairés de leur siècle. On peut moins encore le regarder comme un homme vertueux ; car ce nom n'est dû qu'au ministre qui n'a jamais sacrifié ni la nation à la cour, ni la justice à ses intérêts. »[95]

Dans cette dernière phrase on identifiera aisément le portrait en creux de Turgot.

Karl Marx a écrit que « la tradition de toutes les générations mortes pèse d'un poids très lourd sur le cerveau des vivants ».

On pourrait poursuivre en soulignant que la tradition des générations mortes en défendant le protectionnisme ou le libre-échangisme continue de peser très lourd sur le cerveau des vivants d'aujourd'hui.[96]

---

[95] Ibid., pp. 380 et 384.

[96] Karl Marx, *Œuvres choisies*, 1, Paris, 1963, Gallimard-Idées, p.285.

7

Le « laboureur intelligent » plutôt que le « possesseur d'argent »

De ce duel capital et inaugural entre Condorcet et Necker nous retiendrons quatre thèmes qui, tous, éclairent l'économie politique du premier face aux positions du second et qui, pour certains de ces thèmes, ont toujours un écho dans la vie économique d'aujourd'hui :

- La conception du droit de propriété ;
- La notion de marché issue de cette conception avec, au centre, la question capitale des exportations et des importations donc du libre-échange ;
- La nature, le rôle, la place du peuple dans la longue et lancinante question des subsistances ;
- Les relations entre le roi et le peuple comme modèle social historique de la monarchie française de droit divin.

Pour Condorcet comme pour les Physiocrates, on le sait, propriété et liberté sont du domaine du droit naturel. Ils sont inviolables et sacrés. Ils sont antérieurs à toute société. Précisément, la société a été instituée pour protéger ces droits et permettre leur exercice :

« Les hommes ne se sont réunis en société que pour conserver leur propriété et leur liberté ; ils n'ont pu consentir à en sacrifier une partie, que lorsque ce sacrifice a été nécessaire à la conservation du reste. C'est à ce titre seul que le souverain a pu avoir droit d'exiger des citoyens le renoncement à une partie de leur propriété ; c'est donc à ceux qui demandent des règlements prohibitifs, à prouver que ces règlements sont nécessaires au salut de la nation. »[97]

De ce principe découle une politique qui s'impose à tout législateur.

S'il advient que celui-ci hésite entre liberté et règlement « il doit adopter dans sa conduite le parti de la liberté, parce qu'il n'a pas besoin de motifs particuliers pour laisser à chacun l'exercice de ses droits naturels ; parce que les maux que cause la liberté sont l'ouvrage de la nature, et que ceux que produisent les mauvaises lois sont la faute de ceux qui les font, ou qui en protègent l'exécution ».[98]

Malheureusement, face à la question des subsistances, c'est souvent la mauvaise voie qui a été suivie. Devant la terreur du peuple le législateur,

[97] Condorcet, *Réflexions sur le commerce des blés*, op.cit., p.162.
[98] Ibid., p.163.

servi « par la vanité des administrateurs subalternes », a accumulé une montagne de règlements.

La position de Necker est en tous points opposée à celle de Condorcet. Selon lui, la propriété n'est qu'une convention sociale. Comme convention, elle est du domaine de la loi et non de quelque chose de supérieur à la loi qui aurait nom *droit naturel*.

Necker ironise d'ailleurs contre les Physiocrates :

« Votre titre de possession est-il donc écrit dans le ciel ? demande-t-il, avez-vous apporté votre terre d'une planète voisine, et pouvez-vous l'y reporter ? Quelle force avez-vous donc que vous ne teniez de la société ? Vous jouissez par l'effet d'une convention générale ; et celle qui autorisa les propriétaires à disposer à leur gré des denrées de nécessité qui leur étaient inutiles, put exiger d'eux qu'ils préférassent les acheteurs nationaux. Cet assujettissement n'est pas une violation de la loi des propriétés, c'en est une condition, comme il en est tant d'autres dans la société, qui mettent des bornes aux concessions et aux prérogatives pour le bien commun. »[99]

Imposer aux propriétaires de vendre leurs excédents de blé aux acheteurs nationaux c'est, en termes clairs, imposer une réglementation des exportations alors qu'à l'inverse les Physiocrates veulent leur liberté totale par l'ouverture des frontières, condition indispensable pour obtenir, selon la formule de Condorcet, « un bon prix » qui satisfasse à la fois le propriétaire, le cultivateur-exploitant, le salarié, sans oublier l'Etat puisque, toujours selon les Physiocrates, l'impôt doit porter uniquement sur le revenu du domaine foncier.

Relevons au passage, sous la plume de Necker, l'expression *acheteurs nationaux*. C'est déjà un langage qui deviendra vite classique chez les protectionnistes, comme nous l'avons vu chez Thiers quand il proclamera qu'il veut favoriser *le travail national* plutôt que *le travail étranger*.

Pour Necker, les exportations ne favorisent pas l'agriculture.

Ce qui est souhaitable pour les paysans, c'est le développement des manufactures et des industries nationales, lesquelles doivent être incitées à s'installer à la campagne par une forte politique gouvernementale d'aménagement du territoire. Ainsi un vaste marché de consommateurs existera autour des exploitations agricoles, marché constitué par la main-d'œuvre industrielle de ces manufactures.

Il faut donc maintenir en France une politique dirigiste à la Colbert.

Et d'affirmer :

« L'échange des blés contre l'industrie nationale est beaucoup plus sûr et plus encourageant pour les propriétaires, que l'échange de ces mêmes denrées contre les productions des autres pays [...] Je crois donc que, dans

---

[99] Necker, *Sur la législation et le commerce des grains*, dans Œuvres de Necker, op.cit., p.145.

un pays tel que la France, la défense d'exporter des grains doit être la loi fondamentale. »[100]

Une loi fondamentale mais qui ne saurait être absolue car dans certaines circonstances exceptionnelles, par exemple en cas de surabondance interne de blé, Necker reconnaît qu'il faudra pouvoir exporter pour profiter d'une telle situation et éviter l'effondrement des prix nationaux.

Deux conceptions opposées de la propriété – droit naturel chez Condorcet, convention sociale chez Necker – donneront donc naissance à deux sens antithétiques de la notion de marché : marché libre et ouvert sur l'extérieur d'un côté et marché réglementé de l'autre.

C'est là une première ligne de séparation des eaux entre libre-échangistes et protectionnistes. Une coupure nette et capitale car elle porte sur cet élément central en économie politique : *le marché.*

Le grand historien américain Steven L. Kaplan, grand connaisseur de l'histoire du blé – et du pain – français à travers les âges, vaste sujet à qui il a consacré une véritable somme, a qualifié le marché réglementé des protectionnistes de *marché-site* et le marché libre des libéraux de *principe de marché.*[101]

Le marché-site, ainsi que nous l'avons expliqué dans un chapitre précédent, est celui qui a une géographie imposée par la loi (souvent un centre ville), qui doit se tenir à jours, dates et heures fixes sous l'œil de la police des grains et qui est le seul *site* où les échanges sont autorisés, quitte pour le cultivateur à faire des kilomètres coûteux en frais de transport et en temps passé pour porter son blé à ce marché.

Le principe de marché est exactement l'inverse.

C'est un marché qui n'a ni lieu, ni jour, ni heure.

Il est à la fois partout et nulle part.

On peut nouer des transactions aussi bien chez le propriétaire, que chez le cultivateur ou le marchand.

La liberté des échanges est totale.

Et si l'on assistera plus tard à la naissance de bourses de commerce, ce sera plutôt à la demande des professionnels de la branche pour des raisons pratiques que sur ordre de l'Etat.

Dans une telle conception, la liberté d'exporter et d'importer joue un rôle de régulateur dans l'égalisation des prix en mettant en relation le marché national et le marché international. *Le principe de marché* est donc l'esquisse de ce que l'on nommera plus tard le marché de type walrasien où l'on visera à obtenir un équilibre naturel par le jeu des forces en présence soumises à la concurrence et au mécanisme de prix libres.

---

[100] Ibid., P. 36 et 266.

[101] Steven L. Kaplan, *Raisonner sur les blés, essai sur les Lumières économiques*, Paris, 2017, Fayard-histoire.

Les oppositions sur l'origine du droit de propriété vont donner naissance, aussi, à de profondes divergences dans le domaine du social.

La question sociale, comme on dit aujourd'hui, est déjà très présente à l'époque du duel entre Necker et Condorcet.

Necker va l'analyser en mettant en relief un conflit social permanent, une véritable lutte des classes entre propriétaires et peuple à propos du salaire de subsistance. Ce en quoi il retiendra l'attention de Marx et de certains historiens qui vont le considérer comme le premier des socialistes. Il est vrai que son seigneur de terre, comme il qualifie le propriétaire foncier, pourra vite devenir le seigneur du capital avec le développement de la révolution industrielle.

Condorcet, à l'inverse, va envisager les relations entre le peuple et les propriétaires fonciers sous l'angle d'une harmonie sociale et d'une complémentarité des activités à partir d'une égalisation du prix des subsistances au niveau du fameux « bon prix » qui doit permettre au salarié de se constituer un « superflu », donc une épargne, au-delà du salaire de subsistance.

Quand il écrit que l'équilibre est à rechercher entre un double besoin, celui qu'a le pauvre de l'argent du riche et celui qu'a le riche du travail du pauvre, c'est bien une forme d'harmonie sociale qui est visée.

Condorcet ouvre la voie à Frédéric Bastiat et à ses *Harmonies économiques*.[102]

Bien loin de la notion d'harmonie, Necker décrit les propriétaires comme des bêtes féroces, toujours en attente de dévorer « ces animaux sans défense » qui constituent le peuple.[103]

Jetant un regard « sur l'intérieur de la société », Necker souligne qu'elle est agitée de la question la plus profonde, la plus étendue « et qui tient aux plus grands principes de la société et ramène aux droits les plus anciens de la nature humaine » : la question des grains.[104]

Face à cette question, la société est divisée en trois classes :

- Le propriétaire, qui voit dans le blé un produit comme un autre, résultat de ses soins « et veut en disposer comme de ses autres revenus » ;

- Le négociant, qui ne voit dans cette denrée « qu'une marchandise qui se vend et s'achète et qui veut pouvoir l'acquérir et la revendre au gré de son intérêt » ;

- Le peuple qui « sans réfléchir mais éclairé par son instinct, commandé par ses besoins, envisage le blé comme un élément nécessaire à sa conservation ; il est sur la terre, il y veut vivre ; il veut pouvoir atteindre à sa

---

102 Frédéric Bastiat, *Les Harmonies économiques*, Paris, Slatkine, 1982.

103 Necker, *Sur la législation et le commerce des blés*, op.cit., p.316.

104 Ibid., p.1.

subsistance par son travail ; il réclame des lois de police qui lui en répondent ».

Et Necker d'ajouter :

« Ces trois classes d'hommes font retentir les noms les plus imposants pour la défense de leurs prétentions : le seigneur de terre invoque les droits de la propriété ; le marchand ceux de la liberté ; le peuple, ceux de l'humanité. »[105]

Insistons sur ce passage : il révèle en peu de mots toute l'anti-physiocratie de Necker. En effet, selon lui, c'est le peuple, donc la partie la plus nombreuse, la plus souffrante, la plus digne d'attention qui réclame « des lois de police » - ces lois si honnies par les Physiocrates – lesquels veulent leur suppression au nom de la liberté. Et, de surcroît, le peuple réclame de telles lois au nom de « l'humanité ».

Derrière les classes qui constituent l'architecture principale de la sociologie de son temps, Necker distingue aussi les acteurs de la vie économique.

Il y a ceux « qui vivent oisivement dans les villes », autrement dit les privilégiés. Puis ceux « qui méditent dans leur cabinet » et qui, dans la solitude, se livrent « à toute la hardiesse de la théorie », on aura reconnu les Physiocrates. Il y a encore « les divers administrateurs de la chose publique » - aujourd'hui on dirait les fonctionnaires – qui doivent « négocier sans cesse avec les passions des hommes » et qui, souvent, doivent combattre l'aveuglement et la violence de telles passions.

Enfin il y a le Législateur.

Ecoutons Necker nous en dresser le portrait :

« C'est au milieu de ce choc continuel d'intérêts, de principes et d'opinions que le législateur doit chercher la vérité. Rempli d'un saint effroi, à l'aspect du bien qu'il peut faire et qu'il ose tenter, il doit s'élever par la pensée au-dessus des différents motifs qui remuent la société ; il doit la considérer dans toute son étendue, et lier dans sa bienfaisance tous ces ordres de citoyens, séparés par l'orgueil et les prétentions vaines ; il doit surtout être le protecteur de cette multitude d'hommes qui n'ont point d'orateurs pour exprimer leurs plaintes, dont il faut étudier les souffrances, parce que leur voix ne s'élève que dans la détresse ; qui ne voient que le moment, et qu'on ne peut servir que par prévoyance ; qu'il est impossible de rendre jamais assez heureux pour en être aperçu, ni pour jouir de leur reconnaissance, mais qu'il est si doux de défendre contre l'oppression et le malheur, sans éclat et sans récompense. »[106]

N'est-ce pas là, derrière le profil du grand Législateur, les traits principaux d'un Necker esquissé par lui-même ?

---

105 Ibid., p.4.

106 Ibid., p. 5 à 7.

Lutte de classes et salaire de subsistance, autrement dit loi d'airain des salaires : voilà comment Necker définit la question sociale de son temps.

« Dans ce combat d'intérêt entre le propriétaire et l'ouvrier, écrit-il, l'un met au jeu sa vie et celle de sa famille, et l'autre un simple accroissement de son luxe [...] Le propriétaire qui ne jouit que du travail qu'on lui consacre, se contente de supputer ce qu'il faut à la subsistance de l'homme qu'il emploie, il ne regarde pas derrière ce malheureux la femme et les enfants qu'il doit nourrir ; c'est ainsi que la misère s'accroît de la misère même. »[107]

S'ensuit un rejet sans appel de tous les principes du système physiocratique :

« Il n'est rien de complet ni d'absolu dans la plupart des principes, continue Necker. La liberté, la propriété, le commerce, les hauts prix, l'argent, l'agriculture, et tant d'autres mots de ralliement, auxquels on veut soumettre toutes les combinaisons économiques, ont tous également besoin d'être contenus dans de justes limites [...] Il est des libertés derrière lesquelles est placé l'esclavage de la multitude. »[108]

Et ces justes limites, seules « les lois prohibitives », en clair les lois d'interdiction imposées par l'Etat aux propriétaires, sont capables de les faire respecter, car, ajoute Necker, qu'on ne s'y méprenne point : « l'homme fort dans la société, c'est le propriétaire ; le faible, c'est l'homme sans propriété. Si l'on y fait attention, l'on verra que la plupart des lois prohibitives qu'on poursuit au nom de la liberté sont presque toujours la sauvegarde du pauvre contre le riche. »[109]

Que « les lois prohibitives », c'est-à-dire ce vaste et pesant appareil de règlements, d'interdictions, d'inquisitions, bref de bureaucratie et de police puissent être considérées comme une politique sociale de sauvegarde du pauvre contre le riche, voilà une théorie qui fait bondir Condorcet.

Pour lui, et contrairement à ce que pense Necker, ce n'est pas l'état de propriétaire et encore moins le droit de propriété qu'il faut condamner, c'est le luxe, autrement dit l'utilisation antisociale que le possesseur de terres fait de ses revenus. En effet, c'est le luxe « qui échange la subsistance des enfants du pauvre contre les hochets fastueux dont le riche amuse son ennui ».

Et Condorcet d'insister sur sa condamnation du luxe :

« C'est lui, poursuit-il, qui a produit l'art destructeur de faire dévorer, à un seul homme, la subsistance de cent familles ; c'est lui qui change en parcs, ou en jardins de plaisance, les champs qui auraient nourri des hommes ; c'est lui qui couvre de productions inutiles les terres qui auraient donné des blés. »[110]

---

[107] Ibid., p.74.

[108] Ibid., p. 155 et 153.

[109] Ibid., p. 151.

[110] Condorcet, *Réflexions sur le commerce des blés*, op.cit., p.159.

Comment s'opposer à une telle corruption des mœurs ? En développant l'attrait pour l'agriculture et en encourageant cet attrait par la liberté. Surtout en rendant avantageux – et non point condamnable – l'état de propriétaire :

« Plus l'état de propriétaire de fonds sera avantageux, souligne Condorcet, plus il y aura d'hommes qui voudront avoir des propriétés, surtout lorsque ces propriétés seront sacrées et libres de toutes vexations. Les cultivateurs principalement désireront d'acquérir des fonds ; ils en achèteront la quantité qu'ils pourront faire valoir, à un prix que le propriétaire qui afferme ne saurait y mettre ; et plus les quantités seront petites, plus elles auront de prix, parce qu'il y aura plus de possibilité de les bien cultiver, et un plus grand nombre d'acquéreurs. Il en résultera donc, non seulement une meilleure culture, mais plus de division dans les propriétés, et moins d'inégalité, par conséquent, entre la classe des propriétaires et celle du peuple.

« L'état de cultivateur étant devenu plus supportable, ceux qui y naissent ne chercheront plus l'occasion de l'abandonner pour grossir dans les villes, la foule des esclaves qui entourent le puissant et le riche. La population sera donc plus également distribuée, et les campagnes plus peuplées.

« L'agriculture encouragée, protégée par le gouvernement, sera peut-être une occupation *noble* ; les grands propriétaires ne trouveront plus qu'il soit de leur grandeur de négliger leurs terres, pour venir solliciter à la cour des grâces toujours payées par le peuple. Ils aimeront mieux augmenter leur revenu par des soins de laboureurs, que par des bassesses de courtisans. Ils voudront être connus dans leurs terres par leurs bienfaits, et non plus seulement par les vexations de leurs régisseurs. »[111]

Encouragements à l'accession à la propriété des terres surtout celles de petites surfaces, division des propriétés pour en rendre l'achat accessible aux cultivateurs, réhabilitation du métier d'agriculteur, retour des grands propriétaires sur leurs terres pour les valoriser plutôt que de vivre au crochet de l'Etat, rééquilibrage de la population entre les villes et les campagnes : voilà les avantages sociaux d'une activité économique fondée sur la liberté, la propriété et la prédominance de l'activité agricole. Rien à voir avec la politique sociale de Necker qui, sous prétexte d'améliorer le sort du peuple, l'enferme définitivement dans une classe dépendante sans lui laisser l'espoir de pouvoir en sortir.

Quand on lit attentivement les écrits de Necker sur le peuple, on est frappé de l'idée dépréciative qu'il en donne. Nul doute que, face à la question des subsistances, si pressante à son époque, sa volonté d'améliorer le sort du plus grand nombre de la population ne soit sincère. Mais on se demande souvent où se situe sa priorité : soulager le peuple ou accabler les riches ? Porter secours aux plus démunis ou dénoncer le droit de propriété à

[111] Ibid., p.160.

travers l'arrogance des propriétaires ? En vérité, sa pensée semble pleine d'arrière-pensées. Au titre de celles-ci : défendre le peuple pour mieux viser les propriétaires, atteindre ces derniers pour mieux ébranler le droit de propriété et la liberté comme droits naturels, renverser cette théorie philosophique du droit naturel pour vider de sa substance et le système physiocratique, et la politique de Turgot qui, pour l'essentiel, n'est que la mise en pratique de ce système.

Quand au peuple lui-même il est indispensable d'écouter Necker en donner sa propre définition :

« Je suis forcé, écrit-il, de donner au mot *peuple* un sens fixe, je n'entendrai par ce nom que la partie de la nation née sans propriété, de parents à peu près dans le même état, et qui n'ayant pu recevoir d'eux aucune éducation, est réduite à ses facultés naturelles, et n'a d'autre possession que sa force, ou quelque art grossier et facile. C'est la classe la plus nombreuse de la société et la plus misérable par conséquent, puisque sa subsistance dépend uniquement de son travail journalier. »[112]

Ce peuple ainsi décrit sera toujours prisonnier d'une situation sociale qui le réduit aux *sensations* et aux *passions* sans jamais pouvoir atteindre à la *réflexion.*

Et Necker d'expliquer :

« Le pain qui le nourrit, la religion qui le console, voilà ses seules idées : elles seront toujours aussi simples que sa nature ; la prospérité de l'Etat, les siècles, la génération suivante, sont des mots qui ne peuvent le frapper ; il ne tient à la société que par ses peines, et de tout cet espace immense qu'on appelle *l'avenir*, il n'aperçoit jamais que le lendemain ; il est privé par sa misère d'un intérêt plus éloigné. »[113]

Et à supposer que *la force de l'évidence* – idée chère aux Physiocrates – soit un jour prouvée, cette force n'aura jamais d'effet sur un peuple livré aux sensations « parce que sa rudesse, son aveuglement et son ignorance tiennent aux lois sociales, et ne changeront jamais ».[114]

Selon Necker, ce peuple livré à ses sensations est un « peuple enfant, qu'on promène avec des lisières, au milieu de l'inégalité des propriétés, et à travers mille objets de privation et d'envie, il n'est plus qu'un lion qui rugit, quand il craint pour son nécessaire ».[115]

Que Necker ose écrire que les idées du peuple « ne vont pas au-delà du pain qui le nourrit et de la religion qui le console » soulève la colère de Condorcet. Selon lui, c'est une attitude qui s'apparente à celle de « grand

---

[112] Necker, *Sur la législation et le commerce des grains*, op.cit., p.137.
[113] Ibid., p. 126-127.
[114] Ibid., p.129.
[115] Ibid., p.127.

vizir » qui regarde « les humbles esclaves de sa hautesse comme des bêtes de somme qui n'ont rien à exiger s'il daigne les nourrir ».[116]

Le ton est donné. Nous assistons à la transformation du *doux Condorcet* (jugement de Julie de Lespinasse) en *mouton enragé* (comme dira Turgot).

Condorcet affirme que le peuple français a droit d'attendre autre chose de ses souverains.

Que demande le peuple ?

« Il demande que tous les hommes soient égaux aux yeux de la loi et de ses ministres, comme ils le sont par la nature, afin que le citoyen, quel que soit son rang, ou sa richesse, ne puisse, ni opprimer le pauvre au nom des lois, ni les violer avec impunité contre lui.

« Il demande que s'il est condamné à la pauvreté et au travail, il ne le soit point à l'humiliation. Que l'on délivre donc ses yeux du spectacle scandaleux du respect prodigué à l'or [...] Il ne peut souffrir de voir s'élever insolemment sur sa tête, des hommes dont le seul mérite est d'avoir aimé l'argent, pour en faire l'unique objet de leurs pensées. »[117]

Quant aux attaques de Necker contre le droit de propriété et la liberté, Condorcet y réplique en soulignant qu'un tel droit est favorable au peuple :

« Moins le peuple possède, assure-t-il, plus il doit désirer que la propriété de ses habits, de ses meubles, de sa chaumière, de ses salaires, de ses épargnes, de la chèvre dont le lait nourrit ses enfants, soit assurée par des lois dont un riche voisin ne puisse se jouer. Ce n'est pas seulement pour défendre ceux qui ont, contre ceux qui n'ont rien, que les lois de propriété sont faites, c'est surtout pour défendre ceux qui ont peu, contre ceux qui ont beaucoup [...] Celui qui dit : si je ne travaille pas aujourd'hui, moi et ma famille, nous mourrons demain, a grand besoin de lois de liberté ; par exemple de lois qui lui assurent la liberté de travailler : il ne faut donc pas qu'on puisse le forcer à travailler sans salaire, comme cela se pratiquait il n'y a pas longtemps. »[118]

Condorcet, à plusieurs reprises, ne manquera pas de faire allusion, ouvertement ou de manière voilée, à la situation de banquier de Necker pour répliquer aux attaques de ce dernier contre les propriétaires fonciers et le droit de propriété.

Sa défense de l'agriculture et ses fréquents éloges du statut de cultivateur visent à rétablir, dans l'opinion publique, l'importance du *laboureur intelligent* face aux possesseurs de l'argent :

« Les possesseurs de l'argent, souligne-t-il, toujours plus importants à mesure que l'Etat se ruine, et que les autres classes s'avilissent, perdront de

---

[116] Condorcet, *Réflexions sur le commerce des blés*, op.cit., p.187.

[117] Ibid., p.188.

[118] Ibid., p.189-190. Condorcet fait allusion aux corvées qui obligeaient les paysans à travailler durant quinze jours sans salaire, souvent loin de chez eux, à la réfection des routes. On sait que Turgot avait aboli les corvées.

cette considération que la richesse acquiert au milieu d'un peuple pauvre et d'une noblesse obérée. La richesse cessera d'être une distinction, et riche ou pauvre, chaque citoyen restera dans le rang où sa naissance, ses occupations, sa place ou ses talents l'auront mis.

« L'opinion placera le laboureur intelligent sur la même ligne que le marchand de papiers qui a le meilleur souper, et le riche n'espérera plus que des monceaux d'or puissent élever une barrière entre le peuple et lui. »[119]

Au demeurant, l'éloge que fait Condorcet de l'activité agricole va bien au-delà de la simple production de subsistances. C'est une activité qui procure aussi à la population la santé physique et la santé morale :

« Quand il s'agit de calculer la force des Etats, remarque-t-il, il ne suffit pas toujours de compter les hommes. Les rudes travaux de l'agriculture, l'habitude de vivre en plein air et de braver les saisons ; celle de déployer, dans tous les sens, l'énergie de tous ses membres ; les métiers qui suivent l'agriculture, et qui, presque tous, exigent des hommes robustes ; tout cela donnerait, à nombre égal, une immense supériorité de force à un peuple agriculteur, sur un peuple manufacturier. »[120]

En effet, un peuple manufacturier, autrement dit un peuple qui mène une politique protectionniste et prohibitionniste à la Colbert, est un peuple « qui traite les étrangers en ennemis » en interdisant les importations, alors qu'une plus grande perfection de l'agriculture, en pratiquant le libre-échange intégral des importations et des exportations « serait tout entière au profit de l'espèce humaine » et traiterait les étrangers « comme des frères ».[121]

De surcroît, si un tel pays « a le bonheur de ne pas connaître le luxe » l'état de sa population et la force d'une telle nation « approchent du point le plus haut où les institutions humaines puissent les porter ».[122]

D'où une diminution, et de la débauche, et de la soif de l'or, et du respect pour la richesse « qui dégrade et corrompt toutes les âmes » et, surtout, de « cette avidité qui fait qu'on ne rougit plus, ni d'avoir des liaisons avec un scélérat accrédité, ni de profiter des détresses publiques pour augmenter sa fortune ».[123]

Ainsi, proclame Condorcet, « la liberté du commerce des grains, en assurant au peuple plus de subsistances, en les lui assurant d'une manière plus égale et plus à portée de ses facultés, le rendra encore plus nombreux, plus robuste, moins avili et moins corrompu ».[124]

Eloge de l'agriculture, condamnation des manieurs d'argent, Condorcet esquisse là, très tôt dans l'histoire de l'économie, deux attitudes qui, au fil

---

[119] Ibid., p.160.
[120] Ibid., p.157.
[121] Ibid.
[122] Ibid.
[123] Ibid., p.161.
[124] Ibid.

des siècles et de l'évolution, deviendront deux sphères de plus en plus séparée et bien identifiées de nos jours : la sphère de l'économie qui sera dite *réelle* face à la sphère de l'économie *financière ou virtuelle.*

Condorcet, qui ne manque jamais d'opposer la santé morale des campagnes à la corruption qui règne dans les villes, oppose aussi les propriétaires fonciers aux rentiers :

« Les rentiers, écrit-il, s'entassent dans les villes, ils y nourrissent l'amour de la mollesse, la corruption, l'indifférence de la chose publique : par cette manière de placer ses fonds, on peut, avec les mêmes capitaux, se procurer plus de revenus ; si la propriété territoriale n'est pas sacrée, tous voudront se faire rentiers, et l'esprit d'intérêt personnel, plus propre à cette classe, deviendra l'esprit général de la nation. »[125]

Certes, s'il souligne que toutes les espèces de propriétés doivent être également sacrées, aussi bien celle du possesseur de terres que celle du possesseur d'argent, toutefois il remarque que les propriétaires fonciers « sont plus véritablement citoyens » que les autres membres de l'Etat.

Et d'ajouter :

« Ils ont au bonheur général de la société un intérêt d'autant plus grand, qu'il leur est plus difficile de la quitter. Cet intérêt diminue dans les autres classes à raison de la facilité qu'on y a de changer de patrie. Il cesse presque absolument pour le propriétaire d'argent qui, par une opération de banque, devient en un instant Anglais, Hollandais ou Russe. »[126]

Plus fondamentale et, surtout, plus lourde de sens, sera l'opposition de Necker et de Condorcet sur le rôle social du roi dans la monarchie française de droit divin.

C'est au fil des siècles que, durant cette monarchie, s'était établi, non par la lettre d'une Constitution écrite qui n'existait pas mais par l'effet d'une longue tradition, un semblant de *contrat*, de *modèle*, de *pacte* social à la française qui liait le peuple à son roi. Le peuple devait respect et obéissance à son souverain et parfois, en temps de guerre, il lui devait aussi le sacrifice de sa vie. En contrepartie, le roi avait l'impérieuse obligation de protéger son peuple de la famine donc de lui procurer sa subsistance.

Ce pacte avait été théorisé par Bossuet dans son ouvrage *Politique tirée de l'Ecriture sainte.*

Comme le roi est le représentant de Dieu sur la terre, il est dans sa fonction l'image du Père céleste. De là était née la notion du roi *Père nourricier de la nation.* D'où l'accumulation des lois sur les subsistances avec leur cortège de règles, d'interdictions, de recommandations, d'obligations, le tout soutenu par une sévère police des grains.

---

[125] Ibid., p.170.
[126] Ibid.

« C'est un droit royal de pourvoir aux besoins du peuple, avait proclamé Bossuet [...] L'obligation d'avoir soin du peuple est le fondement de tous les droits que les souverains ont sur leurs sujets [...] Les peuples affamés demandent du pain à leur roi comme à leur pasteur, ou plutôt comme à leur père. »[127]

Necker, qui a toujours soutenu et défendu la réglementation du secteur des subsistances, souscrit donc à ce *modèle social* de la monarchie :

« Ce n'est pas uniquement sur la justice des souverains, proclame-t-il, que repose leur bienfaisance ; c'est encore sur leurs talents, sur l'étendue de leurs lumières et sur leur prudence ; c'est encore sur leur vigilance continuelle, sur leur tendre inquiétude et sur ces soins paternels que la loi de justice n'indique point, mais qui sont marqués en lettres de feu dans toute âme émue du bien de l'humanité […] C'est une belle idée dans un souverain, que de veiller sur l'infortune de son peuple, en raison de l'impuissance de ses plaintes, et de la facilité qu'il aurait de l'opprimer.»[128]

Que le souverain doive s'occuper de la subsistance de ses sujets c'est donc, aux yeux de Necker, le premier de ses devoirs et le plus grand moyen dont il dispose pour adoucir le sort du peuple et le défendre contre l'infortune.

Et Necker conclut en reprenant à son compte une métaphore biblique :

« C'est au souverain que le peuple a recours ; c'est à lui seul qu'on s'abandonne ; il faut qu'il soit le bon pasteur auprès duquel le troupeau se rassemble quand les abris sont renversés. »[129]

Condorcet combat ce modèle social de la monarchie au nom, précisément, de ce peuple qu'un tel modèle prétend protéger. En effet, un modèle social qui institue le roi comme *père nourricier* ou *bon pasteur* et qui assimile le peuple à *des enfants* est une démarche qui l'infantilise, l'abaisse, l'humilie, entretient ses peurs, ses préjugés, ses superstitions au lieu de les combattre et, en l'enfermant dans un réseau de lois et de règlements, le place sous « la tyrannie des pouvoirs subalternes ».[130]

Pour Condorcet un tel modèle social repose sur une « fausse pitié » qui est « aussi funeste au peuple qu'elle lui est injurieuse ».[131]

Et il plaide pour un roi sage et juste :

« Un roi sage, écrit-il, doit distinguer les murmures de la populace des gémissements de la nation ; il ne sera point injuste, parce que les mutins lui ordonneront de l'être […]

---

[127] *Œuvres de Bossuet*, nouvelle édition : *Politique tirée de l'Ecriture sainte*, Paris, 1818, Beaucé, p.53.

[128] Necker, *Sur la législation et le commerce des grains*, op.cit., p.334 et 134.

[129] Ibid., p.319.

[130] Condorcet, *Lettre d'un laboureur de Picardie à M.N.*, Œuvres de Condorcet, op.cit., p.18.

[131] Condorcet, *Réflexions sur le commerce des blés*, op.cit., p.208.

« Un roi juste, qui ne demande à ses sujets que ce qu'il lui faut pour les défendre et les gouverner, se contentera de protéger leurs propriétés et leur liberté par des lois égales pour tous ; il laissera les citoyens se partager à leur gré les productions d'un sol toujours fertile, quand les fruits de la terre appartiennent à celui qui les a semés. »[132]

Surtout, ce nouveau modèle social doit reposer sur l'accès du peuple à la raison et aux connaissances grâce au développement de l'éducation publique :

« Une éducation publique, commente Condorcet, vraiment digne de ce nom, qui puisse embrasser tous les individus d'une grande nation ; instruire chacun de ce que dans son état il lui est utile de savoir, de ce que ses besoins lui permettent d'apprendre : une éducation telle qu'aucun homme de génie, dans quelque état que le sort l'ait fait naître, ne pût échapper à la science, à l'art pour lequel la nature l'a formé ; une éducation qui apprît à chaque homme à aimer la patrie et les lois, à sentir le besoin de l'estime publique et le prix de la bonne conscience.

« Croira-t-on que de tels bienfaits ne produisent qu'un bien momentané pour le peuple ? est-il donc si sûr qu'on doive regarder comme une chimère l'espérance de perfectionner l'espèce humaine et d'en améliorer le sort ? Ah ! loin de nous les hommes qui se plaisent à répéter qu'il n'y a rien à faire pour le bonheur de l'humanité ; qu'ils se contentent de se dispenser d'y travailler, qu'ils ne portent point le découragement dans l'âme de ceux qui osent encore espérer ce bonheur ou prétendre à le faire ! Si l'espérance de la félicité du peuple est une erreur, c'est la seule utile, la seule qu'il ne faille pas ôter au genre humain. »[133]

Bref, pour Condorcet, un nouveau modèle social, celui de la Modernité doit remplacer celui de la Monarchie de droit divin. Ce nouveau modèle social ne doit plus reposer sur un roi père nourricier mais sur la liberté et le droit de propriété.

Soulignons au passage que plus tard, Jean-Baptiste Say, dans les leçons qu'il prononcera au Collège de France, reprendra à son compte la position de Condorcet :

« C'est un emblème trompeur, dira-t-il, que celui qui représente la société comme une famille dont le chef est le père [...] qui représente les citoyens comme des brebis, et ceux qu'ils ont préposés pour soigner les intérêts de la communauté, comme des pasteurs. Un tel langage n'est propre qu'à rabaisser la dignité humaine à la condition de la brute. Ces bergeries politiques ne conviennent plus à un siècle parvenu à sa maturité. »[134]

---

[132] Ibid., p.210.

[133] Ibid., p.193.

[134] *Œuvres diverses de Jean-Baptiste Say,* Collection des principaux économistes, Paris, 1848, Guillaumin, p.192-193.

Instruction publique et perfectionnement de l'espèce humaine : on voit déjà poindre, dans ces *Réflexions sur le commerce des blés*, texte de nature purement économique rédigé par un Condorcet de trente-trois ans, les deux grands thèmes qui feront sa renommée dans les sciences sociales et graveront son nom dans l'Histoire.

C'est que, déjà, pour Condorcet, dans ce combat contre Necker, il ne s'agit pas seulement d'améliorer le sort du peuple mais surtout de l'émanciper par son accession à la liberté, à la propriété et à la connaissance de ses droits grâce au développement de l'instruction publique.

1776 annonce 1789…

8

Abolir les privilèges pour libérer l'économie

En février 1776, Turgot publie six édits.

Trois sont mineurs, les trois autres seront rapidement considérés comme révolutionnaires.

Passons sur les édits mineurs. Ils traitent de points de détail de l'activité économique : le commerce des suifs, les offices des quais, la suppression de la caisse de Poissy concernant les ventes de bétail.

Les trois édits majeurs visent :

- A compléter la législation sur la liberté du commerce des blés en supprimant la police des grains à Paris où elle subsistait ;
- A mettre fin aux jurandes, donc à instituer la liberté du travail en abrogeant le monopole des communautés de métiers ;
- A abolir les corvées pour libérer les paysans d'une longue servitude.

Ce dernier édit suscite la plus grande opposition que va rencontrer Turgot durant son ministère car il attaque la poutre maîtresse de ce vaste édifice des *droits seigneuriaux*, encore appelés *droits féodaux*. En termes clairs, il s'agit des *privilèges* dont bénéficie la noblesse depuis les origines de la monarchie.

De l'ensemble de ces droits, l'un des plus odieux aux yeux des paysans est la corvée. Elle leur impose de travailler gratuitement, un certain nombre de jours par an, souvent loin de chez eux, à la construction ou à la réfection des routes, lesquelles profitent surtout aux seigneurs et augmentent la valeur de leur domaine foncier.

Ce droit seigneurial, survivance d'une période barbare, est à la fois une grave injustice et une aberration économique. Injustice et aberration que Turgot condamne d'une phrase quand il constate :

« Prendre le temps du laboureur, même en le payant, serait l'équivalent d'un impôt. Prendre son temps sans le payer est un double impôt ; et cet impôt est hors de toute proportion lorsqu'il tombe sur le simple journalier, qui n'a pour subsister que le travail de ses bras. L'homme qui travaille par force et sans récompense travaille avec langueur et sans intérêt ; il fait, dans le même temps, moins d'ouvrage, et son ouvrage est plus mal fait.»[135]

Condorcet, de son côté, dénonce dans les corvées « tout ce qui annonce la contrainte et la servitude personnelle, tout ce qui porte dans le sein du peuple la faim, le désespoir et la mort. »[136]

Turgot propose donc de remplacer le système des corvées par un impôt qui sera payé par tous les propriétaires, qu'ils soient nobles ou non et qui

---

135 Gustave Schelle, *Œuvres de Turgot*, op.cit., tome cinquième, p. 201.

136 Condorcet, *Vie de Monsieur Turgot*, Arago 5, p.35.

permettra de créer un véritable corps de professionnels spécialisés dans les ponts et chaussées. Cet impôt nouveau n'ira pas alimenter le Trésor royal mais restera à l'intérieur de chaque Généralité. Il sera donc dédié aux routes, son objectif unique.

Dès que ce projet est connu, c'est un tollé chez les nobles.

D'autant que Condorcet, fin 1775, sans attendre la parution officielle des édits, s'est porté au front pour soutenir l'initiative de Turgot en publiant une brochure qui a comme titre : *Réflexions sur les corvées.*

Le Parlement de Paris condamne l'auteur et veut faire brûler l'ouvrage.

La révolte est menée par un prince du sang, ennemi de Turgot, le prince de Conti, déjà soupçonné d'avoir soutenu certains émeutiers de la vallée de l'Oise lors de la guerre des farines. Bien que malade et presque mourant, il prend la tête de la fronde parlementaire, se traîne de l'Isle-Adam, où il a ses domaines, jusqu'à Paris, pour participer aux *Remontrances* que le Parlement a décidé d'adresser au roi. Il exige que l'on fasse mention, dans ces *remontrances*, du vieil adage féodal selon lequel toutes les charges publiques doivent tomber sur les roturiers qui, par leur état, naissent corvéables et taillables à volonté. Dans une lettre à Voltaire, Condorcet ironise : « Ce grand prince a beau faire, les corvées et lui s'en iront ensemble ».[137]

Il faudra que Louis XVI passe par la procédure solennelle du *Lit de Justice* pour imposer au Parlement l'enregistrement des six Edits.

Si les *Réflexions sur les corvées,* qui seront suivies en 1776 d'une autre brochure intitulée *Sur l'abolition des corvées*, avaient suscité une telle colère c'est que Condorcet argumentait, au-delà des corvées, pour la disparition de tous les droits féodaux qui subsistaient encore, autrement dit pour une véritable abolition des privilèges, lesquels étaient la raison d'être de la noblesse française.

C'était une nuit du 4 août avant l'heure !

Une telle démarche risquait fort de gêner Turgot. Il l'avait laissé entendre à son ami dans un message qu'il lui avait adressé le 30 janvier 1776, avant la tenue du *Lit de Justice* :

« Vous avez donc été dénoncé et supprimé, lui avait-il écrit. Je suis fâché de cette aventure, surtout dans ce moment. »[138]

Au reste la démarche de Condorcet n'était qu'à moitié révolutionnaire puisqu'il proposait un système de rachat de ces divers droits selon certaines modalités, ce qui revenait à indemniser les titulaires de tels droits, et cela au nom du respect du droit de propriété.

Il faut rappeler ici que beaucoup des privilèges de la noblesse d'alors résidaient dans des exemptions soit de charges fiscales, soit d'obligations

---

[137] Condorcet, *Correspondance entre Voltaire et Condorcet*, Arago 1, p.96.
[138] Condorcet, *Correspondance entre Turgot et Condorcet*, Arago 1, p.261.

diverses, lesquelles étaient reportées sur le peuple. C'était là un héritage de l'âge féodal où la noblesse, dans les premiers temps de la monarchie, avait eu à charge d'assurer deux services, celui de la justice et celui de la force militaire. D'avoir payé seule, en personne et à ses dépens, *l'impôt du sang*, lui avait conféré un statut prestigieux qui durait encore mais qui, selon Turgot et Condorcet, ne reposait plus désormais sur aucune justification.

Dans ses deux brochures, Condorcet élargit donc la question des corvées à celle de certains droits féodaux qui subsistent encore à son époque et il les analyse sous quatre angles différents : en historien, en philosophe du droit naturel, en juriste, en économiste.

Comme historien, sa condamnation de tels droits est sans appel. Inventés à l'époque féodale, entre le Ve et le IXe siècle, ils sont la survivance d'un temps de superstition et d'ignorance :

« On parle des mœurs de nos ancêtres, constate-t-il. Il est difficile, en lisant l'histoire, de croire qu'elles valussent mieux que les nôtres. On trouve à la fois plus de scandale et plus d'hypocrisie, plus de corruption et plus de férocité ; une avidité aussi grande avec plus de violence, et avec moins de pudeur encore dans les moyens de la satisfaire. »[139]

Au passage il souligne ce fait : si toutes les sciences ont fait des progrès immenses, celle de la politique a été seule en rétrogradant. Il importe donc de mettre la science politique au même niveau que les autres sciences en faisant en sorte qu'avec les corvées disparaissent « les autres usages barbares nés dans des siècles de férocité et d'ignorance ».[140]

Toutefois – et c'est ici qu'intervient le philosophe du droit naturel – que les droits féodaux soient l'héritage d'un âge barbare n'autorise pas que les titulaires de ces droits soient lésés dans leur droit de propriété, que ces titulaires soient des nobles d'antique extraction, autrement dit des gentilshommes, ou bien des nobles de dates plus récentes promus par décisions royales ou par rachats d'offices ministériels :

« La vénalité des charges qui donnent les privilèges de la noblesse, note Condorcet, a porté le nombre de ces anoblis anciens ou modernes fort au-delà de celui des gentilshommes, il est impossible de trouver quelques rapports entre le corps de l'ancienne noblesse et celui des possesseurs de fiefs ou des privilégiés. »[141]

En philosophe attaché au droit de propriété il propose donc que les droits féodaux soient « rachetés » à leurs titulaires selon diverses modalités tenant à la nature de ces droits, afin que les propriétaires soient indemnisés de leur perte.

D'où la nécessité d'analyser dans le détail chacun de ces droits : certains peuvent être assimilés à des impôts, d'autres à des servitudes, d'autres

[139] Condorcet, *Réflexions sur les corvées*, Arago 11, p.62.
[140] Ibid., p.91.
[141] Ibid., p.64.

encore à des droits exclusifs comme les banalités (utilisation par le peuple et moyennant redevances de fours à pain, pressoirs, moulins, etc. appartenant au seigneur). A cette gamme très diverse et d'une grande complexité devra correspondre une gamme très variée de modalités de rachat, donc d'extinction de ces droits.

Et c'est ici que pointe le juriste :

« Ainsi, juge Condorcet, il reste toujours deux questions à examiner :

« La première, si le remboursement des droits féodaux, qui est un bien pour le peuple, serait un mal pour la noblesse.

« La seconde, si la puissance législative peut, sans blesser les droits de la noblesse, forcer les seigneurs à recevoir ce remboursement, et en déterminer les conditions. »[142]

Après avoir prouvé que rien, juridiquement, ne s'oppose au rachat des droits féodaux, Condorcet insiste sur l'avantage économique de leur extinction.

Abolir les droits féodaux est nécessaire à la libération des forces productives de la nation.

Libérer le commerce des droits divers qui pèsent sur les marchés et sur la circulation des marchandises, c'est encourager, faciliter, fluidifier les échanges.

Libérer le paysan des corvées, c'est rendre des heures de travail à la production agricole mais c'est aussi aménager le territoire par la création de bonnes routes au profit de tous.

Et l'économiste Condorcet de constater :

« Les chemins sont si utiles aux commerçants, aux grands propriétaires, aux villes ou aux provinces qu'ils traversent, et surtout aux voyageurs de tous les états, que pour les laisser dépérir, ou pour ne pas construire ceux dont l'utilité est réelle, il faudrait non seulement que le gouvernement se livrât à des vues d'oppression, d'avidité, de prodigalité, mais encore qu'il eût perdu toute idée d'ordre ; qu'il comptât pour rien la richesse de l'Etat, le commerce, les manufactures, et même la commodité des courtisans, des hommes riches : il faudrait qu'il fût également corrompu et stupide. Or, si l'état actuel des lumières en Europe, et surtout en France, n'est pas une ressource sûre contre la corruption des ministres à venir, il y a du moins un degré de stupidité et d'inertie qui ne peut plus être à craindre. »[143]

De surcroît, « en payant les chemins, on sait ce qu'ils coûtent, et l'on peut borner sa dépense. En les faisant faire par corvées, on ignore ce qu'on dépense ».[144]

---

142 Ibid., p.63.
143 Condorcet, *Sur l'abolition des corvées*, Arago 11, p.92.
144 Ibid., p.91.

Condorcet fait observer à tous les nobles qu'avec l'indemnisation correspondant à l'extinction de leurs droits féodaux ils pourraient acheter des fonds de terre, propriétés bien plus utiles et sûres :

« Deux considérations générales, souligne-t-il, doivent faire désirer le rachat aux possesseurs de fiefs. D'abord, il n'y a aucun droit féodal dont la perception, la quotité, souvent même la propriété ne soit une source de procès ; et depuis que notre jurisprudence a reçu sa forme actuelle, ce que la plupart de ces droits ont coûté en frais de justice aux propriétaires ou aux débiteurs de ces droits, aurait suffi pour les racheter. La seconde est que jamais cette propriété ne peut être regardée comme aussi certaine que celle d'une terre : l'une est fondée sur le droit de la nature ; l'autre ne l'est que sur celui des fiefs. »[145]

Et de résumer sa position dans des considérations philosophiques, juridiques et économiques qui, toutes, justifient la disparition des droits féodaux :

« Je désire, écrit-il, comme homme jaloux des droits de la nature humaine, comme citoyen zélé pour les intérêts de mon pays, comme gentilhomme attaché à la gloire de la noblesse, je désire que les restes honteux de la barbarie féodale soient à jamais abolis, parce qu'ils sont des monuments de l'injustice et non de la grandeur de nos ancêtres ;

« Que les seigneurs remplacent, par une propriété territoriale, la propriété de droits qui ne les exposent que trop à la tentation honteuse de se rendre les émules des traitants, dans l'art de dépouiller le peuple ;

« Que le peuple ne puisse plus regarder les seigneurs comme ses ennemis, et qu'il n'existe plus entre ces deux classes une guerre sourde qui les ruine en frais de procédures, et les distrait de leurs intérêts communs ;

« Que l'agriculture et le commerce, délivrés des gênes auxquelles ces droits les exposent, fassent tous les progrès que leur promet, et l'heureuse fécondité du sol, et l'infatigable activité de la nation ;

« Que le peuple, rendu à la jouissance des droits de la nature, le soit aux sentiments que cette jouissance ne manque jamais de produire, au respect pour les lois, à l'amour de la patrie ;

« Qu'il cesse d'être livré à l'humiliation, afin qu'il puisse supporter patiemment le travail et la pauvreté, et que le spectacle de l'homme avili et dégénéré ne vienne plus affliger ses yeux.

« Je désire que les corvées féodales, les mainmortes, les banalités de toutes espèces, les droits de marchés, soient détruits par une loi juste, qui en ordonne le remboursement ;

« Que l'amélioration de l'état du peuple, le progrès des lumières chez les seigneurs, amènent peu à peu l'anéantissement des autres droits. »[146]

---

[145] Condorcet, *Réflexions sur les corvées*, op.cit., p.66.
[146] Ibid., p.83.

Ces lignes datent de 1776.

Treize ans plus tard, en 1789, dans une de ses *Notes sur Voltaire* intitulée *Sur la servitude de la glèbe,* Condorcet reviendra sur cette importante question de l'abolition des droits féodaux en considérant deux types de servitude :

- La servitude de la glèbe : elle concerne ceux des serfs qui exploitent une terre qui leur a été cédée par le seigneur. Dans ce cas particulier « tout ce qu'on doit au seigneur est un dédommagement d'une valeur égale à ce qu'il perd par la suppression de la servitude, et, autant qu'il est possible, d'une nature semblable ». Le législateur doit donc substituer aux corvées, aux droits éventuels « un revenu égal, levé sur la terre, et évalué en denrées, et non un remboursement ou une rente en monnaie ».

- Les servitudes qui concernent ceux qui ne tiennent aucune terre du seigneur. Elles doivent être abolies sans aucun dédommagement « puisqu'elles sont une violation du droit naturel contre lequel aucun usage, aucune loi ne peut prescrire ».

Dernière observation : s'il y a dédommagement il ne peut concerner que les seigneurs laïques car les biens ecclésiastiques « appartiennent à la nation ».

Enfin le dédommagement ne pourra jamais aller au-delà du revenu net de la terre et devra être fixé un peu au-dessous.[147]

Faut-il le rappeler ?

Quand il avait proclamé qu'il y avait « des degrés de stupidité et d'inertie » qui appartenaient à un passé révolu et qui n'étaient plus à craindre, Condorcet se faisait de grandes illusions : moins de trois mois plus tard, Turgot était renvoyé.

Sa disgrâce sonnait la fin d'une vaste ambition : celle de réformer et de moderniser la France.

On allait revenir à une politique de stagnation et d'inertie.

Il faudra attendre la Révolution pour assister à la destruction de tous les droits féodaux, autrement dit à l'abolition de tous les privilèges et à la fin de l'âge féodal : d'une part dans la nuit du 4 août 1789 (avec dédommagement) et, d'autre part, en juillet 1793 (sans dédommagement).[148]

---

[147] Condorcet, *Notes sur Voltaire*, Arago, 4, p., 416.

[148] Rappelons ici que dans son ouvrage publié en 1856, *L'Ancien régime et la Révolution,* Tocqueville, qui avait dépouillé un nombre considérable d'archives locales, a donné la longue liste des droits féodaux existant encore à la veille de la Révolution. Voir Alexis de Tocqueville, *L'Ancien régime et la Révolution*, Paris, 1988, GF-Flammarion, p.384.

9

Le travail justifie et sacralise le droit de propriété

Avec la disgrâce de Turgot, le 12 mai 1776, s'achève une première étape de la vie de Condorcet fortement dominée par les préoccupations d'ordre économique.

Le voilà désormais condamné, lui aussi, à quitter *le champ des réalités*, à s'extraire *du torrent des circonstances* au milieu duquel il œuvrait pour le *bien public*, enfin à renouer avec les mathématiques et à travailler *pour la gloriole*, ainsi qu'il l'écrit à Voltaire.

A l'analyse de cette nouvelle séquence, il importe de joindre sa biographie de Turgot, qui paraîtra dix ans plus tard, en 1786. Cette *Vie de Monsieur Turgot*, en même temps biographie et hagiographie, à la fois récit des combats quotidiens en faveur de la liberté économique et commentaire de ces combats, éclaire comme de l'intérieur cette courte période de vingt mois annonciatrice en France de ce que l'on pourrait appeler la Modernité en économie politique.

Une Modernité qui a échoué en ce début du règne du jeune Louis XVI mais qui s'accomplira pour l'essentiel dès les premiers pas de la Révolution française.

Cela dit, cette biographie nous éclaire aussi sur Condorcet lui-même, car sa position exceptionnelle auprès de Turgot, dans un moment intense de l'histoire de la liberté du commerce des subsistances, face à des adversaires de cette liberté comme Necker ou Galiani, tout cela permet une riche moisson de considérations et de leçons dont certaines ont valeur intemporelle et sont donc toujours d'actualité.

Dans l'histoire des faits comme dans celle des idées, la radicalité de ce moment a été soulignée par Tocqueville quand il a constaté, dans son *Ancien régime et la Révolution :*

« Vers le milieu du siècle, on voit paraître un certain nombre d'écrivains qui traitent spécialement des questions d'administration publique, et auxquels plusieurs principes semblables ont fait donner le nom commun *d'économistes* ou de *physiocrates*. Les économistes ont eu moins d'éclat dans l'histoire que les philosophes ; moins qu'eux ils ont contribué peut-être à l'avènement de la Révolution ; je crois pourtant que c'est surtout dans leurs écrits qu'on peut le mieux étudier son vrai naturel. Les philosophes ne sont guère sortis des idées très générales et très abstraites en matière de gouvernement ; les économistes, sans se séparer des théories, sont cependant descendus plus près des faits. Les uns ont dit ce qu'on pouvait imaginer, les autres ont indiqué parfois ce qu'il y avait à faire. Toutes les institutions que la Révolution devait abolir sans retour ont été l'objet particulier de leurs attaques ; aucune n'a trouvé grâce à leurs yeux, toutes celles, au contraire, qui peuvent passer pour son œuvre propre ont été annoncées par eux à l'avance et préconisées avec ardeur. »[149]

Quel est donc le premier visage, la première esquisse intellectuelle de ce jeune Condorcet - il a trente-trois ans lors de la disgrâce de Turgot - qui vient de participer à l'une des premières grandes irruptions de la liberté économique en France ?

C'est le type même d'un intellectuel fortement engagé dans le combat politique et qui est à la fois et au même degré philosophe et économiste. Donc deux fois réformateur.

Même chose d'ailleurs pour Turgot.

A propos de ce dernier, Victor Cousin regrettera que la politique l'ait enlevé à l'histoire et à la philosophie. Et d'affirmer que s'il s'était limité à ces deux disciplines exclusivement, il n'est pas douteux « qu'il se fût assis à côté de Montesquieu et qu'il n'eût donné un grand homme à la France ».[150]

Rassurons Victor Cousin en observant ceci : si Turgot ne s'est pas assis à côté de Montesquieu comme philosophe politique, il a trouvé place à côté d'Adam Smith comme théoricien de l'économie.

En quoi il a donné un grand économiste à la France.

Victor Cousin aurait pu écrire la même chose de Condorcet tant il est vrai que chez lui comme chez Turgot *l'opérationnel*, autrement dit la priorité donnée à l'action concrète en faveur du bien public, aura finalement été enrichi par *le conceptuel*, à savoir la justification philosophique des libertés économiques par l'impératif du droit naturel.

C'est pourquoi Condorcet reste, selon l'expression de l'époque, le parfait *philosophe-économiste* en ceci que son économie politique est adossée à cette solide architecture philosophique qui est celle des droits naturels.

Selon cette philosophie, rappelons-le, l'univers est régi par un ordre naturel qui se décline en lois naturelles. Dans cet ensemble l'homme, créature capable de raison, de sensibilité et d'avoir des idées morales, possède des droits naturels. Il doit pouvoir en jouir. Il ne peut en être privé sans injustice. Au premier rang de ces droits se trouvent la liberté et la propriété.

Condorcet, on a pu le constater, attache une particulière importance au droit de propriété puisqu'il a plaidé en faveur de l'indemnisation des privilégiés qui sont titulaires de droits féodaux et non pour leur dépossession pure et simple. Le respect du droit de propriété interdit de spolier les porteurs de tels droits, aussi injustes, aussi contraires à l'expansion économique, aussi barbares soient-ils. Le seul moyen de les supprimer sans

---

149 Alexis de Tocqueville, *L'Ancien Régime et la Révolution*, Paris, 1988, GF-Flammarion, p.248.

150 Victor Cousin, *Cours de philosophie*, Paris, 1828, Pichon et Didier, p.32.

abolir le droit de propriété consiste à les racheter à leurs propriétaires pour les éteindre après indemnisation.

La conception du droit de propriété chez Condorcet est un héritage en ligne directe de la philosophie de John Locke.

Souvenons-nous de la phrase fameuse dans laquelle le grand philosophe anglais, admiré de Voltaire, donne sa définition de la propriété personnelle face à la propriété commune :

« Bien que la nature ait donné toutes choses en commun, l'homme néanmoins, étant le maître et le propriétaire de sa propre personne, de toutes ses actions, de tout son travail, a toujours en soi le grand fondement de la *propriété* ; et que tout ce en quoi il emploie ses soins et son industrie, pour le soutien de son être [...] lui appartient entièrement en propre, et n'appartient point aux autres en commun. »[151]

C'est donc le travail, c'est-à-dire le fait d'employer utilement ses soins et son industrie, qui confère droit de propriété.

Locke fait remonter ce droit à l'origine de l'humanité, quand les terres sont abondantes et les hommes peu nombreux. De ne pas se contenter de vivre de chasse ou de cueillette mais travailler pour faire fructifier une parcelle de terre entraîne propriété sur cette parcelle.

C'est la théorie dite du premier occupant.

Et Locke d'expliquer : « Le travail, dans le commencement, a donné droit de propriété, partout même où il plaisait à quelqu'un de l'employer, c'est-à-dire, dans tous les lieux communs de la terre ; d'autant plus qu'il en restait ensuite, et en a resté, pendant si longtemps, la plus grande partie, et infiniment plus que les hommes n'en pouvaient souhaiter pour leur usage. »

Par la suite, dans certains endroits du monde qui furent plus peuplés et où la terre était devenue plus rare, et par conséquent d'une plus grande valeur, les sociétés ne manquèrent pas de distinguer leurs territoires par des bornes et firent des lois pour régler les propriétés de chacun de leurs membres.

« Et ainsi, conclut Locke, par accord et par convention fut établie *la propriété,* que le travail et l'industrie avaient déjà commencé d'établir. »[152]

Soulignons que Locke distingue deux choses relativement à la propriété : son origine et son établissement. Droit naturel dans son origine, elle devient convention sociale - et juridique - lors de son établissement par la loi.

Dans le langage de Condorcet, cette justification du droit de propriété s'exprimera de la façon suivante :

« Les hommes n'ont pu former des associations régulières que pour la conservation de leurs droits naturels. Ces droits sont la sûreté de leur personne et de leur famille, la liberté et surtout la propriété. L'homme a sur les fruits du champ qu'il a défriché, sur le logement qu'il a construit, sur les

---

[151] *Traité du gouvernement civil* par M. Locke, Paris, 1802, Calixte Volland, p.93.
[152] Ibid., p. 94-95.

meubles ou les instruments qu'il a fabriqués, sur les provisions qu'il a rassemblées, un droit qui est le prix de son travail ; et l'espérance qu'il a nourrie de conserver ce fruit de ses peines, la douleur de les perdre, plus grande qu'une simple privation, donne à ce droit une sanction naturelle qui oblige tout autre homme à le respecter. »

Si, dans ce texte, on retrouve bien la fameuse « Sainte Trinité » des droits naturels des Physiocrates - liberté, sûreté, propriété - on notera la mention de Condorcet : « et surtout la propriété ».

Il y a donc chez lui une sorte de prééminence du droit de propriété.

Il s'en explique dans le même texte :

« De tous les droits de l'homme, la propriété est celui pour lequel il a le plus besoin de s'associer avec ses semblables, qui prennent avec lui l'engagement réciproque de la défendre, et en rendent, par cette association, la conservation assurée et moins périlleuse. »

Le droit de propriété est donc non seulement l'un des fondements de la société mais encore source de cohésion à l'intérieur de cette même société.

Et, chez Condorcet, cette prééminence du droit de propriété entraîne une évidente prééminence des propriétaires :

« On a donc pu, sans injustice, continue-t-il, regarder les propriétaires comme formant essentiellement la société. »

Situation renforcée par deux considérations : dans une société agricole, les cultivateurs, d'une part sont les seuls à être attachés au sol « par des liens qu'ils ne peuvent rompre » et, d'autre part, sont aussi les seuls qui portent réellement « le fardeau des dépenses publiques » dès lors que l'impôt foncier est l'impôt principal voire unique, dans la grande tradition des Physiocrates.

Conclusion de Condorcet sur les propriétaires :

« Il sera difficile de ne pas les regarder comme étant seuls les membres essentiels de cette même société. »[153]

Cette prééminence que Condorcet attribue au droit de propriété relativement à tous les autres droits naturels - et sa conséquence amenant à valoriser les propriétaires fonciers - mettra en relief le thème de la propriété en le plaçant à l'intersection de quatre sciences sociales : l'économie, la politique, le droit constitutionnel, le social.

En économie, cette prééminence sera loin d'être partagée et ne tardera pas à susciter son contraire, à savoir la thèse de la socialisation du sol, en d'autres termes la valorisation de la propriété collective et non plus individuelle des terres.

Dès 1796, c'est Babeuf qui milite, y compris par la violence lors de la Conjuration des Egaux, pour une collectivisation intégrale et du sol et des

---

[153] Toutes ces citations sont extraites de Condorcet, *Vie de Monsieur Turgot*, op.cit., p.145.

produits du sol. Sa pensée et son action se résument d'une phrase : plus de propriétés individuelles des terres, la terre n'est à personne.

C'est l'amorce d'une sorte de communisme agraire.

En 1797, trois ans après la mort de Condorcet, c'est son grand ami Thomas Paine, qui avait été fait citoyen français par l'Assemblée législative avec d'autres personnalités étrangères pour s'être illustré dans la défense des droits de l'homme, et qui avait été élu député de Calais à la Convention nationale, qui adresse au Directoire une brochure qui porte comme titre : *La justice agraire opposée à la loi et aux privilèges agraires.*[154]

Dans ce texte il se prononce en faveur de la propriété collective de la terre. Toutefois, sur le plan social, et contrairement à Babeuf, il maintient la propriété privée des fruits de l'exploitation de telles terres. Notons au passage que, plus tard, le grand économiste Léon Walras, bien que libéral, sera favorable lui aussi à la nationalisation des terres.

Ainsi était lancé, dès cette époque, et porté sur la place publique, le grand débat qui dure encore aujourd'hui entre propriété collective et propriété individuelle, entre ce qui doit être commun - donc collectif - et ce qui doit rester privé. Avec la délicate question de trouver le point d'équilibre entre ces deux notions capitales pour le développement économique.

En politique, chez Condorcet, la propriété foncière joue donc un rôle central, notamment dans l'organisation constitutionnelle de la nation, puisque c'est sur elle que doivent reposer les droits civiques :

« Dans les pays cultivés, écrit-il, c'est le territoire qui forme l'Etat ; c'est donc la propriété qui doit faire les citoyens [....] Dans chaque district, le droit de l'élection appartiendrait à tout homme dont la propriété serait au-dessus d'une valeur donnée. »

Il fixe le montant de cette valeur : elle devrait être égale à celle dont le produit net « suffit à faire vivre le possesseur ».

Quant aux petits propriétaires fonciers dont le revenu n'atteint pas une telle valeur, Condorcet ne les oublie pas : ils pourront se réunir entre eux « jusqu'à ce que la somme de leurs propriétés équivalût à la valeur fixée, et ils éliraient un représentant qui jouirait du droit d'élection ».[155]

Cette prééminence des propriétaires trouvera une éclatante traduction politique en 1795 dans la Constitution de l'An III qui donnera naissance au Directoire et qui, après les excès de la Révolution, voudra, elle aussi, asseoir les droits civiques sur le statut de propriétaire pour donner de la stabilité au nouveau régime politique.

---

[154] Thomas Paine, *A la Législature.et au Directoire, ou la justice agraire opposée à la loi et aux privilèges agraires*, Paris, 1797, chez la citoyenne Ragouleau.

[155] Condorcet : *Lettre d'un bourgeois de New-Haven*, Arago, 9, p.12 et 11.

La propriété deviendra ainsi l'ancre de salut d'une République modérée dont l'ambition sera de terminer la Révolution.

Nul mieux que Boissy d'Anglas n'a résumé l'esprit de cette Constitution quand il a proclamé à la tribune de la Convention thermidorienne, dans la séance du 23 juin 1795 :

« Nous devons être gouvernés par les meilleurs : les meilleurs sont les plus instruits et les plus intéressés au maintien des lois : or, à bien peu d'exceptions près, vous ne trouverez de pareils hommes que parmi ceux qui, possédant une propriété, sont attachés au pays qui la contient, aux lois qui la protègent, à la tranquillité qui la conserve, et qui doivent à cette propriété et à l'aisance qu'elle donne, l'éducation qui les a rendus propres à discuter avec sagacité et justesse les avantages et les inconvénients des lois qui fixent le sort de leur patrie.[…] Un pays gouverné par les propriétaires est dans l'ordre social ; celui où les non propriétaires gouvernent est dans l'état de nature. »[156]

Et ce n'est pas un hasard si l'un des grands architectes de cette nouvelle Constitution avait été Daunou, l'un des principaux disciples de Condorcet, à côté de qui il avait siégé à la Convention nationale, votant comme lui contre la peine de mort dans le procès de Louis XVI.

En matière sociale enfin, Condorcet proclame que le droit de propriété justifie aussi l'inégalité des richesses :

Et d'expliquer :

« L'égalité que le droit naturel exige entre les hommes, exclut toute inégalité qui n'est pas une suite nécessaire de la nature de l'homme et des choses, et qui, par conséquent, serait l'ouvrage arbitraire des institutions sociales. Ainsi, par exemple, l'inégalité des richesses n'est pas contraire au droit naturel ; elle est une suite nécessaire du droit de propriété, puisque ce droit renfermant l'usage libre de la propriété, renferme par conséquent la liberté de les accumuler indéfiniment. Mais cette inégalité deviendrait contraire au droit naturel, si elle était l'ouvrage d'une loi positive, telle que la loi qui accorde aux aînés une portion plus grande, celle qui établit les substitutions, etc. »

Et de réaffirmer que le droit d'égalité n'est pas blessé, si les propriétaires seuls jouissent du droit de cité « parce qu'eux seuls possèdent le territoire, parce que leur consentement seul donne le droit d'y habiter ; mais il est blessé, si le droit de cité est partagé inégalement entre différentes classes de propriétaires, parce qu'une telle distinction ne naît pas de la nature des choses ».[157]

---

[156] Michel Troper : *Terminer la Révolution, la Constitution de 1795*, Paris, 2006, Fayard, Histoire des Constitutions de la France, p.281.

[157] Condorcet, *Idées sur le despotisme*, Arago 9, p166 et 167.

Etre propriétaire sera donc la première « condition naturelle » pour exercer les droits de cité, condition qui figurera dans le projet de Déclaration des Droits que Condorcet rédigera en 1789 et qu'il soumettra à la discussion des membres chargés de rédiger la Déclaration définitive des droits de l'homme et du Citoyen, laquelle sera votée par l'Assemblée Constituante le 26 août 1789 :

« Les conditions naturelles, proclame-t-il, pour exercer les droits de cité ou jouir de cette capacité, seront les cinq suivantes :

D'être propriétaire ;

De n'être accusé ni convaincu d'aucun crime ;

De n'être point juridiquement déclaré atteint ou de démence ou de stupidité ;

D'avoir l'âge où la loi civile accorde le droit de gouverner soi-même ses propriétés ;

De n'être dans la dépendance d'aucun individu ni d'aucun corps.[158]

Dans l'économie politique de Condorcet, derrière la position éminente des propriétaires qui forment essentiellement la société, il y a donc surtout, et en premier lieu, la valorisation du travail.

Exprimée au sein d'un Ancien Régime chancelant et bientôt finissant, il s'agit là d'une véritable révolution dans les idées : c'est le travail qui fonde le droit de propriété et non plus, comme dans la noblesse, la naissance par droit de succession ou par faveur et décision royales.

Ce droit est en quelque sorte « sacralisé » par le travail humain qui lui donne une sorte de « sanction naturelle », le terme de sanction devant ici être interprété comme synonyme d'onction.

On comprend mieux pourquoi Condorcet, grand témoin des émeutes de la *Guerre des farines*, s'était opposé aux émeutiers qui détruisaient moulins, blés et boulangeries.

Pour lui, détruire des propriétés, c'était détruire du travail.

C'est à partir de ce moment qu'il entamera une longue réflexion sur la différence entre peuple et populace, et sur les moyens d'élever la populace à la dignité de peuple citoyen en luttant contre les préjugés et les superstitions dans le domaine de l'activité économique, notamment par l'instruction publique.

---

[158] Condorcet, *Déclaration des Droits*, Arago, tome 9, p.207

10

Elever la populace à la dignité de peuple citoyen

Cette Guerre des farines qu'il a subie quand il était au cabinet de Turgot a amené Condorcet à s'interroger très tôt sur les violences du peuple, leur origine, leurs causes, leur développement, leur intensité, leur fréquence, leur géographie...

Rappelons que c'est dans ses deux premiers ouvrages d'économie politique, *Lettre d'un laboureur de Picardie à M. N.* (N étant évidemment l'initiale de Necker) et *Réflexions sur le commerce des blés*, dont le premier paraît l'année même de la Guerre des farines et l'autre l'année suivante, qu'il aborde l'analyse de tels événements qui, dans l'Ancien Régime, accompagnaient souvent les crises de subsistances. Au reste, les violences populaires, qu'on les qualifie de crises, de révoltes, d'émeutes, d'insurrections, de séditions appartiennent à ce grand chapitre de la vie des hommes qui est celui de la violence dans l'Histoire. Elles se sont répétées de l'Antiquité à nos jours traversant tous les siècles.

A titre d'exemple, citons ici Victor Hugo.

Lui aussi, comme Condorcet, développera dans plusieurs de ses écrits une longue réflexion sur la différence entre peuple et populace.

Souvenons-nous de quelques vers de son émouvante méditation sur *L'Année terrible* :

« Quant à flatter la foule, ô mon esprit, non pas !
Ah ! le peuple est en haut, mais la foule est en bas [...]
Voici le peuple : il meurt, combattant magnifique,
Pour le progrès ; voici la foule : elle en trafique ; »[159]

Cette violence populaire avait été analysée comme une forme de gouvernement sous le nom savant d'*ochlocratie*, expression qui signifie, en langage courant, le pouvoir et la puissance de la foule.

Preuve que le phénomène était loin d'être nouveau, c'est l'historien grec Polybe, né en 202 et mort en 120 avant notre ère, qui avait avancé la thèse que l'ochlocratie était la forme dégradée de la démocratie. Selon lui, l'histoire de l'humanité étant cyclique, il y avait trois grandes formes de gouvernement - la monarchie, l'aristocratie, la démocratie - et chacune, avec l'usure du temps, se corrompait et se dégradait pour donner naissance à une

[159] Victor Hugo, Poésie III, *L'Année terrible-prologue*, Paris 1985, Robert Laffont, collection Bouquins, p.7 et 9.

forme inférieure et pervertie : la monarchie se dégradait en tyrannie, l'aristocratie en oligarchie, la démocratie en ochlocratie.[160]

Condorcet n'emploiera pas le terme d'ochlocratie.

Il ne souscrira pas à la thèse de Polybe.

Cela s'explique : sa conception de l'histoire de l'humanité ne s'exprime pas en terme de cycle, de retour du même au même, mais au contraire en terme de progression, d'évolution linéaire dans une perspective de progrès, mieux, de perfectibilité indéfinie de l'espèce humaine. Du coup, les causes des violences populaires ne sont pas à rechercher dans une dégradation d'un système gouvernemental cyclique mais dans une perversion de la vie économique et sociale.

Victime de superstitions, de peurs paniques, de préjugés suscités par de mauvaises lois, d'impôts excessifs, de taxes injustifiées, de règlements absurdes, de fausses informations sur l'état des subsistances, une partie du peuple, que Condorcet nomme *populace,* souvent manipulée, se laisse aller à des actions violentes contre les biens et les personnes :

« Nous venons de voir, explique-t-il, une troupe de brigands démolir des moulins, jeter à la rivière les farines et les blés, en disant qu'ils manquaient de pain, et crier qu'ils avaient faim en répandant l'or à pleines mains. Nous les avons vus traîner à leur suite un peuple trompé [...] Nous avons vu des gens du peuple, riches en terres et en effets, se joindre aux pillards, et soudoyer des hommes qui pillaient pour eux. Nous avons vu cette fureur se communiquer de proche en proche, et cette opinion qu'il est permis de prendre du blé où il y en a, et de le payer ce que l'on veut, prête à devenir l'opinion générale. »[161]

Pour Condorcet les violences émanent donc d'un peuple trompé, écrasé, manipulé.

Trompé par des préjugés et des superstitions. Les préjugés ont leur racine dans la vie économique. Ils invitent les consommateurs à croire que seule une politique interventionniste de l'Etat, à base de règlements et d'interdictions appliquée par une police des grains, est capable d'assurer leur subsistance. En conséquence la liberté économique est considérée comme une malédiction :

---

160 C'est cette thèse que reprend *l'Encyclopédie* de Diderot et d'Alembert quand elle souligne que l'ochlocratie « est un abus qui se glisse dans le gouvernement démocratique, lorsque la vile populace est seule maîtresse des affaires [...] L'ochlocratie doit être regardée comme la dégradation d'un gouvernement démocratique. » *Encyclopédie ou dictionnaire raisonné des sciences, des arts et des métiers,* troisième édition, tome 23, Neuchâtel 1779, p. 337.
Sur l'ochlocratie, voir l'étude d'Oscar Ferreira intitulée : *La démocratie dans toute sa pureté, une longue histoire de la sortie en politique du concept d'ochlocratie (1780-1880).* Revue de la recherche juridique-Droit prospectif, Presses universitaires d'Aix-Marseille, 2013, p. 147. (Sur internet, site HAL archives ouvertes).

161 Condorcet, *Lettre d'un laboureur de Picardie à M. N.*, Arago, 11, p.11.

« Toutes ces émeutes, constate Condorcet, sont faites par une populace agitée d'une crainte vague de la disette, d'une haine sans objet contre ceux qu'elle en accuse : cette populace est conduite par des fripons qui ont eu soin d'exciter ses craintes et qui en profitent. »[162]

Pour lui, les préjugés du peuple, ses terreurs récurrentes, une mauvaise politique qui a visé à le flatter plutôt qu'à l'éduquer, la violation de ses droits élémentaires par des administrateurs subalternes, tout cela ne date pas d'hier mais de plusieurs siècles. Résultat : toutes ces causes « ont produit une telle masse de règlements, toujours insuffisants et toujours corrigés par des règlements plus insuffisants encore, que l'on est parvenu à croire que l'état naturel de l'homme civil était de ne marcher qu'avec des fers, et que le ministre qui ose les briser est regardé comme un ennemi par les captifs mêmes qu'il délivre ».[163]

Ce ministre qui n'est pas nommé étant, évidemment, Turgot...

Et Condorcet de se désoler :

« Il en est de même de tous les préjugés : combien de fois ne nous est-il pas arrivé de rougir, pour notre espèce, d'opinions absurdes, jadis accréditées, et que les efforts de la raison et du temps ont eu peine à vaincre ; combien nos neveux n'auront-ils pas encore à rougir pour nous ! »[164]

Condorcet n'aura pas de mots assez durs pour nommer ceux qui exploitent à leur profit les croyances, les préjugés, les superstitions et les angoisses d'une partie du peuple qui devient populace par ses violences et ses excès. Sous sa plume de tels individus sont des scélérats, des fripons, des brigands, des fourbes, des voleurs, des pillards...

Et des charlatans.

Plus tard, il opposera ce dernier terme de charlatan à celui de philosophe dans une phrase lapidaire qui deviendra l'emblème de sa philosophie personnelle. Cette phrase résumera l'ensemble de sa pensée et aura valeur intemporelle. C'est dire qu'elle vaut toujours pour aujourd'hui : *Toute société qui n'est pas éclairée par des philosophes est trompée par des charlatans.*

Existe-t-il un ou plusieurs moyens pour lutter contre l'ignorance qui est l'une des sources de la férocité de la populace ? Car, pour Condorcet, il existe un « despotisme de la populace ». Et d'ajouter :

« Ce despotisme est aussi absurde dans ses projets que barbare dans ses moyens, puisqu'il est exercé par la partie de chaque nation la plus ignorante et la plus corrompue après les ambitieux qui s'en servent. Mais qu'est-ce qui rend dangereuse la populace d'une vaste ville ? C'est la facilité de la réunir,

---

162 Condorcet, *Réflexions sur le commerce des blés*, Arago 11, p.205.
163 Ibid., p.164.
164 Ibid., p.164.

c'est son ignorance et sa férocité ; c'est donc en attaquant ces trois causes qu'on peut en prévenir les effets. »[165]

Il importe donc de trouver les moyens qui auraient pour résultat d'augmenter le nombre du peuple et de diminuer celui de la populace. En clair, de transformer la populace ignorante en peuple informé, responsable et citoyen.

Certes, pour élever la populace à la dignité de peuple-citoyen le chemin sera long mais, pour Condorcet, il existe. Il consiste à établir - ou à restaurer - trois libertés fondamentales :

- La liberté économique ;
- La liberté de la presse ;
- La liberté des cultes.

La liberté économique, plus précisément les libertés de produire, de vendre, d'acheter, de circuler, d'exporter, d'importer doivent prouver au peuple inquiet qu'elles favorisent la production, donc son ravitaillement, et ainsi mettre fin à ses angoisses sur la récurrence des disettes :

« Le peuple est stupide, sans doute, explique Condorcet, mais ce n'est pas sa faute. Avant le 13 septembre 1774, on n'avait point encore daigné traiter le peuple comme une société d'êtres raisonnables : abandonné à des charlatans de toute espèce, jamais on n'avait songé à lui donner sur rien des idées justes, des notions précises. Est-il étonnant, après cela, qu'il se laisse entraîner aux plus grossières apparences, qu'il soit la dupe de l'artifice Mais les erreurs de l'ignorance sont plus aisées à détruire que celles de l'intérêt et de l'orgueil ; et voilà pourquoi je crois que le peuple sera guéri de ses fausses opinions sur le commerce des blés, longtemps avant les hommes les plus éclairés qui partagent ses préjugés. »[166]

« Le peuple n'est imbécile que parce qu'on s'est plu longtemps à l'abrutir ; il n'est injuste que parce qu'il a été longtemps le jouet des oppresseurs. D'ailleurs, s'il voit que le gouvernement, compatissant à ses plaintes, est inébranlable à ses menaces ; s'il voit assurer, par des mesures sages et fermes, l'entière exécution des lois ; s'il voit punir les voleurs dont il a protégé le crime, et ces hommes plus coupables qui ont détruit des subsistances en criant qu'ils voulaient s'en procurer, et ces scélérats qui ont profité de ses préjugés pour le rendre coupable ; alors tous ceux qui, dans le peuple, ont des sentiments d'honneur, craindront de partager la honte de ces pillards ; ils rougiront de leur avoir servi d'instrument. »[167]

---

[165] Condorcet, *Idées sur le despotisme à l'usage de ceux qui prononcent ce mot sans l'entendre*, Arago 9, p.162.
[166] Condorcet, *Lettre d'un laboureur de Picardie à M. N.*, Arago 11, p.8.
[167] Condorcet, *Réflexions sur le commerce des blés*, Arago 11, 206.

La liberté de la presse sera aussi une arme efficace pour lutter contre les préjugés et l'ignorance :

« La liberté de la presse, explique Condorcet, est encore un moyen de diminuer l'ignorance et les préjugés du peuple, non en l'instruisant immédiatement, mais en répandant des lumières dans la classe supérieure la plus voisine, et surtout en empêchant les gens intéressés à tromper le peuple, de l'entretenir dans ses préjugés. Il est rare, quand il se soulève, que ce ne soit pas contre ses véritables intérêts ; on en pourrait citer des exemples anciens et récents. La férocité naît de l'ignorance, de la misère, de la dureté des lois criminelles, de l'insolence des classes privilégiées ; et dès lors on voit comment on peut la détruire. »[168]

« Il suffira donc encore pour contenir le peuple, que l'opinion publique soit en faveur de la liberté du commerce, du respect pour la propriété, que le public reconnaisse les avantages qui sont la suite de ce système, et les inconvénients des remèdes que le préjugé populaire demande, et qu'accordait l'ignorance ou la faiblesse. C'est donc l'opinion publique qu'il s'agit surtout de ramener ; et pourquoi en désespérions-nous ? Pourquoi n'en serait-il pas du commerce des blés comme du mouvement de la terre, et la circulation du sang, de l'émétique, de la gravitation universelle, de l'inoculation, etc., etc., sur lesquelles cette opinion a changé, quoiqu'aucun des préjugés contraires n'ait manqué d'apologistes très graves et très éloquents ? »[169]

Toutefois, en matière de liberté de la presse, Condorcet n'ignore pas que certains agitateurs, animés par le ressentiment, puissent en profiter pour se livrer à des attaques contre les personnes. Il dénonce « ce moyen facile d'attirer la haine populaire sur ceux à qui l'on veut nuire ». Il voit là « une arme perfide dont les hypocrites et les factieux se servent avec adresse pour appeler la défiance sur les talents et sur les vertus, rendre incertaines toutes les réputations, détruire l'autorité de la renommée, guide si nécessaire à un peuple encore peu éclairé qui se prépare ou naît à la liberté ».[170]

Enfin, l'alliance de la liberté de la presse et de la liberté des cultes permettra de lutter contre les superstitions qui prospèrent dans le domaine religieux et qui confortent ce que Condorcet appelle « le pouvoir des prêtres ». En effet, selon lui, il existe un despotisme du clergé comme il y a un despotisme de la populace. Ce type de despotisme devient redoutable « quand il se réunit à celui des grands ». Comme le pouvoir des prêtres n'est fondé que sur l'opinion « la liberté absolue du culte et de la presse en est le seul remède [...] Dans les pays où la religion est libre, la division des prêtres

[168] Condorcet, *Idées sur le despotisme*, Arago 9, p.163.
[169] Condorcet, *Réflexions sur le commerce des blés*, Arago 11, p.207.
[170] Condorcet, *Eloge de Franklin*, Arago 3, p., 376.

en plusieurs sectes diminue leur crédit ; et dans ceux où la presse est libre, ce n'est plus des prêtres seuls que la populace reçoit ses opinions ».[171]

Pour Condorcet, l'existence de cette partie du peuple qu'il nomme *populace* est donc la conséquence de mauvaises lois qui entretiennent un système fiscal absurde et tyrannique, d'une jurisprudence compliquée, de l'agiotage des hommes d'argent, sans oublier l'entretien de grandes armées, tout cela financé par le travail du peuple.

Et d'ajouter :

« Ce peuple qui demande du pain n'est pas le peuple laborieux et tranquille qui habite nos campagnes, et qui sait que c'est de son travail et non du gouvernement qu'il doit attendre ses subsistances [...] Le peuple qui crie pour le pain, est la populace des grandes villes ; c'est à elle qu'on propose de sacrifier, et le droit de propriété, premier fondement des sociétés, et l'intérêt de toute la nation. »[172]

Selon lui, les villes sont plus inflammables en termes de violences populaires que les campagnes du fait que les éléments qui constituent la populace vivent plus près les uns des autres :

« Leurs erreurs, explique-t-il, sont plus contagieuses, leurs mouvements se communiquent plus rapidement, et, agitant de plus grandes masses, peuvent avoir des dangers plus réels. La liberté a toujours été plus difficile à établir dans les villes qui renferment un grand nombre d'ouvriers. Il a fallu ou porter atteinte à la leur, en les soumettant à des règlements sévères, ou sacrifier à leurs préjugés, à leurs intérêts, celle du reste des citoyens ; souvent même la réunion de ces deux moyens contraires n'a pu maintenir la paix qui devait être le prix de ces sacrifices. »[173]

Quel remède peut-on appliquer à ce genre de situation, qui aurait pour résultat de faire passer la populace à la dignité de peuple responsable ?

Condorcet le voit dans le développement de l'instruction :

« L'instruction, continue-t-il, ne serait-elle pas un secret plus doux et plus sûr ? L'homme qui passe d'un travail corporel à un désœuvrement absolu est bien plus facile à tromper, à émouvoir, à corrompre ; les erreurs, les craintes chimériques, les absurdes défiances entrent plus aisément dans une tête dépourvue d'idées. Des connaissances acquises dans les écoles publiques, en relevant les ouvriers à leurs propres yeux, en exerçant leur raison, en occupant leurs loisirs, serviront à leur donner des mœurs plus pures, un esprit plus juste, un jugement plus sain. »[174]

Accès à la raison par l'instruction pour détruire les préjugés en économie, abattre les superstitions en religion, renverser les mauvaises lois en

---

171 Condorcet, *Idées sur le despotisme*, Arago 9, p. 154.
172 Condorcet, *Réflexions sur le commerce des blés*, op.cit., p.208.
173 Condorcet, *Quatrième mémoire sur l'instruction relative aux professions*, Arago 7, p.388.
174 Ibid.

politique : cela annonce le vaste projet sur la généralisation de l'instruction publique qu'il présentera en 1792 à la tribune de l'Assemblée législative.

Conclusion : « Dans tout pays qui aura de bonnes lois, le peuple même aura le temps de s'instruire, et d'acquérir le petit nombre d'idées dont il a besoin pour se conduire par la raison. »[175]

[175] Condorcet, *Notes sur Voltaire*, Arago 4, p. 532.

11

Esquisse d'un écosystème favorable à l'innovation

L'un des apports principaux de Condorcet à l'économie politique de son temps, considérée sous son double aspect de science sociale nouvelle en voie de formation et de pratique gouvernementale au service du bien public, réside dans ses nombreuses réflexions sur l'innovation.

Ce constat est reconnu et même proclamé par des économistes d'aujourd'hui.

Ainsi de Jean-Louis Billoret, qui n'hésite pas à écrire que Condorcet est le créateur de la théorie de l'innovation « dont il introduit le vocable en économie ».[176]

Il est vrai que dans l'itinéraire de Condorcet, trois éléments le portent à s'intéresser à l'innovation : son époque, son tempérament, ses responsabilités comme secrétaire perpétuel de l'Académie des sciences.

Son époque d'abord. C'est celle où la France entame, après l'Angleterre, sa grande mutation qui va la mener d'une économie agricole vers un nouveau monde industriel. Les termes de *manufactures,* de *fabriques, d'ouvriers, d'innovations,* apparaissent alors dans ses écrits.

Son tempérament ensuite. Les deux traits principaux de sa personnalité, à savoir son intérêt pour les sciences et sa volonté de servir le bien public, se combinent et se confortent pour l'inciter à soutenir le progrès et les réformes, donc à s'intéresser aux innovations dans le processus de création des richesses.

Ses responsabilités, enfin, à l'Académie royale des sciences. Il y entre en 1769 grâce au soutien de d'Alembert. Il a vingt-six ans. Il en devient le secrétaire perpétuel en 1773. Il a trente ans. A ce poste, il sera l'auteur d'une véritable histoire des sciences et des innovations à travers les nombreux *Eloges* - selon le terme de l'époque - qu'il doit rédiger en l'honneur des membres décédés de cette institution.

Ainsi écrit-il 11 éloges d'académiciens morts entre 1666 (date de la fondation de l'Académie par Colbert) et 1699, puis 61 éloges de ceux décédés entre 1771 et 1791, soit au total 72 biographies plus ou moins développées sur toutes les variétés de savants : mathématiciens, géomètres, physiciens, astronomes, botanistes, médecins, chimistes, naturalistes, etc. A quoi il convient d'ajouter, hors de ce cadre imposé, des éloges qu'il rédige sur des personnalités qu'il admire particulièrement. Citons en deux : d'abord

---

[176] Jean-Louis Billoret, *Condorcet, créateur de la théorie de l'innovation,* dans : Condorcet, mathématicien, économiste, philosophe, homme politique, op.cit., p. 160.

le chancelier Michel de l'Hospital, noble figure de réformateur du seizième siècle, et surtout Benjamin Franklin, grand ami de la France et grand ami personnel de Condorcet.

C'est à la lecture de tous ces éloges que l'on découvre les éléments constitutifs d'une véritable théorie de l'innovation.

Ainsi va-t-on rencontrer, au fil de ces écrits, une *définition* de l'innovation, puis les *conditions* nécessaires à l'apparition, à l'existence, au développement des innovations, puis leur *diffusion* dans l'activité économique soit par imitation, soit par le progrès des connaissances, puis l'examen des *bienfaits* qu'elles entraînent mais aussi des *conflits* qu'elles suscitent à partir de l'installation de machines qui imposent le travail mécanique à la place du travail humain, enfin le rôle prépondérant qu'elles jouent dans le temps long de l'histoire humaine où des innovations capitales comme celle de l'imprimerie ont pu participer à cette marche de l'espèce humaine vers la *perfectibilité*. Pour Condorcet, l'imprimerie est un « art conservateur de la raison humaine ».[177]

Définition, conditions d'apparition, d'existence, de développement, *diffusion, bienfaits*, *conflits, perfectibilité* constituent donc l'architecture d'un véritable écosystème de l'innovation chez Condorcet.

A quoi il faudrait ajouter ce concept de *destruction créatrice* qui sera mis en relief et analysé par Schumpeter plus d'un siècle plus tard mais qui apparaît déjà de manière très claire chez le jeune secrétaire de l'Académie des sciences rédacteur des *Eloges*.

Qu'est-ce que l'innovation pour Condorcet ?

C'est dans son éloge de Benjamin Franklin rédigé en 1790 qu'il en donne la définition la plus brève et la plus lapidaire : « c'est, écrit-il, l'application des sciences aux usages de la vie, à l'économie domestique ».[178]

Il souligne que chez Franklin cette application « était souvent le sujet de ses recherches ; il y trouvait le plaisir de prouver que, même dans les choses les plus communes, la routine et l'ignorance sont de mauvais guides, et que nous sommes bien loin d'avoir épuisé ce que la nature prépare de ressources à ceux qui savent l'interroger. »[179]

Deux éléments fondamentaux relatifs à l'innovation figurent dans cette courte citation.

D'abord, que la vie courante a deux ennemis, deux « mauvais guides » : la routine et l'ignorance. C'est pour lutter contre eux et contre leurs effets négatifs qu'il importe d'innover.

Ensuite, que la nature est un réservoir inépuisable de ressources à la disposition de l'innovateur, mais à une condition : de savoir l'interroger,

---

[177] Condorcet, *Discours de réception à l'Académie française*, Arago 1, p. 393.
[178] Condorcet, *Eloge de Franklin*, Arago 3, op.cit., p.417.
[179] Ibid.

autrement dit de savoir mettre au jour ses secrets par les découvertes scientifiques.

On assiste ici, sous la plume de Condorcet, à l'esquisse de la première alliance - on pourrait presque écrire la Sainte Alliance - de deux personnages qui vont avoir un grand avenir sur la future scène du développement industriel : l'alliance de l'homme qui pense avec l'homme qui agit.

Cela deviendra vite, dans l'histoire économique, l'alliance du savant et du chef d'entreprise.

Condorcet nous oriente ainsi sur un chemin qui mènera à Jean-Baptiste Say. En effet, c'est en 1803, dans la première édition de son *Traité d'économie politique* que Say théorisera cette alliance. Après avoir souligné « que le travail du savant qui fait des expériences et des livres » est productif au même titre que celui de l'entrepreneur ou du manouvrier, Say ajoute :

« L'homme force la nature à travailler de concert avec lui à la création des produits [...] Nous tournons à notre profit toutes les lois du monde physique. Nous sommes presque toujours en communauté de travail avec la nature. »[180]

L'alliance du savant et de l'entrepreneur est donc l'une des premières conditions de la naissance des innovations.

Une telle alliance est la grande accoucheuse de l'innovation.

Ensuite, pour permettre la croissance des innovations il faudra, selon Condorcet, ramener constamment l'esprit scientifique vers la pratique.

C'est dans un autre éloge, celui de Henri-Louis Duhamel Dumonceau (né en 1700 et mort en 1782) moins connu aujourd'hui du grand public que Benjamin Franklin, que Condorcet souligne la nécessité d'une liaison constante, en matière scientifique, entre théorie et pratique, le tout orienté en permanence vers la pratique pour qu'il y ait innovation. Il ne suffit donc pas qu'il y ait rencontre entre l'homme qui pense et l'homme qui agit, il importe que le second rappelle en permanence au premier la nécessité de s'intéresser à la pratique.

Dans cette perspective, M. Duhamel Dumonceau fut à lui seul un modèle puisqu'il a été en même temps et au même degré un scientifique et un praticien.

Sa spécialité était la vie des végétaux. Il était « pensionnaire botaniste » à l'Académie des sciences et fut aussi membre de l'Académie de Marine et de la Société de médecine.

Duhamel va rompre avec une époque où la science servait la grandeur des rois plutôt que le bonheur des peuples :

---

[180] Jean-Baptiste Say, *Traité d'économie politique, ou simple exposition de la manière dont se forment, se distribuent, et se consomment les richesses,* Paris, Crapelet, 1803, tome 1, p., 38-39.

« Depuis la renaissance des Lettres, écrit Condorcet, la plupart des savants, à l'exception des seuls médecins, semblaient ne s'être occupés de l'application des sciences à l'usage commun, qu'autant qu'il le fallait pour prouver qu'elles ne sont pas inutiles ; aussi regardait-on presque tous les savants comme des hommes qui servaient plus à la gloire qu'à l'avantage réel des nations. Ce préjugé s'est dissipé dès que les sciences, rendues plus communes, ont été mieux connues ; et on a dû chercher à les rappeler vers la pratique, lorsque, s'étant enrichies successivement des travaux de plusieurs générations, on a pu faire avec plus de facilité d'heureuses applications des vérités déjà établies, tandis que la découverte de nouvelles vérités devenait de jour en jour plus difficile. M. Duhamel se trouva placé dans cette époque, et il n'hésita point à se consacrer à l'utilité publique, dût-il lui en coûter un peu de sa gloire. »[181]

Ce moment de bascule, si propre au Siècle des Lumières, où l'on va passer de la science comme recherche de la gloire à la science comme instrument du bien public sera aussi, soulignons-le, celui où, en économie politique, on va passer de Colbert à Turgot.

D'un Colbert que Condorcet critiquera pour deux raisons : d'avoir stérilisé les innovations à cause des règlements « ridicules et tyranniques » qu'il a imposés aux manufactures, d'avoir agi plus à la gloire de Louis XIV qu'à l'élévation du peuple :

« Il imagina, écrit Condorcet, d'ériger en lois ce qui n'était que la description des procédés usités dans les meilleures manufactures ; comme s'il n'était pas de la nature des arts de perfectionner sans cesse leurs procédés ; comme si le génie d'invention pouvait attendre, pour agir, la permission du législateur ; comme si les produits des manufactures ne devaient pas changer, suivant les différentes modes de se vêtir, de se meubler [...] On a longtemps appelé ces règlements ridicules et tyranniques, une protection accordée aux arts. »[182]

Cela dit, c'est surtout dans le domaine agricole que Duhamel Dumonceau va incarner ce moment de bascule. Il va passer lui-même de la situation de savant à l'activité de praticien.

Bref, il va basculer de chercheur à innovateur.

« L'agriculture fut l'objet de ses travaux, souligne Condorcet. M. Duhamel soumit à des expériences et à des observations longtemps suivies la manière de préparer les terres destinées à recevoir les grains, et la méthode de les semer ; il s'occupa des moyens de préserver les blés des divers accidents qui s'opposent à leur conservation : il trouva qu'en exposant le grain dans des étuves à une chaleur assez forte pour faire périr les œufs ou les nymphes des insectes qui peuvent y être contenus ; en le privant par cette

---

[181] Condorcet, *Eloge de M.Duhamel*, Arago 2, p., 612.
[182] Condorcet, *Notes sur Voltaire*, Arago 4, p.376.

même opération de son humidité, on le garantissait à la fois des deux fléaux les plus destructeurs, la fermentation et les insectes. Il imagina et fit exécuter une étuve qui, donnant une chaleur graduée et égale dans toute son étendue, réunissait à la certitude entière du succès une économie suffisante dans la dépense. »[183]

Voilà ce que signifie, dans le langage de Condorcet, « rappeler » la science pure vers l'application concrète : autre *condition* de la naissance des innovations.

Par ailleurs, Condorcet considère qu'il est également nécessaire que les leçons tirées de la pratique « remontent » vers le savant donc vers les théories, établissant par là un mouvement d'aller et retour de la théorie à la pratique et de la pratique à la théorie :

« Nous chercherons surtout, prévient-il, à suivre cette marche du génie des sciences, qui tantôt descendant d'une théorie abstraite et profonde à des applications savantes et délicates ; simplifiant ensuite ses moyens, les proportionnant aux besoins, finit par répandre ses bienfaits sur les pratiques les plus vulgaires ; et tantôt réveillé par les besoins de cette même pratique, va chercher dans les spéculations les plus élevées, les ressources que les connaissances communes auraient refusées. »[184]

M. Duhamel retient aussi l'attention de Condorcet en raison d'une qualité supplémentaire : il va participer à la *diffusion* de son innovation.

En effet, son étuve pour la bonne conservation des blés, « unique en France » selon Condorcet, va être « offerte gratuitement à quiconque veut ou essayer cette utile industrie ou en profiter ».[185]

Diffusion de l'innovation aussi, ces aménagements dans les petites fermes dont il est à l'origine :

« Des fermes, souligne Condorcet, dont les plus petits détails renferment une foule de moyens de salubrité, de commodité ou de profit ; moyens qui, suggérés par une physique éclairée, sont, pour les habitants de la campagne, des leçons et des modèles. »[186]

Au demeurant, s'il est un secteur économique où il est impératif que les hommes soient éclairés par l'instruction sur les bienfaits des innovations, c'est bien celui de l'agriculture, où règnent en maîtres les routines, les pratiques établies, les habitudes. Condorcet explique que la force de ces anciens usages réside dans le fait qu'ils rassurent et qu'en conséquence on les suit par sécurité « non parce qu'ils sont les meilleurs, mais parce qu'ils

---

[183] Condorcet, *Eloge de M. Duhamel*, op. cit. p., 616.

[184] Condorcet, *Tableau des progrès de l'esprit humain, IXe époque*, Arago 6, p.217.

[185] Condorcet, *Eloge de M. Duhamel* p.632.

[186] Ibid.

conduisent d'une manière presque sûre à tirer de son exploitation le produit sur lequel on a fait ses arrangements antérieurs ».[187]

De surcroît si, dans les manufactures, les résultats des innovations sont souvent rapides et visibles, soit par la baisse des prix des produits, soit par l'élimination des concurrents, il n'en va pas de même dans l'agriculture où « le terme qu'on peut atteindre est presque toujours, surtout dans les premiers moments, très près de celui dont on est parti ».[188]

Les agriculteurs n'ont donc qu'un faible intérêt à sortir de leur routine.

Et Condorcet d'ajouter :

«Il y a donc peu d'arts qui aient autant besoin de se perfectionner, et qui demandent davantage que la pratique en soit fondée sur des observations suivies et sur des expériences bien faites [....] Un homme peu éclairé, incapable de distinguer une vérité prouvée par l'expérience, d'une rêverie annoncée avec une audacieuse importance, doit regarder toute innovation comme un véritable jeu de hasard, dans lequel il ne veut risquer ni sa subsistance ni même une partie de sa fortune. Cette prudence n'est donc point de la stupidité [...] Le défaut d'instruction est donc la véritable cause du peu de progrès de l'agriculture. »[189]

Par ailleurs, il en va des fermes comme des manufactures. Condorcet observe que toutes celles qui ne sont dirigées que par des hommes « à peine au-dessus du besoin » restent dans la médiocrité.

C'est qu'il faut aussi des capitaux pour innover.

« Il n'y a point d'innovations, proclame Condorcet, sans avances, sans risques ».

Et de poursuivre :

« L'agriculture ne peut donc se perfectionner que lorsque des propriétaires riches, devenus cultivateurs, s'occuperont des progrès de l'art par curiosité, par intérêt, par ce sentiment naturel qui attache l'homme à l'objet de ses travaux, et qu'ils consacreront une partie de leur superflu et de leur loisir à tenter des expériences, à essayer des méthodes. Il faut ensuite que l'exemple de ces propriétaires, la vue de leur succès, les encouragements qu'ils peuvent donner, répandent de proche en proche ces nouveautés utiles. »[190]

Cela s'appelle diffuser l'innovation par *l'exemple* et par *l'imitation*.

Ces propriétaires riches, qui vont faire appel à la science pour tenter des expériences et essayer des nouvelles méthodes, parce qu'ils sont en situation financière de pouvoir supporter les premiers coûts ainsi que les risques des innovations, sont déjà la préfiguration de l'entrepreneur d'industrie de Jean-

---

[187] Condorcet, *Quatrième mémoire sur l'instruction relative aux professions, op.cit.*, Arago 7, p.332.

[188] Ibid., p.333.

[189] Ibid.

[190] Ibid., p.616.

Baptiste Say. Mais si Condorcet emploie le mot *innovation* dans le sens que nous lui donnons aujourd'hui, en revanche on ne trouve pas sous sa plume le terme *d'entrepreneur* au sens moderne. Et pourtant, avant lui, Richard Cantillon et Turgot avaient tous deux employé cette expression.

Pour Cantillon, dans son *Essai sur la nature du commerce en général*, rédigé en 1730, la caractéristique principale de l'entrepreneur, en économie, était d'être un gestionnaire d'incertitudes puisqu'il travaillait à coûts certains (ses frais de production) mais à revenu incertain (la vente aléatoire de ses produits sur le marché).

Pour Turgot, dans ses *Réflexions sur la formation et la distribution des richesses*, écrites en 1766, il y avait trois types d'entrepreneurs :

- L'entrepreneur de culture ;
- L'entrepreneur de fabrique ou de manufacture ;
- L'entrepreneur de commerce.

La différence avec Condorcet s'explique en ceci : si Cantillon et Turgot placent les acteurs du développement économique sur la scène de la production des richesses, Condorcet place en revanche son acteur sur la scène des découvertes scientifiques.

Le premier maillon, chez Condorcet, c'est le savant-innovateur.

C'est lui, par ses découvertes, qui procure les occasions de bousculer les habitudes et les routines.

C'est lui qui sera le véritable auteur de cette *destruction créatrice* au sens de Schumpeter. En effet, une innovation peut donner à une manufacture un gain de productivité tel qu'elle se trouve alors en situation d'éliminer ses concurrentes :

«Si une manufacture, assure Condorcet, acquiert un degré de perfection de manière à pouvoir donner des choses d'un service égal à un plus bas prix, ou d'un service meilleur à un prix égal, elle détruit les autres manufactures qui ne peuvent soutenir sa concurrence, parce qu'elle-même peut étendre son travail presque indéfiniment. »[191]

Autrement dit, il y aura rupture de l'équilibre de l'économie existante en faveur d'un nouvel équilibre plus performant. Ce qui correspond bien à cette « destruction créatrice » dont Schumpeter, plus tard, établira la théorie.

Mais l'innovation, précisément en raison des bouleversements qu'elle introduit dans l'économie, peut aussi créer des conflits, voire susciter des violences, au point que l'innovateur pourra être poursuivi à coups de pierres par ceux à qui il aura voulu rendre service.

C'est ce qui était arrivé à Vaucanson.

---

[191] Ibid., p.333.

Né en 1709, mort en 1782, Jacques de Vaucanson est surtout connu, même des enfants, pour la perfection de ses automates, qu'il construisit très jeune car c'était un mécanicien de génie.

Il entra d'ailleurs à l'Académie des sciences comme pensionnaire mécanicien :

« Son goût pour la mécanique, écrit Condorcet, se déclara dès sa plus tendre enfance, et, ce qui est peut-être sans exemple, son talent fut aussi précoce que son goût. »[192]

Selon Condorcet, l'innovation chez un mécanicien se manifeste surtout de deux manières :

« Un mécanicien, explique-t-il, est celui qui tantôt applique aux machines un moteur nouveau, tantôt leur fait exécuter des opérations qu'on était obligé, avant lui, de confier à l'intelligence des hommes, ou sait obtenir d'une machine des produits plus abondants et plus parfaits. »[193]

Le gouvernement de l'époque confia à Vaucanson l'inspection des manufactures de soie, branche importante du commerce. Sa réputation de novateur et de réorganisateur d'entreprises l'avait précédé et c'est précisément à cause de cette réputation qu'il fut poursuivi à coups de pierres par des ouvriers qui avaient ouï dire « qu'il cherchait à simplifier les métiers » :

« Quiconque, constate Condorcet, veut apporter aux hommes des lumières nouvelles doit s'attendre à être persécuté ; et les obstacles de toute espèce qui s'opposent à toute innovation utile, tirent leur principales force des préjugés de ceux même à qui l'on veut faire du bien. »[194]

Pour lutter contre de tels préjugés qui se manifestent partout, et surtout en économie dans le domaine des innovations qui visent à lutter contre des routines et des habitudes, Condorcet plaidera inlassablement pour une instruction publique à la fois générale et professionnelle dans tous les secteurs, ouverte à toute la population, c'est-à-dire destinée à tous les sexes et à tous les âges, même aux adultes sous forme de conférences régulières faites par les instituteurs, et cela pour faire comprendre à tous que « la plus sévère économie des forces et de l'industrie des hommes est à la fois, et un excellent principe dans tous les arts, et une des maximes les plus certaines d'une politique éclairée ».[195]

Au titre d'une démarche éclairée, Condorcet plaide aussi en faveur de ce qu'on pourrait appeler une politique d'innovations sans frontière. Dans son esprit, les innovations ne doivent pas servir l'égoïsme d'une nation en la

---

[192] Condorcet, *Eloge de M. de Vaucanson*, Arago 2, p.644.
[193] Ibid., p.649.
[194] Ibid., p.654.
[195] Ibid. .

refermant sur elle-même dans un protectionnisme jaloux mais au contraire servir l'humanité tout entière.

C'était la détermination de ce grand administrateur que fut Jean-Charles-Philibert Trudaine (1733-1777).

« Sous lui, écrit Condorcet, nos manufactures se corrigèrent ; on ravit à l'industrie étrangère la plupart de ses secrets ; une foule de découvertes ajoutèrent à la perfection de nos arts : mais en cherchant à connaître les secrets des autres nations, il ne cherchait pas à leur cacher ceux de nos manufactures ; ces idées mercantiles, qui font regarder l'industrie étrangère comme ennemie, et supposer qu'il existe dans les arts et dans le commerce un intérêt national séparé de l'intérêt général de l'humanité ; ces idées étaient trop éloignées des principes de M. Trudaine, et surtout de son caractère. Il était convaincu que les hommes de tous les pays n'ont qu'un même intérêt, celui que toutes les terres produisent le plus qu'il est possible, et que chez toutes les nations, les arts soient au plus haut degré de perfection, puisque le véritable intérêt de tous les hommes est d'avoir, avec le plus d'abondance, des denrées meilleures et des marchandises plus perfectionnées. »[196]

Quand on analyse les nombreux écrits de Condorcet sur l'innovation, dispersés dans toute son œuvre, on distingue dans ce vaste univers trois mondes, qui se différencient par la nature des connaissances qui les caractérisent :

- Le monde des connaissances scientifiques. C'est celui des vérités conceptuelles de haut niveau, celui des savants. Condorcet le connaît bien en raison de sa fonction de secrétaire perpétuel de l'Académie des sciences et de sa propre formation de mathématicien et de scientifique.

- Le monde des connaissances techniques. C'est le domaine de l'application et de l'incarnation des découvertes scientifiques sous la forme d'inventions ou d'innovations. On dirait aujourd'hui que c'est le monde des connaissances de l'ingénieur, autrement dit des applications pratiques. Condorcet connaît bien également ce monde à travers les éloges qu'il rédige de certains ingénieurs comme Vaucanson.

- Enfin le monde de la connaissance des besoins d'une société marchant vers la Modernité et attentive aux progrès agricoles, industriels ou domestiques. En théorie économique, on pourrait écrire que cela consiste à identifier la demande et les marchés futurs où les produits des innovations pourront se déployer. Condorcet connaît aussi ce monde-là en raison de son intérêt pour l'économie politique et de ses responsabilités concrètes au cabinet de Turgot.

---

[196] Condorcet, *Eloge de M. Trudaine*, Arago 2, p.222.

Trois mondes qui communiquent par la voie des connaissances et où celles-ci font des allers et retours à travers ces trois mondes pour descendre de la théorie à la pratique et remonter de la pratique à la théorie.

Ajoutons ici une précision importante : il n'y a pas que les propriétaires fonciers riches devenus cultivateurs qui sont des vecteurs d'innovations. Les personnes riches dans d'autres secteurs d'activité jouent le même rôle. Condorcet qui, dans sa jeunesse, avait été très critique et très sévère à l'endroit de ceux qui aiment et pratiquent le luxe, modifiera par la suite cette attitude rigide pour reconnaître que la recherche du luxe pourra être, elle aussi, favorable à l'innovation en supportant ses premiers coûts :

« Il importe peu au bonheur commun, écrit-il, que quelques hommes doivent à leur fortune des jouissances recherchées, si tous peuvent satisfaire leurs besoins avec facilité, et réunir dans leur habitation, dans leur habillement, dans leur nourriture, dans toutes les habitudes de leur vie, la salubrité, la propreté, et même la commodité ou l'agrément. Or, le seul moyen d'atteindre à ce but est de porter une sorte de perfection dans les productions des arts, même les plus communs. Alors un plus grand degré de beauté, d'élégance ou de délicatesse dans celles qui ne sont destinées qu'au petit nombre des riches, loin d'être un mal pour ceux qui n'en jouissent pas, contribue même à leur avantage en favorisant les progrès de l'industrie animée par l'émulation. »[197]

Pour Condorcet, une démarche d'innovation ne doit pas rester figée au niveau de la seule production des richesses, même si c'est l'une de ses fonctions premières. Elle doit être fécondée par la recherche scientifique, étayée par l'instruction publique, dégagée des règlements, encouragée par les libertés, pratiquée par les riches, protégée par l'opinion, ouverte au vent vivifiant des échanges avec l'extérieur, élevée, enfin, au rang de philosophie du développement.

Ce sont là les éléments constitutifs d'un véritable écosystème.

C'est d'ailleurs pour couronner un tel écosystème que Condorcet, dès qu'il avait été élu secrétaire perpétuel de l'Académie royale des sciences, avait conçu le vaste projet de fédérer autour de cette institution centrale toutes les Académies de province en vue de mobiliser toutes les forces, toutes les expériences locales, tous les savoirs et toutes les bonnes volontés au service d'un développement scientifique orienté dans le sens du bien public.

Idée séduisante mais prématurée.

Cette vision d'une sorte de CNRS avant le mot et avant l'heure fut repoussée par certaines Académies de province jalouses à l'excès de leur indépendance.

---

[197] Condorcet, *Premier mémoire sur l'instruction publique*, Arago 7, p.176.

Deuxième partie

LE NEWTON DES SCIENCES SOCIALES

12

Machinisme et division du travail : convergences et divergences entre Condorcet et Adam Smith

Il y a des événements d'un très lointain passé dont les vibrations nous parviennent encore aujourd'hui avec une vive intensité.

Ainsi en est-il de deux grands débats qui ont agité le XVIIIe siècle et les siècles suivants jusqu'à nos jours et auxquels Condorcet a participé : celui sur les machines, suite logique de la division du travail qui caractérise à son époque la naissance et le développement des manufactures, celui sur les inégalités sociales, suite logique de la vaste controverse sur les lois somptuaires, ce dernier débat étant resté dans l'histoire économique sous le nom plus populaire de *querelle du luxe*.

C'est Adam Smith, dans son livre célèbre sur la *Richesse des nations*, publié à Londres en 1776, qui inaugure ce que l'on appellera plus tard la question du machinisme.

Dans l'histoire des doctrines économiques, Adam Smith présente cette singularité d'être deux fois père : il est à l'origine d'une économie politique qui entend se constituer en discipline autonome parmi les sciences sociales de son temps et il est, à l'intérieur de cette économie, l'un des premiers théoriciens de la division du travail dont il fait à la fois l'éloge (au début de son ouvrage) et la critique (à la fin).

Condorcet a été un lecteur attentif d'Adam Smith.

Il l'a lu et médité la plume à la main, au point d'avoir caressé l'ambition de rédiger un ouvrage entier de notes sur la *Richesse des nations*, « l'un des ouvrages, écrira-t-il, les plus profonds et les plus utiles que ce siècle ait produits ». [198]

Selon lui, un tel ouvrage « est malheureusement encore trop peu connu en Europe pour le bonheur des peuples. » [199]

Ambition qui sera annoncée à plusieurs reprises mais qui ne verra jamais le jour.

Ce vif intérêt que porte Condorcet à Adam Smith ne doit pas surprendre.

En 1776, quand paraît à Londres sa *Richesse des nations*, Adam Smith est connu depuis longtemps en France, au moins depuis une décennie, c'est-à-dire depuis ce grand voyage de deux ans et dix mois qu'il a effectué dans

[198] Condorcet, *Notes sur Voltaire*, Arago 4, p.560. Rappelons que le titre exact de l'ouvrage d'Adam Smith est : *Recherches sur la nature et les causes de la richesse des nations.*

[199] Condorcet, *Vie de M. Turgot*, Arago 5, p.45.

notre pays de janvier 1764 à novembre 1766. A l'époque il séjourne d'abord à Toulouse, puis visite le Languedoc, gagne ensuite Genève où il rencontre Voltaire, enfin arrive à Paris où il reste de Noël 1765 à octobre 1766.

Durant ces dix mois de présence dans la capitale française il fréquente, grâce aux recommandations de son ami David Hume, les salons d'Helvétius et de Julie de Lespinasse et mène de profitables entretiens avec Quesnay et les économistes français « ce petit nombre d'hommes d'un grand savoir et d'un talent distingué ».[200]

Plus tard, il jugera le *Tableau économique* de Quesnay comme « la grande découverte qui fait la gloire de notre siècle, et dont la postérité recueillera les fruits ».[201]

Surtout, il passe de longs moments avec Turgot.

A cette époque, Turgot a achevé la rédaction de son œuvre majeure : ses *Réflexions sur la formation et la distribution des richesses* qui paraîtra en 1766 et dont Condorcet dira plus tard qu'elle constitue « le germe » de l'ouvrage de Smith.[202]

C'est dire que du sang français coulera dans les veines de la *Richesse des nations.*

Précision importante : lors de ce séjour en France Adam Smith est très connu et très renommé comme philosophe mais pas encore comme économiste puisque sa *Richesse des nations* ne paraîtra que dix ans après son retour en Angleterre. Comme philosophe, il est l'auteur d'une *Théorie des sentiments moraux*, ouvrage qui a paru en 1759, qui a eu un grand succès et qui l'a fait connaître en Europe. C'est donc un éminent représentant des Lumières écossaises qui est venu à Paris rencontrer philosophes, encyclopédistes, économistes, qui incarnent tous, à des degrés divers, les Lumières françaises.

Veut-on un exemple très précis de la convergence, en économie politique, de la pensée de Condorcet avec celle d'Adam Smith ? Voici :

Il s'agit d'un extrait de l'éloge de Vaucanson où Condorcet, s'éloignant de la primauté de l'agriculture chère aux Physiocrates, s'intéresse au développement de ce nouvel acteur de la vie économique qu'il nomme *les grandes fabriques.*

« M. de Vaucanson, écrit-il, croyait que le tirage de la soie ne pouvait se bien faire que dans de grandes fabriques ; cette opinion a été souvent combattue, même par des écrivains estimables ; mais, en général, tout ce qui dans les arts approche de la perfection, tout ce qui peut être donné à bas prix, ne s'exécute que dans les fabriques en grand, parce que c'est là seulement qu'on peut réunir tout ce qui est nécessaire pour la perfection et pour

---

200 Adam Smith, *La Richesse des nations*, Paris, 1991, GF-Flammarion, volume 2, p.281.
201 Ibid. p.300.
202 Condorcet, *Vie de M. Turgot*, op.cit. p.45.

l'économie, le choix des matières, la bonté des instruments, l'usage des machines, l'intelligence dans ceux qui président aux travaux, l'épargne dans l'emploi des forces motrices, des combustibles, des ingrédients nécessaires pour la préparation, enfin la distribution du travail, qui, fixant chaque ouvrier à une simple opération qu'il répète constamment, le met en état de faire mieux en moins de temps. »[203]

Cette distribution du travail, qui fixe chaque ouvrier à une seule opération, et que l'on appellera plus tard le travail à la chaîne, ou encore la parcellisation des tâches, annonce l'organisation interne de la fameuse fabrique d'épingles décrite par Adam Smith dans les premières pages de sa *Richesse des nations* où cet important travail de réaliser une épingle « est divisé en dix-huit opérations distinctes, lesquelles, dans certaines fabriques, sont remplies par autant de mains différentes. » Conséquence : avec une telle division du travail chaque ouvrier fabrique dans sa journée 4.800 épingles alors qu'autrement il n'eût pas fait 20 épingles dans le même temps.[204]

Et Adam Smith de souligner :

« Cette grande multiplication dans les produits de tous les différents arts et métiers, résultant de la *division du travail*, est ce qui, dans une société bien gouvernée, donne lieu à cette opulence générale qui se répand jusque dans les dernières classes du peuple. »[205]

Selon lui, cette augmentation dans le volume d'ouvrage qu'un même nombre d'ouvriers peut fournir, en raison de cette division du travail, est due à trois circonstances :

- D'abord à un accroissement d'habileté chez chaque ouvrier pris individuellement ;
- Ensuite à l'épargne du temps qui se perd d'ordinaire quand on passe d'un type d'ouvrage à un autre ;
- Enfin à l'invention d'un grand nombre de machines qui facilitent et abrègent le travail et qui permettent à un homme de remplir la tâche de plusieurs.[206]

Cette nouvelle organisation du travail au sein des manufactures industrielles va donner naissance à ce qu'Adam Smith nomme « une société civilisée et avancée en industrie ».

Deux classes bien distinctes vont se former au sein de cette société nouvelle qui sera ainsi très différente de l'ancienne société agricole : d'un côté *les gens du peuple*, classe la plus nombreuse assujettie au travail répétitif, de l'autre côté *les gens bien nés et ayant de l'aisance.*

Et c'est ici qu'apparaît le côté négatif de cette nouvelle société :

---

[203] Condorcet, *Eloge de M. de Vaucanson*, op.cit., p.653.
[204] Adam Smith, *La Richesse des nations*, op.cit., volume 1, p.72.
[205] Ibid., p.77.
[206] Ibid., p.74.

« Dans les progrès que fait l'organisation du travail, explique Adam Smith, l'occupation de la très majeure partie de ceux qui vivent de travail, c'est-à-dire de la masse du peuple, se borne à un très petit nombre d'opérations simples, très souvent à une ou deux. Or, l'intelligence de la plupart des hommes se forme nécessairement par leurs occupations ordinaires. Un homme dont toute la vie se passe à remplir un petit nombre d'opérations simples, dont les effets sont aussi peut-être toujours les mêmes ou très approchant les mêmes, n'a pas lieu de développer son intelligence ni d'exercer son imagination à chercher des expédients pour écarter des difficultés qui ne se rencontrent jamais ; il perd donc naturellement l'habitude de déployer ou exercer ces facultés, et devient en général aussi stupide et aussi ignorant qu'il soit possible à une créature humaine de le devenir. »[207]

Quant à Condorcet, c'est en 1788, donc douze ans après la parution de la *Richesse des nations*, qu'il examine avec attention les perspectives préoccupantes que présente cette nouvelle question sociale qu'est la division du travail. Il le fait dans son *Essai sur la constitution et les fonctions des Assemblées provinciales*, l'un de ses écrits politiques parmi les plus importants, dans un chapitre où il étudie les diverses causes de pauvreté.

Il en identifie de nombreuses.

Pour lui, ces diverses et nombreuses causes de pauvreté ont une origine et une seule : les mauvaises lois, source de mauvaises institutions et de mauvaises pratiques.

Mais voilà que surgit dans ce paysage social une exception, à savoir une cause de pauvreté dont l'origine se trouve ailleurs que dans les mauvaises lois et les mauvaises institutions :

« De toutes les causes de la pauvreté, constate-il, je n'en connais qu'une seule qui ne tienne pas à de mauvaises institutions, et qui soit au contraire l'effet du perfectionnement de l'industrie. »[208]

Cette cause est évidemment la division du travail.

Cette exception peut s'illustrer sous forme d'un paradoxe s'exprimant ainsi : avec de mauvaises lois le mal – la pauvreté – vient d'un mal – les mauvaises institutions – alors que sous le règne de la division du travail le mal – l'assujettissement aux machines – risque de provenir d'un bien, à savoir le progrès industriel, autrement dit le perfectionnement de la production et l'abaissement de ses coûts grâce au machinisme et à la parcellisation du travail.

Le monde futur qui sera régi par la division du travail étant un monde encore largement inconnu, Condorcet s'interroge sur ses principales caractéristiques.

---

[207] Ibid., volume 2, p.406.

[208] Condorcet, *Essai sur la constitution et les fonctions des Assemblées provinciales*, Arago 8, p.458.

Il commence d'abord par un constat : il admet que l'invention d'une machine « nuit à la subsistance des hommes qui y suppléaient », qu'un changement dans les procédés d'une industrie, qu'une variation dans le goût et les habitudes « suffit pour priver de travail les ouvriers qui ne savent faire qu'une chose, ou même une certaine partie d'une seule chose ». [209]

Mais, demande-il, est-il bien vrai que l'invention des machines et la division plus grande des travaux sera une cause continuelle de pauvreté ? Il ne le croit pas :

« L'établissement de ces machines, explique-t-il longuement, n'est jamais assez rapide pour que l'industrie laborieuse n'ait pas le temps de chercher d'autres ressources, et elle en trouvera si elle est libre, si le commerce est débarrassé de toutes ses chaînes. L'invention d'une machine rend-elle moins chères certaines productions des arts ? Il y a dès lors plus d'argent à employer pour des objets nouveaux : ce que l'on épargne sur un genre de consommation se reporte vers d'autres jouissances. Il se trouve des bras qui ont besoin d'un nouveau travail, mais en même temps il reste en réserve de quoi payer leur salaire. Il faut sans doute un peu de temps pour rétablir l'équilibre, temps d'autant plus court qu'il y aura plus de liberté : ainsi chaque révolution de ce genre sera toujours une cause de pauvreté, mais cette cause n'agira que passagèrement ; elle cessera lorsqu'il n'y aura plus à inventer de machines qui abrègent le travail d'une manière si prodigieuse, lorsqu'il ne pourra plus être question que de les perfectionner, lorsque l'usage de machines, déjà inventées en grand nombre, s'étendant sur la plupart des travaux, chacun occupera beaucoup moins de bras, et qu'ainsi une simplification, même égale, ne pourra plus avoir qu'un effet beaucoup moindre. »[210]

Bref, pour Condorcet, le machinisme va entraîner la simplification des procédés industriels et une telle simplification, en se généralisant à toutes les branches de la production, facilitera la reconversion des salariés par leur passage aisé d'une industrie à une autre.

« D'où résulte cette vérité consolante, affirme-t-il, que ces causes passagères de misère pour le peuple, nées de perfectionnements des arts, deviendront moins sensibles à mesure que les progrès des arts seront plus grands. »[211]

En clair, un surcroît de machines donnera, à terme, un surcroît d'emplois.

Condorcet porte donc un jugement optimiste sur les conséquences économiques de ces deux composantes de la future révolution industrielle à savoir l'irruption des machines et l'extrême simplification des procédés techniques.

---

[209] Ibid., p.459

[210] Ibid.

[211] Ibid.

Mais qu'en est-il des conséquences humaines, autrement dit des conséquences sur les facultés intellectuelles de l'ouvrier ?

« Je sais, concède Condorcet, qu'il reste une grande objection à résoudre ; ces routines des arts font contracter aux hommes une sorte de stupidité, resserrent leurs idées dans un cercle tellement étroit, que, convertis eux-mêmes en machines, pour ainsi dire, ils deviennent incapables de toute autre chose que d'exécuter certains mouvements. Une opération presque semblable, qui emploie les mêmes membres, à peu près de la même manière, est nouvelle pour eux ; ils auraient de la peine à l'exécuter, et cette stupidité peut les priver de toute ressource. »[212]

Condorcet retrouve donc Adam Smith qui, lui aussi, pour qualifier les effets négatifs sur l'intelligence de la division du travail avait souligné que celle-ci rendait l'homme stupide et ignorant.

Ni Adam Smith ni Condorcet ne pouvaient rester indifférents devant ce séisme qu'aurait été l'effondrement de l'intelligence d'une grande partie de la population en raison d'une nouvelle organisation du travail qui apparaissait, dès ses débuts, comme inéluctable. Alors, comment mettre la future classe ouvrière à l'abri du risque de *stupidité* ? Ils vont répondre tous les deux de la même façon, c'est-à-dire par le développement de l'instruction publique, mais avec un considérable écart entre leurs propositions.

Adam Smith se contente d'évoquer cette obligation en quelques lignes :

« Quand même l'Etat, écrit-il, n'aurait aucun avantage positif à retirer de l'instruction des classes inférieures du peuple, il n'en serait pas moins digne de ses soins qu'elles ne fussent pas totalement dénuées d'instruction. »[213]

Au contraire Condorcet présente un vaste programme d'instruction publique ouvert à tous – hommes et femmes – et organisé par degrés depuis la plus tendre enfance jusqu'à l'âge adulte.

« Nous avons déjà dit, répète-t-il, que la division des travaux était une source de stupidité pour les pauvres : or cette cause agissant d'autant plus que la société se perfectionne, et que les autres classes s'éclairent, il faut recourir au seul remède efficace, celui d'établir une véritable instruction publique ; alors ce progrès dans les arts, qui, sans l'instruction, eût été un obstacle au perfectionnement de l'espèce, ne sera plus qu'un bien. »[214]

C'est dire qu'à l'opposé d'Adam Smith Condorcet ne se contente pas d'évoquer en passant le recours à l'instruction publique. Il voit grand et proclame :

« Il n'a encore existé chez aucun peuple une éducation publique digne de ce nom, c'est-à-dire, une éducation où tous les individus puissent se former, dans leurs premières années, des idées justes de leurs droits et de leurs devoirs ; apprendre les principales dispositions des lois de leur pays ;

---

212 Ibid., p.460.

213 Adam Smith, *Richesse des nations*, op.cit., volume 2, p.412.

214 Condorcet, *Assemblées provinciales*, op. cit., p.476.

acquérir enfin les connaissances élémentaires nécessaires pour la conduite de la vie commune. Une telle éducation aurait encore l'avantage d'offrir les moyens de reconnaître, parmi tous ces mêmes individus, ceux qui annoncent une grande facilité ou des talents marqués, afin de pouvoir cultiver ensuite ces talents et les diriger vers l'utilité publique ; donner à tous les hommes l'instruction qui leur est nécessaire ; faire en sorte qu'aucun talent préparé par la nature ne reste inutile et méconnu faute d'instruction : tel serait le double but d'une éducation vraiment publique, vraiment nationale. »[215]

Et à la base de son système d'instruction – ce que nous appelons de nos jours l'enseignement primaire – il ajoute à la trilogie bien connue - lire, écrire, compter - d'une part une géométrie suffisante pour toiser et pour arpenter et, d'autre part, « les principes élémentaires de mécanique, qui rendent capable d'entendre la manière d'agir et les usages des machines simples ».[216]

Pour Condorcet il importe donc que l'instruction publique, élevée par lui au rang éminent d'institution, combatte les inégalités que produit la dépendance. Pour ce qui est de la division du travail, l'inégalité d'instruction conduit l'ouvrier à être dépendant de la machine.

Et d'affirmer :

« Il ne faut pas croire que les classes riches puissent continuer longtemps de s'éclairer, si les classes pauvres restent condamnées à une éternelle stupidité. C'est quand elles se répandent et non en se concentrant, que les lumières peuvent s'augmenter : plus elles sont resserrées dans un petit nombre d'individus, plus il est à craindre que l'erreur et la fausse science ne viennent en ternir l'éclat. »[217]

Et à l'objection de certains qui prétendent qu'instruire le peuple risque de le détourner des métiers pénibles et peu lucratifs, il réplique :

« Cette observation fût-elle fondée, l'employer pour refuser au peuple l'instruction, serait un outrage au genre humain. Quel droit auraient donc les hommes puissants ou éclairés de condamner une autre classe d'hommes à l'ignorance, afin qu'elle travaillât pour eux sans relâche ? » [218]

Le système d'éducation qu'il propose est un moyen « de hâter dans tous les sens le perfectionnement de l'espèce humaine ».[219]

Dans tous les sens cela signifie dans le sens, aussi, d'une bonne compréhension des phénomènes de la vie économique.

Ce premier grand écrit de Condorcet sur l'instruction publique est capital dans la mesure où il établit pour la première fois dans l'histoire économique et de manière aussi nette et aussi ample, un lien extrêmement fort entre

---

[215] Condorcet, *Assemblées provinciales*, op.cit., Arago 8, p.471.
[216] Ibid., p.472.
[217] Ibid., p.477.
[218] Ibid., p.480.
[219] Ibid.

économie et instruction, entre développement industriel et éducation du peuple, deux impératifs reliés par un lien de nécessité. En effet, seule cette alliance pourra permettre l'essor de la production de masse tout en évitant à la classe salariée de sombrer dans une double dépendance d'abord à l'égard de la machine, ensuite à l'égard de cette classe supérieure composée, selon les propres termes d'Adam Smith, de *gens bien nés et ayant de l'aisance.*

De surcroît, conjurer le danger de « stupidité » qui risque de frapper une partie de la population c'est aussi lutter contre le développement des inégalités.

Soulignons que ce premier grand écrit sur l'instruction, datant de 1788, fait partie d'un vaste ensemble qui en comportera sept autres :

- Ses *Cinq mémoires sur l'instruction publique* qui paraîtront en 1791 dans un périodique intitulé *Bibliothèque de l'homme public* ;
- Son *Rapport* et son *Projet de décret* sur l'organisation générale de l'instruction publique qu'il présentera les 20 et 21 avril 1792 à la tribune de l'Assemblée législative.

Et ce n'est sans doute pas un hasard si le quatrième de ses *Cinq mémoires* concerne l'instruction relative aux professions. Dans ce texte, il développe l'idée que l'amélioration de la situation des pauvres est liée aux progrès techniques et que dans un pays où ces progrès existent le pauvre est mieux logé, mieux chaussé, mieux vêtu que dans les nations où de telles avancées sont encore dans l'enfance :

« C'est précisément, ajoute-t-il, une augmentation toujours progressive de jouissances pour les pauvres que l'on doit attendre de ce progrès général des arts mécaniques, résultat nécessaire d'une instruction bien combinée. Elle aura de plus l'avantage d'établir une égalité plus grande entre les hommes qui pratiquent les arts ; elle rapprochera les enfants de l'artisan pauvre de ceux de l'ouvrier plus riche qui peut consacrer quelques fonds à les perfectionner dans leur métier ; et sous ce point de vue, c'est un des meilleurs moyens de diminuer dans un pays l'existence de cette classe d'hommes que le malheur dévoue à la corruption, auxquels la justice oblige de conserver des droits qu'ils sont trop peu dignes d'exercer, et qui mettent un si grand obstacle au perfectionnement des institutions sociales. »[220]

---

[220] Condorcet, *Quatrième mémoire sur l'instruction relative aux professions*, Arago 7, p.380.

13

Egalité et inégalités : Condorcet dans la querelle du luxe

Lutter contre les inégalités en dénonçant le luxe, c'est aussi le thème qui, à la même époque, mobilise de nombreux intellectuels, avec cette différence que les économistes enregistrent dans ce débat la participation des moralistes, des philosophes et des encyclopédistes.

Faut-il le rappeler ? Depuis la plus haute Antiquité jusqu'au XVIIIe siècle les affrontements autour du luxe avaient été récurrents. Le luxe était-il du domaine de l'économie ou de celui de la morale ? Etait-il créateur d'emplois ? Etait-il propice à la circulation des richesses en-deçà et au-delà des frontières ? Ces discussions se teintaient de termes empruntés à la philosophie morale comme *frugalité* ou *superfluité*. On dénonçait la *magnificence* non seulement des classes riches mais encore de certains monuments publics.

Deux amis de Condorcet, disons mieux, deux de ses maîtres, d'Alembert et Voltaire, vont se diviser pour se retrouver aux extrêmes opposés dans cette querelle.

Chez d'Alembert, c'est une dénonciation sans appel. Il va même, dans ses *Eléments de philosophie*, jusqu'à qualifier le luxe de crime contre l'humanité :

« Le luxe, écrit-il, est un crime contre l'humanité, toutes les fois qu'un seul membre de la société souffre et qu'on ne l'ignore pas. Qu'on juge de là combien peu il y a d'occasions et de gouvernements où le luxe soit permis, et qu'on tremble de s'y laisser entraîner, si on a quelque reste d'humanité et de justice. Nous ne parlons ici que des maux civils du luxe, de ceux qu'il peut produire dans la société ; que sera-ce si on y joint les maux purement personnels, les vices qu'il produit ou qu'il nourrit dans ceux qui s'y livrent, en énervant leur âme, leur esprit et leur corps ? Aussi plus l'amour de la patrie, le zèle pour sa défense, l'esprit de grandeur et de liberté sont en honneur dans une nation, plus le luxe y est proscrit ou méprisé ; il est le fléau des républiques, et l'instrument du despotisme des tyrans. »[221]

A l'opposé Voltaire, dans sa pièce en vers intitulée *Le Mondain,* proclame qu'il aime le luxe :

« J'aime le luxe, et même la mollesse,
Tous les plaisirs, les arts de toute espèce,
La propreté, le goût, les ornements :

[221] *Œuvres de d'Alembert*, tome premier, 1ère partie, Paris, Belin, p.215.

Tout honnête homme a de tels sentiments. »

Et voltaire restera comme le symbole de la défense du luxe quand, dans le même texte, il célèbrera *Le superflu, chose très nécessaire.*

Plus tard, il reviendra sur le sujet dans son *Dictionnaire philosophique* et en appellera à l'histoire de l'humanité :

« On a déclamé contre le luxe depuis deux mille ans en vers et en prose, constatera-t-il, et on l'a toujours aimé [...] Les déclamateurs voudraient-ils qu'on enfouit les richesses qu'on aurait amassées par le sort des armes, par l'agriculture, par le commerce et par l'industrie ? »[222]

Pour ce qui est de Condorcet qui, en 1776, dans sa querelle avec Necker, avait été de façon véhémente contre le luxe, c'est précisément dans ses *notes sur Voltaire* et dans ses *avertissements* aux diverses œuvres du grand philosophe qu'il va livrer ses positions définitives et plus tempérées sur le luxe et sur les inégalités qu'il révèle.

Il le fait dans quatre rubriques : *Le Mondain, Etat, Lois somptuaires* et *Luxe.* [223]

Il annonce qu'il va répondre à deux types de critiques : celles des dévots, qu'il juge misérables, et celles des philosophes austères, qu'il qualifie de respectables.

Il est vrai que les dévots avaient saisi l'occasion de la parution du *Mondain* pour, une fois de plus, clouer Voltaire au pilori.

C'est le Condorcet polémiste qui leur réplique :

« Toute prédication contre le luxe, écrit-il, n'est qu'une insolence ridicule dans un pays où les chefs de la religion appellent leur maison un *palais*, et mènent dans l'opulence une vie molle et voluptueuse. »[224]

Quant aux philosophes austères, c'est d'abord et surtout en économiste qu'il leur répond :

« Toute grande société, argumente-t-il, est fondée sur le droit de propriété ; elle ne peut fleurir qu'autant que les individus qui la composent sont intéressés à multiplier les productions de la terre et celles des arts ; c'est-à-dire autant qu'ils peuvent compter sur la libre jouissance de ce qu'ils acquièrent par leur industrie ; sans cela les hommes, bornés au simple nécessaire, sont exposés à en manquer. »[225]

Il rappelle ensuite que l'espèce humaine tendant naturellement à se multiplier, toute peuplade qui n'augmente pas souffre et dans tout pays où la culture n'augmente pas la population ne peut s'accroître :

« Il faut donc, ajoute-t-il, que les hommes puissent acquérir en propriété plus que le nécessaire, et que cette propriété soit respectée, pour que la

---

[222] Voltaire, *Dictionnaire philosophique*, Paris, 1967, Garnier Frères, p.291.
[223] Respectivement pages : 233, 404, 463 et 479 dans Arago 4 des œuvres de Condorcet.
[224] Ibid., p.233.
[225] Ibid.

société soit florissante. L'inégalité des fortunes, et par conséquent le luxe, y est donc utile. »[226]

Cependant Condorcet voit bien le danger pour la société d'un développement excessif des inégalités de fortunes et il se pose la question suivante : comment faire en sorte que l'intérêt de la prospérité publique soit en accord avec la raison, avec la nature et avec la justice ? Bref, comment contenir les inégalités en laissant à chacun la liberté d'acquérir des richesses et de jouir de celles qu'il possède ?

Il envisage quatre solutions en réponse à cette question :

- Etablir le partage égal des successions ;
- Limiter la permission de tester ;
- Laisser au commerce et aux professions de l'industrie toute leur liberté naturelle ;
- Créer une administration simple des impôts pour rendre impossible les grosses fortunes de finances.

Si l'on considère un pays où une grande inégalité est déjà établie, il juge que le luxe n'est point un mal :

« En effet, observe-t-il, le luxe diminue en grande partie les effets de cette inégalité, en faisant vivre les pauvres aux dépens des fantaisies du riche. Il vaut mieux qu'un homme qui a cent mille écus de rente nourrisse des doreurs, des brodeuses ou des peintres, que s'il employait son superflu, comme les anciens Romains, à se faire des créatures, ou bien, comme nos anciens seigneurs, à entretenir de la valetaille, des moines ou des bêtes fauves. La corruption des mœurs naît de l'inégalité d'état ou de fortune, et non pas du luxe ; elle n'existe que parce qu'un individu de l'espèce humaine en peut acheter ou soumettre un autre. »[227]

Et Condorcet de conclure en économiste en renvoyant dos à dos aussi bien les défenseurs que les contempteurs du luxe :

« Il n'est donc, affirme-t-il, qu'un moyen sûr d'attaquer le luxe : c'est de détruire l'inégalité des fortunes par les lois sages qui l'auraient empêché de nuire. Alors le luxe diminuera sans que l'industrie y perde rien ; les mœurs seront moins corrompues ; les âmes pourront être fortes sans être féroces. »[228]

Soulignons que toute la démarche de Condorcet, dans ce vaste débat qui a agité une grande partie du XVIIIe siècle, a consisté à sortir le luxe de la seule morale pour l'analyser comme un objet de l'économie politique, au même titre que le commerce et l'industrie, et à tenter de le débarrasser de ses nuisances.

« Les progrès de l'industrie, proclame-t-il, il faut en convenir, ont contribué, sinon au bonheur, du moins au bien être des hommes [...] C'est

---

226 Ibid., 234.
227 Ibid.
228 Ibid., p.235.

précisément parce que le commerce, l'industrie, le luxe lient entre eux les nations et les états de la société, adoucissent les hommes, et font aimer la paix, que M. de Voltaire en a quelquefois exagéré les avantages [...] Il a voulu dire seulement qu'une vie inutile, perdue dans les voluptés, est moins criminelle et moins méprisable qu'une vie austère employée dans l'intrigue, souillée par les ruses de l'hypocrisie ou les manœuvres de l'avidité. »[229]

Dans toute l'argumentation de Condorcet sur la querelle du luxe on retrouve une grande constante de sa pensée, à savoir que nombre de mauvaises institutions sont la conséquence non de la liberté, non du droit de propriété mais de mauvaises lois. Ainsi en était-il, on s'en souvient, du commerce des grains à l'époque de Turgot où de mauvaises lois avaient donné naissance à ces mauvaises institutions qu'étaient le marché contrôlé et la police des grains.

« Le luxe, répète Condorcet, est une suite nécessaire de la propriété, sans laquelle aucune société ne peut subsister, et d'une grande inégalité entre les fortunes, qui est la conséquence, non du droit de propriété, mais des mauvaises lois. Ce sont donc les mauvaises lois qui font naître le luxe, et ce sont les bonnes lois qui peuvent le détruire. Les moralistes doivent adresser leurs sermons aux législateurs, et non aux particuliers. »[230]

Condorcet classe donc les fameuses lois somptuaires qui entendent lutter contre le luxe dans la catégorie des mauvaises lois :

« Toute loi somptuaire est injuste en elle-même. C'est pour le maintien de leurs droits que les hommes se sont réunis en société, et non pour donner aux autres celui d'attenter à la liberté que doit avoir chaque individu de s'habiller, de se nourrir, de se loger à sa fantaisie ; en un mot de faire de sa propriété l'usage qu'il veut en faire, pourvu que cet usage ne blesse le droit de personne. »[231]

Cette position modérée de Condorcet sur le luxe – qui s'oppose à celle, radicale, de son maître d'Alembert – s'explique par sa philosophie des droits naturels de l'homme.

Après avoir proclamé que les droits naturels de l'homme sont : la sûreté et la liberté de sa personne, la sûreté et la liberté de ses propriétés et, enfin, l'égalité, il continue :

« Le dernier de ces droits a seul besoin d'être expliqué. L'égalité que le droit naturel exige entre les hommes, exclut toute inégalité qui n'est pas une suite nécessaire de la nature de l'homme et des choses, et qui, par conséquent, serait l'ouvrage arbitraire des institutions sociales. Ainsi, par exemple, l'inégalité des richesses n'est pas contraire au droit naturel ; elle est une suite nécessaire du droit de propriété, puisque ce droit renfermant l'usage libre de la propriété, renferme par conséquent la liberté de les

[229] Ibid., p.236.
[230] Ibid., p.479.
[231] Ibid., p.464.

accumuler indéfiniment. Mais cette inégalité deviendrait contraire au droit naturel, si elle était l'ouvrage d'une loi positive, telle que la loi qui accorde aux aînés une portion plus grande, celle qui établit les substitutions, etc. »[232]

Les inégalités qui sont une suite nécessaire de la nature de l'homme et des choses – en clair les inégalités dites naturelles – sont, pour Condorcet, au nombre de quatre, à savoir, les inégalités de talent, de force, d'opinion et de fortune.

Si nombre d'inégalités de fortune peuvent être réduites par la loi, par exemple par un changement total de la législation sur les successions supprimant le droit d'aînesse, les substitutions, les majorats, etc., d'autres inégalités peuvent être combattues par un développement général de l'instruction publique.

Ainsi en est-il pour résorber les inégalités de talent :

« Le devoir de la société, écrit Condorcet, relativement à l'obligation d'étendre dans le fait, autant qu'il est possible, l'égalité des droits, consiste donc à procurer à chaque homme l'instruction nécessaire pour exercer les fonctions communes d'homme, de père de famille et de citoyen, pour en sentir, pour en connaître tous les devoirs. »[233]

Un état social qui place au premier rang de ses obligations le développement de l'instruction publique pour tous, hommes et femmes sans aucune distinction, diminuera donc l'inégalité naturelle en faisant concourir les forces communes au bien-être des individus.

Toutefois il ne faut pas, pour Condorcet, que cette volonté d'égalité tombe dans ce que nous nommons aujourd'hui *l'égalitarisme*, autrement dit la volonté de réduire tous les talents à la même toise au nom d'une égalité formelle :

« Il est impossible, explique-t-il, qu'une instruction même égale n'augmente pas la supériorité de ceux que la nature a favorisé d'une organisation plus heureuse. Mais il suffit au maintien de l'égalité des droits que cette supériorité n'entraîne pas de dépendance réelle, et que chacun soit assez instruit pour exercer par lui-même, et sans se soumettre aveuglément à la raison d'autrui, ceux dont la loi lui a garanti la jouissance. Alors, bien loin que la supériorité de quelques hommes soit un mal pour ceux qui n'ont pas reçu les mêmes avantages, elle contribuera au bien de tous, et les talents comme les lumières deviendront le patrimoine commun de la société. »[234]

Accepter une inégalité des talents profitables à la société mais qui ne soit pas un asservissement d'un individu à un autre, voilà donc la position de Condorcet. C'est une attitude à la fois de philosophe des droits naturels mais aussi d'un économiste qui prend en compte, pour le développement de l'activité productive, la valeur d'un capital humain dans toute sa diversité :

---

[232] Condorcet, *Idées sur le despotisme*, Arago 9, p.166.

[233] Condorcet, *Premier mémoire sur l'instruction publique*, Arago 7 p.173.

[234] Ibid., p.170.

« Les hommes ont les mêmes droits, répète Condorcet, et, à cet égard, l'égalité doit être absolue et rigoureuse ; mais il est impossible qu'ils aient une part égale dans les avantages de la société. La nature même ne l'a pas voulu : ils ne naissent pas avec les mêmes organes ; le sol où ils vivent n'est pas également favorisé ; tous ne peuvent recevoir la même éducation ; tous ne peuvent pas faire le même usage de leurs forces ; tous ne pourraient avoir une part égale de propriété, sans priver l'espèce humaine entière de toutes les jouissances qui naissent d'un heureux concert de lumières, de forces, d'industrie. Les mauvaises lois augmentent les effets de l'inégalité naturelle ; les bonnes lois les corrigent, mais ne les détruisent pas. »[235]

Et Condorcet d'insister :

« C'est donc encore un devoir de la société que d'offrir à tous, les moyens d'acquérir les connaissances auxquelles la force de leur intelligence et le temps qu'ils peuvent employer à s'instruire leur permettent d'atteindre. Il en résultera sans doute une différence plus grande en faveur de ceux qui ont plus de talent naturel, et à qui une fortune indépendante laisse la liberté de consacrer plus d'années à l'étude ; mais si cette inégalité ne soumet pas un homme à un autre, si elle offre un appui au plus faible, sans lui donner un maître, elle n'est ni un mal, ni une injustice ; et, certes, ce serait un amour de l'égalité bien funeste que celui qui craindrait d'étendre la classe des hommes éclairés et d'y augmenter les lumières. »[236]

Ce serait en effet tomber dans le travers de l'égalitarisme.

On voit donc à quel point le grand projet d'instruction publique de Condorcet déborde de toutes parts le simple souci de l'enseignement pour irriguer de ses bienfaits de nombreux domaines de l'activité sociale.

Disons pour conclure que le développement d'une telle instruction permet à l'individu de se libérer d'une quadruple dépendance :

Dépendance à l'égard des superstitions et des préjugés par l'éveil de l'esprit critique ;

Dépendance à l'égard des mauvaises lois sources de mauvaises institutions par l'accession au statut de citoyen responsable capable de participer par lui-même ou par ses représentants élus à la formation de la loi ;

Dépendance à l'emprise des machines et au risque de stupidité par la formation professionnelle ;

Dépendance au despotisme de certains individus qui éprouveront toujours la tentation de s'ériger en maîtres. S'il est utile d'accepter une inégalité de talents profitables au développement de la société, c'est à une condition impérative : que cette inégalité ne soit en aucun cas un assujettissement.

---

235 Condorcet, *Sur le préjugé qui suppose une contrariété d'intérêts entre Paris et les provinces*, Arago 10, p.146.

236 Condorcet, *Premier mémoire sur l'instruction publique*, op.cit., p.174.

Condorcet nous livre là une leçon d'une éternelle vérité : l'ignorance asservit, l'instruction libère.

14

Les solutions de Condorcet aux problèmes sociaux de son temps

Condorcet appartient à cette lignée de philosophes et d'économistes libéraux qui entendent non pas écarter l'Etat de la vie sociale mais au contraire le refonder sur une base nouvelle, celle des droits naturels et de l'égalité, pour lui permettre d'agir avec justice et efficacité.

Base qui, d'ailleurs, pourra convenir aussi bien à une monarchie qu'à une république.

L'économie libérale de Condorcet s'accompagne donc d'une vaste politique sociale qui vise à éradiquer des maux qui frappent diverses couches de la population et qui ont noms vieillesse, pauvreté, misère, maladie, infirmité, handicap, exclusion, etc.

Au cœur d'une telle politique sociale on rencontre, là encore, son combat pour l'égalité et contre les formes variées et nombreuses d'inégalités.

Chez lui, ce combat s'est manifesté sous trois formes :

- D'abord l'action concrète en faveur du bien public. C'était le cas avec ses écrits pour soutenir les réformes de son ami Turgot. On sait que l'obsession de ce dernier était de libérer les paysans de leurs chaînes ancestrales pour les rétablir dans la jouissance de leurs droits naturels. Auprès de l'intendant du Limousin, puis du ministre de Louis XVI, Condorcet avait découvert que *le champ des réalités* était surtout un vaste champ d'inégalités, voire d'iniquités.
- Ensuite la réflexion pour fournir une solide base conceptuelle au thème de l'égalité à partir de la philosophie du droit naturel ;
- Enfin le juridique, ou plus précisément le constitutionnel, dans la mesure où, dès avant 1789, Condorcet avait soutenu l'idée d'une déclaration solennelle des Droits de l'homme, idée qui prenait forme progressivement en France à partir de l'exemple américain. Ainsi avait-il proclamé que, selon lui, « une déclaration des droits, bien complète, serait un ouvrage utile au genre humain ».[237]

Et de préciser :

« Les droits naturels de l'homme sont connus en général de tous ceux qui ont l'esprit droit et l'âme élevée, mais peu de gens en embrassent toute l'étendue ; peu se sont élevés à une assez grande hauteur pour apercevoir toutes les conséquences de ces droits. »[238]

---

[237] Condorcet, *Idées sur le despotisme*, Arago 9, p. 167.

[238] Ibid.

D'où cette interrogation :
« Les hommes peuvent-ils jouir véritablement de leurs droits, s'ils ne les connaissent pas, et même assez bien pour que ceux qui ont la puissance soient contenus par l'opinion publique, par la force qui en résulte, pour que les citoyens ne s'opposent pas eux-mêmes au bien qu'on veut leur faire ? »[239]

Avant d'entrer dans le détail de ses propositions, il faut d'abord rappeler les grandes lignes de sa philosophie sociale. Il les a exprimées dans une *Note sur Voltaire* concernant l'Etat monarchique et l'Etat républicain où il énumère « les objets les plus importants pour les hommes ».

Selon lui, ils sont au nombre de cinq :

La sûreté ;

La liberté civile ;

La propriété ;

La répartition des impôts ;

La liberté du commerce et de l'industrie.

Parmi ces objets, les trois premiers sont des droits naturels, comme nous l'avons vu dans le chapitre précédent, et les deux derniers sont des déclinaisons de ces droits dans deux domaines essentiels de la création des richesses.

Sur ces objets, « les lois doivent être les mêmes dans les monarchies ou dans les républiques ; sur ces objets l'intérêt du monarque se confond avec l'intérêt général, au moins autant que celui d'un corps législatif. Les principes qui doivent dicter les lois sur tous ces objets, puisés dans la nature des hommes, fondés sur la raison, sont indépendants des différentes formes de constitution politique ».[240]

C'est donc dans ce cadre que Condorcet assigne aux établissements publics l'obligation de secourir les pauvres.

Les secours aux pauvres « ont pour objet le soulagement des hommes que leur faiblesse, leur âge et leurs infirmités ont mis hors d'état de subsister ; le soin des malades pauvres, celui des enfants abandonnés, la garde des hommes qu'il a été nécessaire de séparer de la société ».[241]

Rappelons une fois de plus que pour Condorcet s'il existe des problèmes sociaux nouveaux qui peuvent surgir d'évolutions techniques comme le machinisme, il en est d'autres, nombreux et souvent très anciens, qui résultent, selon ses propres termes, de mauvaises lois sources de mauvaises institutions.

Parmi ces derniers il cite principalement :

---

[239] Condorcet, *Lettres d'un citoyen des Etats-Unis à un Français, sur les affaires présentes de la France*, Arago 9, p.95.

[240] Condorcet, *Notes sur Voltaire*, Arago 4, p.493.

[241] Condorcet, *Essai sur la constitution et les fonctions des Assemblées provinciales*, Arago 8, p.452.

- L'accumulation des propriétés foncières dans un petit nombre de mains, accumulation encouragée par de mauvaises lois civiles ou fiscales « qui s'opposent à la division des propriétés ».[242]

- L'accumulation des richesses mobilières, résultat du régime prohibitif qui concentre les capitaux acquis par l'industrie ou le commerce dans un petit groupe de personnes. « Toute famille, souligne Condorcet, qui ne possède ni propriétés foncières, ni mobilier, ni capitaux, est exposée à tomber dans la misère au moindre accident. Ainsi, plus il y a de familles privées de ces ressources, plus le nombre de pauvres sera grand. »[243]

- Le défaut de salaires suffisants. Cette situation résulte soit de l'organisation des métiers en maîtrises et jurandes, soit de l'existence d'impôts comme la gabelle. En effet cette charge fiscale sur le sel pénalise les familles nombreuses. Selon les calculs de Condorcet, « l'impôt sur le sel d'un ouvrier ayant à soutenir un vieillard et trois enfants sera au moins triple de celui que paye l'ouvrier qui est seul ».[244]

- Le défaut de liberté dans le commerce des subsistances, source d'amples variations de prix qui pénalisent les milieux populaires ;

- Les pertes qu'éprouve le peuple par les vexations et les gênes qu'introduit le régime prohibitif ou fiscal dans la vie sociale en raison de son cortège de procès, d'amendes et de saisies, « autant d'accidents, souligne Condorcet, qui viennent chaque année ruiner une foule de familles, et qui les font passer dans la classe des indigents ».[245]

- L'entassement des ouvriers dans les villes : en cas de difficultés, les ouvriers licenciés peinent à retrouver du travail et tombent rapidement dans la précarité. Condorcet se prononce ici en faveur de la dispersion du travail dans les villages plutôt que sa concentration dans les villes. Selon lui, la proximité et les relations de voisinage de la vie villageoise permettent de retrouver plus facilement une activité ;

- Enfin, l'observation forcée des fêtes. « On me permettra, écrit-il, de compter aussi parmi les causes de la misère l'observation forcée des fêtes. La superstition seule a pu faire une loi de contrainte de ce qui n'est qu'un devoir religieux, dont la conscience de chacun doit seule être l'arbitre. »[246]

En clair, et en termes contemporains, Condorcet souhaite que les ouvriers puissent travailler le dimanche et les jours de fêtes religieuses, s'ils le désirent, et sans interférence de l'Eglise dans ce type d'organisation.

Attaquer la pauvreté dans sa source, autrement dit donner la priorité à la prévention, ne pas créer de nouveaux établissements mais utiliser et moderniser ceux qui existent, enfin éviter tous les moyens qui, en voulant

---

[242] Ibid., p.453.
[243] Ibid.
[244] Ibid., p.454.
[245] Ibid., p.455.
[246] Ibid., p.456.

combattre le mal en augmentent sourdement les progrès, comme la taxe en faveur des pauvres qui a prouvé, là où elle a été instituée, comme en Angleterre, son inefficacité en produisant « l'insouciance et la paresse » : voilà la philosophie sociale qui va guider ses réformes.

Cette démarche, mieux, cette analyse de l'ensemble des problèmes sociaux vise à identifier, pour les rejeter, les mesures que l'on croit sociales mais qui, en réalité, enferment les intéressés dans une politique que l'on qualifierait aujourd'hui d'assistanat.

L'une des grandes préoccupations sociales de Condorcet, en relation directe avec les évolutions économiques et techniques des conditions de travail de son époque, est celle de la vieillesse, autrement dit de la continuation de la vie après une vie de travail.

Cette vieillesse-là risque fort d'être synonyme de pauvreté :

« C'est dans sa source, écrit Condorcet, qu'il faut attaquer la pauvreté, en réformant les lois qui la font naître : c'est en ouvrant des caisses, au moyen desquelles de petites épargnes puissent assurer des secours à l'infirmité, à la vieillesse, qu'on préviendra la misère, et qu'on favorisera en même temps l'économie et la bonne conduite. »[247]

Cette idée d'accumuler de petites épargnes tout au long de la vie active pour ouvrir des caisses de prévoyance est une solution à la fois nouvelle et prémonitoire qu'il développe longuement en 1790 dans une étude intitulée : *Sur les caisses d'accumulation* et en 1793 dans son *Esquisse d'un tableau historique des progrès de l'esprit humain*.

Une idée qui aura un bel avenir sous l'expression aujourd'hui d'assurance sociale ou, mieux, d'assurance vieillesse.

Selon Condorcet il existe dans les nations éclairées de l'Europe deux classes d'hommes. L'une possède suffisamment de capitaux fonciers ou financiers pour vivre des revenus de ces deux sources, l'autre, à l'inverse, ne dispose que de son travail et sa situation dépend en totalité de la vie et de la santé du chef de famille.

Cette seconde classe ne jouit donc, en quelque sorte, que d'une fortune viagère, « ou même plus dépendante du hasard ; et il en résulte une différence très réelle entre cette classe d'hommes et celle dont les ressources ne sont point assujetties aux mêmes risques, soit que le revenu d'une terre, ou l'intérêt d'un capital presque indépendant de leur industrie, fournisse à leurs besoins.

« Il existe donc une cause nécessaire d'inégalité, de dépendance et même de misère, qui menace sans cesse la classe la plus nombreuse et la plus active de nos sociétés.

[247] Condorcet, *Assemblées provinciales*, Arago 8, p. 461.

« Nous montrerons qu'on peut la détruire en grande partie, en opposant le hasard à lui-même, en assurant à celui qui atteint la vieillesse un secours produit par ses épargnes, mais augmenté de celles des individus qui, en faisant le même sacrifice meurent avant le moment d'avoir besoin d'en recueillir le fruit ; en procurant, par l'effet d'une compensation semblable, aux femmes, aux enfants, pour le moment où ils perdent leur époux ou leur père, une ressource égale et acquise au même prix, soit pour les familles qu'afflige une mort prématurée ; soit pour celles qui conservent leur chef plus longtemps ; enfin, en préparant aux enfants qui atteignent l'âge de travailler pour eux-mêmes, de fonder une famille nouvelle, l'avantage d'un capital nécessaire au développement de leur industrie, et s'accroissant aux dépens de ceux qu'une mort trop prompte empêche d'arriver à ce terme. C'est à l'application du calcul aux probabilités de la vie et aux placements d'argent que l'on doit l'idée de ces moyens, déjà employés avec succès, sans jamais l'avoir été cependant avec cette étendue, avec cette variété de formes qui les rendraient vraiment utiles, non pas seulement à quelques individus, mais à la masse entière de la société qu'ils délivreraient de cette ruine périodique d'un grand nombre de familles, source toujours renaissante de corruption et de misère. »[248]

Bref, pour Condorcet, toute grande société riche renfermera donc un grand nombre de pauvres ; elle sera donc malheureuse et corrompue, s'il n'y existe des moyens de placer avantageusement les petites épargnes, et presque les épargnes journalières.

« Si, au contraire, ces moyens peuvent devenir généraux, les pauvres seront en plus petit nombre, et la bienfaisance n'étant plus qu'un plaisir, la pauvreté cessera d'être humiliante et corruptrice ; et si on a une constitution bien combinée, de sages lois, une administration raisonnable, on pourra voir ce qui n'a point existé jusqu'ici, c'est-à-dire, une société qui aura pour but et pour effet le bonheur de la pluralité de ses membres. »[249]

Ce projet de caisses d'accumulation, qui vise à protéger non seulement le travailleur pendant et après sa vie active mais aussi sa femme et ses enfants, devrait permettre de corriger les inconvénients de la distribution des richesses dans une grande société, sinon « il y aura chaque année un grand nombre de gens infirmes, de vieillards, de femmes et d'enfants qui tomberont d'un état d'aisance dans un état de pauvreté et de misère ».[250]

Condorcet entre ensuite dans le détail des différents modes de placement et de gestion de telles épargnes, soulignant qu'il existe « un nombre assez grand de combinaisons diverses, dont chacune peut être préférée par les divers individus, d'après les circonstances où ils se trouvent. Plus ces

---

[248] Condorcet, *Esquisse d'un tableau historique des progrès de l'esprit humain*, Paris, 1988, GF-Flammarion, p.273.

[249] Condorcet, *Sur les caisses d'accumulation*, Arago 11, p.389.

[250] Ibid., p.392.

combinaisons seront multipliées, plus il y aura d'hommes à qui elles pourront convenir, et plus elles offriront de ressources. Des calculs fait d'après les probabilités de la vie humaine, mettent à portée de déterminer ce que, à un taux donné d'intérêt, on peut donner dans chaque hypothèse pour prix d'une somme reçue ou de l'engagement d'un payement annuel ».[251]

Enfin, il assure que la gestion de telles caisses peut être faite de trois manières :

- Ou par des associations particulières ;
- Ou par des compagnies ;
- Ou par l'Etat.

Et il s'attarde longuement sur les avantages que ces caisses pourraient offrir non seulement aux particuliers mais à l'Etat lui-même :

« En même temps que ces établissements offriraient des secours et des ressources à la partie pauvre de la société, empêcheraient la ruine des familles qui subsistent du revenu attaché à la vie de leur chef, augmenteraient le nombre de celles dont le sort est assuré, concilieraient la stabilité des fortunes avec les variations qui sont la suite nécessaire du développement de l'industrie et du commerce, et conduiraient à établir ce qui n'a jamais existé nulle part, une nation riche, active, nombreuse, sans l'existence d'une classe pauvre et corrompue ; ils offriraient encore des moyens utiles pour le remboursement des dettes que cette même nation pourrait être obligée de contracter ; et bien loin d'ôter des capitaux au commerce et à l'industrie, leur en laisseraient davantage, en diminuant la masse de ceux que les hommes sages tiennent en réserve ; or, ce sont précisément ceux qui sont en de telles mains dont l'emploi est vraiment utile. »[252]

Cette idée de constituer un grand fleuve de la finance au service d'une politique de prévoyance à partir de ces modestes sources que sont les petites épargnes n'est pas propre à Condorcet. De l'Anglais Price jusqu'au Français Deparcieux, proche de Condorcet, nombreuses avaient été les personnalités qui, s'intéressant à l'économie de la finance, avaient avancé une telle idée. Elle figure d'ailleurs chez Turgot qui, dans son célèbre *Mémoire sur les prêts d'argent,* plaide pour l'existence de marchands d'argent « qui rassembleraient dans les villes et dans les campagnes les épargnes du peuple laborieux pour en former des capitaux et les fournir aux place de commerce, comme on voit des marchands ramasser de village en village, jusqu'au fond de la Normandie, le beurre et les œufs qui s'y produisent, et les aller vendre à Paris. »[253]

---

[251] Ibid., p.393.
[252] Ibid., p.402.
[253] Turgot, *Mémoire sur les prêts d'argent*, dans *Œuvres de Turgot*, édition Guillaumin, 1844, tome premier, p.143.

L'originalité de Condorcet dans cette affaire tient à son statut de mathématicien membre de l'Académie des sciences et à sa volonté de mettre au service du développement d'une telle politique de prévoyance des outils issus précisément des mathématiques et de la statistique comme les tables de mortalité, le calcul des intérêts composés, le calcul des probabilités, l'établissement de rentes viagères, etc., une telle politique venant se greffer sur une autre : celle de la gestion des finances de l'Etat.[254]

Si les diverses propositions de Condorcet sur les caisses de prévoyance forment le projet le plus vaste, le plus ambitieux et aussi le plus prémonitoire de toute sa démarche de réformateur, il ne néglige pas pour autant les autres domaines où doit se déployer une politique sociale.

Il s'intéresse à la situation des enfants. Et d'abord à l'instruction des ceux qui souffrent d'un fort handicap comme les sourds et les muets « que l'éducation commune des campagnes ne peut tirer de l'état d'une dépendance absolue ».[255]

Il recommande, pour leur bénéfice, les méthodes ingénieuses et simples de deux hommes bienfaisants. Le premier est l'abbé de l'Epée, né en 1712 et mort en 1789, auteur d'une méthode par signes de la main qui permet aux sourds de communiquer. En 1791, l'Assemblée nationale le décrètera Bienfaiteur de l'humanité et proclamera que les sourds bénéficient des Droits de l'homme. Le second est Valentin d'Haüy (1745-1822) auteur pour sa part d'une méthode de lecture par toucher à destination des jeunes aveugles. Condorcet envisage la création d'établissements équipés de machines spéciales pour ceux de ces enfants qui seraient capables de travailler.

Et de constater :

« L'instruction des aveugles et des muets serait peu coûteuse, parce que ceux qui appartiennent à des parents aisés, et à qui ces mêmes établissements seraient nécessaires, payeraient une portion de la dépense, et que l'établissement profiterait du travail d'une partie de ceux qui y seraient élevés. »[256]

Toutefois, il existe une autre catégorie d'enfants dont il faut s'occuper : les enfants abandonnés.

Condorcet propose pour eux la création de *maisons de secours* car, selon lui, c'est l'Etat qui doit pourvoir à leur existence.

Et d'expliquer :

[254] Sur cet aspect de l'action de Condorcet voir l'étude de Jean-Marie Thiveaud, *Condorcet : prévoyance, finance et probabilités, entre raison et utopie,* Revue d'économie financière, N°49, 1998. Accessible sur Internet.

[255] Condorcet, *Assemblées provinciales*, op.cit., p.461.

[256] Ibid., p.462

« Si les secours étaient bien dirigés, il faudrait les regarder moins comme une charge pour le trésor public, que comme une avance dont la nation recevrait de grands avantages. En effet, le soin qu'on aurait eu de ces enfants donnerait le droit de disposer de leur travail jusqu'à une certaine époque ; et comme ces soins ne se borneraient pas à la simple subsistance, il n'existe pas le moindre prétexte pour regarder cette condition comme tyrannique. Or, si le travail était bien entendu, l'excédent du profit, dans les dernières années, pourrait payer en grande partie ce que coûteraient les premières. »[257]

Autre avantage : ces *maisons de secours* seraient aussi, selon Condorcet, des *maisons de formation* :

« Des ateliers de différents genres, ajoute-t-il, serviraient à instruire des élèves dans les métiers les plus utiles, c'est-à-dire dans ceux qui fournissent aux besoins des habitants des campagnes. On fabriquerait dans ces ateliers une grande partie de ce qui serait nécessaire aux réparations de la maison, à l'entretien des meubles et du linge, à l'habillement des enfants. Un enclos donnerait les légumes et les fruits, et formerait des jardiniers. Une ferme donnerait une partie de la nourriture, et formerait des cultivateurs. »[258]

Grâce à de telles maisons, à la fois *de secours* et *d'instruction* « on ne rassemblerait plus les enfants pour les voir se consumer au fond d'un hôpital, ou pour rejeter dans la société des êtres qui ne tiennent à personnes ».[259]

Evidemment, pour Condorcet, toujours soucieux des droits des femmes, de telles maisons seraient mixtes. Comme ces enfants seraient gardés dans de telles maisons jusqu'à vingt-cinq ans, il envisage même des mariages que ces établissements pourraient favoriser par de petites dots, en terrains, en métiers, en outils, en avances de matières premières.

On constate que dans un tel domaine l'ambition sociale de Condorcet est triple : formation, évidemment, puis amortissement du coût de cette formation autant qu'il est possible, enfin réinsertion dans la société.

En dehors des enfants, il reste à réformer le système de soins à prodiguer aux malades pauvres.

Condorcet les partage en deux catégories : ceux qui résident à la campagne et ceux qui vivent en ville.

Pour les premiers il préconise l'organisation de secours qui permettent de les laisser au milieu de leur famille. C'est là l'esquisse de ce que nous nommons aujourd'hui le maintien à domicile des personnes âgées ou malades.

Pour les autres il considère « que les hôpitaux sont nécessaires dans les villes, où la plupart des pauvres, trop étroitement logés, souvent séparés de leur famille, ne peuvent être secourus que dans des hospices publics ; non

[257] Ibid., p.465
[258] Ibid.
[259] Ibid., p.466.

seulement il faut leur procurer les soins d'un médecin, des remèdes, une nourriture plus saine, mais il faut leur donner un espace où ils puissent souffrir en paix, un lit qui les reçoive, une main charitable qui veille sur leurs besoins. »[260]

Et c'est ici qu'il proclame qu'il vaut mieux multiplier les établissements que d'en former de trop étendus :

« Les grands établissements, juge-t-il, frappent l'imagination, mais produisent presque toujours de grands abus, et les grands abus trouvent toujours des protecteurs puissants. »[261]

Enfin, il propose d'instituer des *maisons particulières* à destination des blessés, des femmes en couches et de celles et ceux qui doivent être opérés.

Restent deux catégories sociales qui retiennent l'attention de Condorcet : les prisonniers et les filles publiques :

« Indépendamment des prisons de police, écrit-il, des prisons où les accusés attendent leur jugement, peut-être est-il nécessaire d'avoir des maisons de correction et de travail forcé, où l'on retienne, soit pour un temps, soit pour toujours, ceux qu'il est nécessaire de séparer de la société. »[262]

Quant aux filles publiques, la tyrannie exercée contre elles dans presque tous les pays « est à la fois une preuve de la pente trop commune à opprimer la faiblesse, et un exemple du pouvoir des préjugés ».

En conséquence « ce n'est point une prison qu'il faudrait leur destiner, c'est un asile où leur travail les fît subsister, où la pauvreté les fît recevoir, où la vie fût réglée et laborieuse, mais où la plus grande peine d'une mauvaise conduite fût pour elles d'être renvoyées de cet asile ».[263]

Les idées de Condorcet pour faire face aux problèmes sociaux de son époque manifestent avec éclat sa grande visée d'une cohésion sociale forte mais sans abandonner personne au bord de la route.

Et cela grâce à un double mouvement d'aller et retour de l'Etat vers l'individu et de l'individu vers l'Etat.

Si l'Etat a des devoirs relativement aux menaces de déclassement qui pèsent sur les individus, ces derniers, dans la mesure des moyens qui restent à leur disposition, doivent participer à l'amortissement du coût de leur protection ou de leur réinsertion dans la société.

Une cohésion sociale adossée à une philosophie des droits naturels qui devra s'exprimer de manière solennelle dans une Déclaration des Droits : on

---

[260] Ibid., p.462.
[261] Ibid., p.463.
[262] Ibid., p.467.
[263] Ibid., p.470.

voit comment, chez Condorcet, l'économique et le social viennent se nouer avec le juridique et le constitutionnel.

Et se nouer, aussi, avec le besoin impératif d'une instruction publique pour tous – hommes et femmes – et tout au long de la vie.

Et cela dans une triple perspective de solidarité à l'intérieur de la société, d'élévation personnelle et intellectuelle d'un individu devenu citoyen donc affranchi de toute dépendance, enfin de perfectibilité de l'espèce humaine.

15

Premiers éléments d'une théorie du capital humain

Que la personne humaine soit un capital – au sens strictement économique du terme – cela ne fait aucun doute pour Condorcet.

Qu'un tel capital humain, comme une propriété foncière ou industrielle, exige des *avances*, autrement dit des investissements, ainsi que du *travail,* pour produire un *revenu*, cela aussi est une réalité que Condorcet exprime à sa façon quand il écrit :

« L'industrie d'un homme, la capacité qu'il acquiert pour occuper une place, exige des avances dont le résultat est un revenu viager, ou plutôt dépendant de la vie, de la santé, des effets inévitables de l'âge.

« Le produit de cette industrie doit servir à l'établissement d'une famille, à l'épargne des capitaux nécessaires pour donner aux enfants une industrie égale ; il doit procurer les ressources nécessaires pour la maladie ou la vieillesse ; et les effets de cette loterie naturelle sur l'état d'un grand nombre de familles considérées en masse, sont un des objets les plus importants, et jusqu'ici l'un des moins connus de l'économie politique.

« Les maux qui en résultent, les remèdes qu'on peut y opposer, méritent toute l'attention des politiques philosophes qui cherchent à concilier la prospérité générale et le bonheur des individus, la félicité présente et les progrès vers un perfectionnement indéfini. »[264]

Soulignons les termes de « loterie naturelle » appliquée à des familles « considérées en masse », cela signifie que Condorcet prolonge l'analogie entre capital humain et capital foncier ou industriel pour souligner que dans un cas comme dans l'autre il existe des risques. En effet, les quatre termes de capital, avances, travail, revenu induisent inévitablement l'idée de risques.

Si l'agriculture et l'industrie possèdent leurs propres méthodes pour évaluer, conjurer ou limiter le risque dans leurs activités respectives, il faudra qu'il en soit de même pour le travailleur considéré comme porteur d'un capital humain.

Et c'est ici, précisément, que l'on retrouve toute l'ampleur de la politique sociale de Condorcet avec ses encouragements à l'épargne, ses caisses d'accumulation pour la faire fructifier, son système de rentes viagères : toutes ces dispositions d'assurances sociales visant à conjurer les effets néfastes de cette loterie de la vie à laquelle sont exposées les familles prises en masses.

---

[264] Condorcet, *Rapport et projet de décret sur l'instruction publique*, Arago 7, p.560.

Protéger le travailleur et sa famille, ce sera protéger un précieux capital humain. D'où la nécessité de mettre au service d'une telle politique toutes les formes et les ressources du calcul :

« Tous ces objets, souligne Condorcet, ramènent au calcul des probabilités, dont il devient nécessaire d'approfondir les principes. »[265]

Toutefois, protéger le capital humain des risques qui peuvent le menacer n'est qu'un aspect de la question.

L'autre obligation – première - qui s'impose impérativement à la société est d'abord de constituer un tel capital : ce sera l'éminente mission de l'instruction publique.

Relisons les premières lignes de son rapport sur l'organisation générale de l'instruction publique qu'il présente à l'Assemblée nationale en 1792, tout est dit en quelques mots :

« Offrir à tous les individus de l'espèce humaine les moyens de pourvoir à leurs besoins, d'assurer leur bien-être, de connaître et d'exercer leurs droits, d'entendre et de remplir leurs devoirs ;

« Assurer à chacun d'eux la facilité de perfectionner son industrie, de se rendre capable des fonctions sociales auxquelles il a droit d'être appelé, de développer toute l'étendue des talents qu'il a reçus de la nature, et par là établir entre les citoyens une égalité de fait, et rendre réelle l'égalité politique reconnue par la loi :

« Tel doit être le premier but d'une instruction nationale ; et, sous ce point de vue, elle est pour la puissance publique un devoir de justice. »[266]

S'il fallait une preuve supplémentaire du lien très étroit qui unit, chez Condorcet, le développement économique de la société au développement intellectuel de l'individu, on le trouverait aisément dans son quatrième mémoire sur l'instruction publique intitulé précisément : *Sur l'instruction relative aux professions.* [267]

Il s'agit là, pour un Condorcet à la fois économiste, réformateur et visionnaire, de souligner l'importance, sur le double plan de l'essor de la production des richesses et de la lutte contre la pauvreté, de ce que nous appelons aujourd'hui l'apprentissage et la formation professionnelle, bref l'enseignement technique.

Constatons d'abord que Condorcet place son analyse des professions sous le signe de l'utilité en proclamant que « toute profession doit être utile à ceux qui l'exercent comme à ceux qui l'emploient », phrase qui peut paraître banale mais qui place d'entrée le travailleur et l'employeur sur un pied d'égalité relativement à leur utilité dans la société, et dans un rapport de

---

[265] Ibid.

[266] Ibid., p.449.

[267] Dans Arago 7, p. 378 à 412.

complémentarité plutôt que d'affrontement. C'est là une conception des relations sociales qui s'exprime en termes de capital humain.

En conséquence, Condorcet divise les professions en deux classes bien distinctes : les unes servent des individus et ont pour finalité de satisfaire le bien-être, les besoins, les jouissances des hommes isolés : elles échangent leur travail contre de l'argent ou contre un autre travail.

Il nomme ce type d'activité « les professions mécaniques ».

Les autres professions servent non plus des individus mais « la société en corps ». Leur premier objet est l'utilité commune et « elles sont en quelque sorte des fonctions publiques ». Parmi ces principales fonctions vitales pour tous il cite en priorité la science militaire, la médecine, l'architecture et les arts libéraux comme le dessin.

Et de préciser :

« Les motifs de former des établissements publics d'instruction destinés aux diverses professions ne sont pas les mêmes pour ces deux classes. Pour les professions qu'on peut regarder comme publiques, on doit considérer surtout l'avantage d'en confier l'exercice à des hommes plus éclairés. On doit chercher à perfectionner les autres dans la vue d'augmenter, pour la généralité des individus, les jouissances, le bien-être que les travaux de ces professions leur procurent, et d'étendre dans la classe même des pauvres une partie de ce bien-être. Dans un pays où les arts fleurissent, le pauvre est mieux logé, mieux chaussé, mieux vêtu que dans ceux où ils sont encore dans l'enfance. » [268]

Condorcet place donc dans la première classe « tous les métiers, toutes les professions mécaniques, et même les arts libéraux, quand ils ne sont véritablement exercés que comme des métiers ».[269]

Exemple : la peinture et la sculpture sont des arts au premier sens du terme mais ils deviennent des métiers s'ils servent à décorer des appartements.

Pour tous ces métiers de la première classe, Condorcet distingue les obligations qui s'imposent à la puissance publique et celles qui reviennent aux employeurs. Ainsi, il n'incombe pas à l'Etat d'ouvrir des écoles où l'on apprend « à faire des bas ou des étoffes, à travailler le fer ou le bois ».[270]

Ce type de formation technique est du domaine de ce qu'il nomme *l'apprentissage*, autrement dit, en clair, de ce qui est du ressort de la formation sur le tas.

Le rôle de l'Etat, en la matière, sera donc de donner « des connaissances utiles à ces professions », connaissances distinctes de celles prodiguées par l'apprentissage.

---

[268] Ibid., p.379. Précisons que dans le vocabulaire de Condorcet et de son époque l'expression « les arts » est synonyme de métiers.

[269] Ibid.

[270] Ibid., p.382.

Et de souligner :

« On peut classer ces connaissances, ou suivant leur nature, ou relativement aux arts pour lesquels elles peuvent être nécessaires. Sous le premier point de vue, on trouvera le dessin, qui est indispensable dans tous les arts employés par le luxe où l'on joint la décoration à l'utilité, et dans toutes les professions où l'on fabrique les instruments et les outils employés par les autres arts. Viennent ensuite les connaissances chimiques utiles à ceux qui préparent ou qui emploient les métaux, les cuirs ou le verre, qui impriment des couleurs ou appliquent des teintures. Les premiers principes de la mécanique, les connaissances communes de physique, les éléments de l'arithmétique commerciale, ceux du toisé, de l'évaluation des solides ; enfin, quelques parties de géométrie élémentaire qui ne sont point comprises dans l'instruction commune, telles que la théorie de la coupe des pierres, la perspective, doivent entrer dans cette même instruction. »[271]

C'est là un point très important qui constitue la philosophie de Condorcet dans le domaine de la formation technique. Redisons-le : il ne s'agit pas pour la puissance publique d'apprendre aux intéressés le détail des gestes de chaque métier - cela est du domaine de l'apprentissage sur le tas - mais de donner les connaissances utiles, donc générales, pour s'adapter au mieux à chacun de ces métiers.

En résumé, dans ce domaine des métiers, l'Etat doit enseigner des principes généraux et non des gestes particuliers.

Le mot-clé qui résume toute sa pensée est celui de combiner :

« Il faut, affirme-t-il, combiner l'enseignement de manière que ceux qui se destinent à une profession puissent apprendre seulement ce qui leur est nécessaire. Occupés de leurs travaux, ils rebuteraient une instruction qui ne leur offrirait pas l'idée d'une utilité immédiate et directe. »[272]

L'intérêt que porte Condorcet à la formation technique le pousse à entrer dans le détail de son organisation. Ainsi traite-t-il de la pédagogie à adapter à ce type d'enseignement, du temps à lui consacrer, des manuels spécifiques à concevoir, des lieux où il doit être prodigué.

Enfin, il s'étend longuement sur les finalités, en termes de capital humain et d'accès à l'égalité, de cette instruction relative aux professions.

En matière de pédagogie il précise « qu'on évitera, avec un soin égal, et de fatiguer les élèves en les fixant trop longtemps sur des idées abstraites, et de dégrader leur raison en leur faisant adopter, sur parole, des principes qu'ils ne comprennent pas, des règles dont on ne leur explique pas les motifs ». En appui à cette pédagogie il recommande l'ouverture de cabinets d'histoire naturelle et de machines. Ces cabinets « renfermeront également

---

[271] Ibid.

[272] Ibid., p.383.

les échantillons des denrées premières ou des préparations dont la connaissance peut être utile aux arts, et les modèles des machines, des instruments, des métiers qui y sont employés ». De tels cabinets auront un autre mérite, celui de délivrer du charlatanisme des prétendus découvreurs de secrets. Ce qui permettra de récompenser les vrais inventeurs.[273]

Cette instruction « sera combinée de manière qu'elle n'enlève au travail que le moins de temps qu'il est possible [...] Deux ou trois leçons par semaine doivent suffire pour chaque cours. On se réserverait le dimanche pour l'instruction qui convient aux ouvriers déjà formés, ou aux maîtres ».

Les manuels « fait exprès » pour ce type d'enseignement « sont d'une nécessité absolue ».

Enfin, comme cet enseignement est destiné principalement aux jeunes apprentis « c'est dans le lieu où ils se rassemblent que l'instruction doit être placée, et par conséquent il peut être utile d'en disposer les divers degrés d'après cette réunion déterminée par les convenances commerciales ».[274]

Les finalités d'un tel enseignement sont multiples et permettent une triple valorisation : de la personne de l'ouvrier, de la qualité des produits fabriqués, enfin de l'ensemble de la société :

« Les hommes qui auront reçu cette instruction, affirme Condorcet, y trouveront aussi plusieurs avantages. D'abord ceux qui ont moins d'adresse, moins d'intelligence naturelle, ne seront plus condamnés à une infériorité si grande en elle-même, si funeste dans ses effets ; ils pourront, par leur application, atteindre du moins un degré de médiocrité qui rendra leur travail suffisant pour leurs besoins. Enfin, ceux d'entre eux que le hasard a destinés à ces professions mécaniques, mais à qui la nature a donné des talents réels, ne seront perdus ni pour la société, ni pour eux-mêmes. Si cette instruction ne leur suffit pas pour s'élever au point où, nés dans une autre fortune, ils pouvaient espérer d'atteindre, au moins elle leur ouvrira une carrière utile et glorieuse. Celui qui avait le germe du talent de la mécanique se distinguera par des inventions dans les arts ; celui qui était appelé à la chimie, s'il ne fait pas de découvertes dans cette science, perfectionnera du moins les arts qui en dépendent ; leur génie ne sera pas dégradé [...] Ceux qui sont nés avec une grande activité d'esprit trouveront dans ces études, des objets sur lesquels ils pourront l'exercer, des principes propres à la diriger vers un but réel ; ils ne seront plus exposés à chercher souvent ce qui est prouvé, plus souvent ce qui ne peut l'être ; ils apprendront à connaître leurs forces, à ne pas tenter ce qui est trop au-dessus d'elles. »[275]

Par ailleurs des ouvriers bien formés donneront aux produits fabriqués par eux une valeur réelle plus grande, un plus grand degré de durée et une moindre consommation des matières qu'ils emploient. D'où des gains de

---

[273] Ibid., p.390.

[274] Ibid., ces citations sont extraites des pages 384 et 385.

[275] Ibid., p.385, 386, 387.

productivité. « Ainsi, assure Condorcet, la même masse de travaux et de productions nouvelles pourra répondre à une plus grande quantité d'usages utiles, de besoins satisfaits, ou de jouissances. »[276]

Enfin la société a tout à gagner si elle développe en son sein une égalité réelle, complément de l'égalité politique, grâce à l'instruction générale et à la formation technique et si, par ce moyen, il devient possible d'échapper à l'emprise des charlatans et des agitateurs qui veulent entretenir l'ignorance du peuple, pour le maîtriser tantôt au nom de préjugés anciens, tantôt en appelant à leur secours des erreurs nouvelles :

« L'homme qui passe d'un travail corporel à un désœuvrement absolu, explique Condorcet, est bien plus facile à tromper, à émouvoir, à corrompre ; les erreurs, les craintes chimériques, les absurdes défiances entrent plus aisément dans une tête dépourvue d'idées. Des connaissances acquises dans les écoles publiques, en relevant les ouvriers à leurs propres yeux, en exerçant leur raison, en occupant leurs loisirs, serviront à leur donner des mœurs plus pures, un esprit plus juste, un jugement plus sain. S'il reste dans une nation une classe d'hommes condamnés à l'humiliation par la pauvreté ou l'ignorance, quand il ne le sont plus par la loi ; s'ils ne peuvent exercer qu'au hasard, et sous le joug d'une influence étrangère, les droits que la loi a reconnus ; si une égalité réelle ne s'unit pas à l'égalité politique, alors le but de la société n'est plus rempli. »[277]

En clair, une politique de valorisation du capital humain ne consiste pas seulement à donner une formation mais aussi à déraciner de l'âme humaine les préjugés et les superstitions que des charlatans auraient intérêt à entretenir.

Quant à l'autre classe des professions, celles qui sont destinées au service public, à savoir la science militaire, la marine, la médecine, l'architecture, si elles exigent des connaissances particulières, soit de politique, soit de calcul, elles seront aisées à acquérir à l'aide de celles puisées dans l'instruction générale. De surcroît, de telles connaissances « ne sont pas nécessaires à un assez grand nombre d'individus pour mériter de devenir l'objet d'un enseignement séparé ».[278]

Il revient donc à ces professions, et non à l'Etat, de veiller par des dispositions internes au perfectionnement de leurs membres.

Ce mémoire *Sur l'instruction relative aux professions* date de 1791.

La Révolution française est dans sa troisième année et la révolution industrielle, qui lui est antérieure, a commencé son essor. La première a proclamé l'égalité politique dans une solennelle Déclaration des Droits. La seconde, selon Condorcet, devra instituer l'égalité en économie.

---

[276] Ibid., p.385.
[277] Ibid., p.388.
[278] Ibid., p.392.

C'est donc à l'aube d'un nouveau monde - politique et économique - que s'exprime Condorcet.

Déjà, il a perçu le danger qui menace une classe ouvrière en voie de constitution dans de vastes manufactures et soumise à une nouvelle forme de travail commandée par la machine.

Après l'enseignement général, il importe donc que la société s'intéresse à l'enseignement technique, qui devra jouer le rôle de révélateur des talents individuels. Dans cette perspective, les formations dispensées par la société deviennent un investissement d'avenir et les talents révélés sont assimilés à des capitaux productifs.

Cette situation laisse entrevoir à Condorcet « quelles sources de prospérité pourraient ouvrir ces mêmes talents, ces mêmes capitaux, employés d'une manière utile ».[279]

S'il fallait résumer d'une seule phrase – et illustrer d'un exemple contemporain – toute la pensée de Condorcet sur l'impérieuse nécessité de la formation du capital humain, cette phrase serait celle-ci :

« Il serait donc important d'avoir une forme d'instruction publique qui ne laissât échapper aucun talent sans être aperçu, et qui lui offrît alors tous les secours réservés jusqu'ici aux enfants des riches. »[280]

Et l'exemple contemporain résiderait dans l'histoire de ce petit écolier pauvre, né en novembre 1913, dont le père meurt un an plus tard à la bataille de la Marne, que la mère, femme de ménage, veut sortir des études dès la fin de l'école primaire mais qu'un instituteur attentif et perspicace sauve de cette fatalité en persuadant la famille de donner ses chances à l'enfant en l'inscrivant au concours des bourses des lycées et collèges.

Ce jour-là un talent avait été aperçu par un instituteur dévoué corps et âme à la cause de l'enseignement et de l'égalité.

Ce petit écolier était Albert Camus.

Cet instituteur était Louis Germain.

Prix Nobel de littérature en 1957, Camus dédiera son discours de Suède à M. louis Germain.

---

[279] Ibid., p.387.

[280] Condorcet, *Premier mémoire sur l'instruction publique*, op.cit., p.179. Sur la notion de capital humain chez Condorcet, voir l'étude de Charlotte Le Chapelain : *L'instruction publique de Condorcet, progrès économique et réflexions sur la notion de capital humain,* Presses de Sciences po, 2010/2 Vol. 61, accessible sur internet, site de CAIRN.INFO. Sur la conception de l'enseignement chez Condorcet, et spécialement de l'enseignement technique, voir l'importante préface et les notes de Charles Coutel et Catherine Kintzler à la réédition en livre de poche des *Cinq mémoires sur l'instruction publique* (GF-Flammarion, Paris 1994).

16

Deux combats d'avant-garde :
- Pour les droits des femmes
- Contre l'esclavage

Si Condorcet est toujours très présent dans la mémoire collective pour son ambitieux projet d'instruction publique, il l'est aussi pour deux autres de ses combats d'avant-garde : celui en faveur du droit des femmes - tous les droits, y compris celui de voter qu'on appelait à son époque le droit de cité ou encore le droit de citoyen - et celui contre l'esclavage.

Deux domaines où, là encore, se trouvent associés le philosophique, le juridique, l'économique et le social dans une perspective de valorisation du capital humain.

Comment a-t-on pu laisser aussi longtemps les femmes sans aucun droit, donc victimes de toutes les inégalités ?

« Songez, écrit Condorcet, qu'il s'agit des droits de la moitié du genre humain, droits oubliés par tous les législateurs. »[281]

Même par les législateurs des républiques.

Il n'est donc pas inutile, continue Condorcet « même pour la liberté des hommes d'indiquer le moyen de détruire la seule objection qu'on puisse faire aux républiques, et de marquer entre elles et les Etats non libres une différence réelle ».[282]

Et d'en appeler à la philosophie des droits naturels :

« N'est-ce pas, demande-t-il, en qualité d'êtres sensibles, capables de raison, ayant des idées morales, que les hommes ont des droits ? Les femmes doivent donc avoir absolument les mêmes, et cependant jamais, dans aucune constitution appelée libre, les femmes n'ont exercé le droit de citoyen. »[283]

Il va donc s'employer à détruire tous les arguments qui s'opposent aux droits des femmes.

Il part d'abord d'un constat :

« Les faits ont prouvé que les hommes avaient ou croyaient avoir des intérêts fort différents de ceux des femmes, puisque partout ils ont fait contre

---

[281] Condorcet, *Lettres d'un bourgeois de New-Haven à un citoyen de Virginie*, Arago 9, p.20. Précisons que Condorcet a traité à de nombreuses reprises des droits des femmes. Citons principalement :
- en 1788 dans *Lettres d'un bourgeois de New-Haven* et dans *Essai sur la constitution et les fonctions des Assemblées provinciales*, Arago 8.
- En 1790 dans *Sur l'admission des femmes au droit de cité*, Arago 10.
- En 1791 dans *Quatrième mémoire sur l'instruction relative aux professions,* Arago 7.

[282] Condorcet, *Lettres d'un bourgeois de New-Haven*, op. cit., p. 20.

[283] Ibid., p.20.

elles des lois oppressives, ou du moins établi entre les deux sexes une grande inégalité. »[284]

En bon philosophe, il va chercher et établir la cause d'une situation qui a abouti à maintenir hors du champ des droits la moitié du genre humain.

Pas la peine de chercher bien loin une telle cause : elle réside dans la force et le pouvoir de l'habitude :

« L'habitude, explique-t-il, peut familiariser les hommes avec la violation de leurs droits naturels, au point que, parmi ceux qui les ont perdus, personne ne songe à les réclamer, ne croie avoir éprouvé une injustice.

« Il est même quelques-unes de ces violations qui ont échappé aux philosophes et aux législateurs, lorsqu'ils s'occupaient avec le plus de zèle d'établir les droits communs des individus de l'espèce humaine, et d'en faire le fondement unique des institutions politiques.

« Par exemple, tous n'ont-ils pas violé le principe de l'égalité des droits, en privant tranquillement la moitié du genre humain de celui de concourir à la formation des lois, en excluant les femmes du droit de cité ? Est-il une plus forte preuve du pouvoir de l'habitude, même sur les hommes éclairés, que de voir invoquer le principe de l'égalité des droits [...] et l'oublier à l'égard de douze millions de femmes ?

« Pour que cette exclusion ne fût pas un acte de tyrannie, il faudrait ou prouver que les droits naturels des femmes ne sont pas absolument les mêmes que ceux des hommes, ou montrer qu'elles ne sont pas capables de les exercer.

« Or, les droits des hommes résultent uniquement de ce qu'ils sont des êtres sensibles, susceptibles d'acquérir des idées morales, et de raisonner sur ces idées. Ainsi les femmes ayant ces mêmes qualités, ont nécessairement des droits égaux. Ou aucun individu de l'espèce humaine n'a de véritables droits, ou tous ont les mêmes ; et celui qui vote contre le droit d'un autre, quels que soient sa religion, sa couleur ou son sexe, a dès lors abjuré les siens. »[285]

Condorcet s'attache ensuite à réfuter toutes les considérations qui sont invoquées pour maintenir les femmes hors du champ des droits.

Est-ce parce qu'elles sont exposées à des grossesses et à des indispositions passagères ? Mais a-t-on jamais imaginé de priver les hommes qui ont la goutte ou d'autres maux de leurs droits ?

Est-ce parce qu'elles n'ont pas la même force de raison que les hommes ? Mais à l'exception d'une classe peu nombreuse d'hommes très éclairés, l'infériorité et la supériorité se partagent également entre les deux sexes.

Est-ce parce qu'il y a dans l'esprit et dans le cœur des femmes des qualités propres à les exclure de leurs droits naturels ? Mais des exemples

---

284 Ibid., p.15.

285 Condorcet, *Sur l'admission des femmes au droit de cité*, op.cit., p.121.

historiques comme ceux d'Elisabeth d'Angleterre, de Marie-Thérèse d'Autriche, de Catherine de Russie ont prouvé que ce n'était ni la force d'âme, ni le courage d'esprit qui manquait aux femmes. De surcroît elles ont montré des vertus de citoyen quand des troubles civils ou simplement le hasard les ont élevées sur des scènes historiques.

Peut-on affirmer, comme certains, que les femmes ne sont jamais conduites par la raison ?

« Cette affirmation est fausse, proclame Condorcet : elles ne sont pas conduites, il est vrai, par la raison des hommes, mais elles le sont par la leur [...] Si on admettait contre les femmes des raisons semblables, il faudrait aussi priver du droit de cité la partie du peuple qui, vouée à des travaux sans relâche, ne peut ni acquérir des lumières, ni exercer sa raison, et bientôt, de proche en proche, on ne permettrait d'être citoyens qu'aux hommes qui ont fait un cours de droit public. »[286]

Peut-on dire que les femmes, plus douces et plus sensibles, et moins égoïstes que les hommes, n'ont pas le sentiment de la justice, et qu'elles obéissent plutôt à leurs sentiments qu'à leur conscience ? Pour Condorcet, « ce n'est pas la nature, c'est l'éducation, c'est l'existence sociale qui cause cette différence. Ni l'une ni l'autre n'ont accoutumé les femmes à l'idée de ce qui est juste, mais à celle de ce qui est honnête ». [287]

Peut-on alléguer, contre les droits des femmes, leur dépendance à l'égard de leurs maris ? Nullement, car on peut détruire par la loi cette tyrannie de la loi civile « et que jamais une injustice ne peut être un motif d'en commettre une autre ».[288]

Après ces considérations juridiques il reste, selon Condorcet, deux objections à discuter qui appartiennent au domaine de l'utilité.

Au passage, il profite de l'occasion pour pourfendre ce thème de *l'utilité,* si fréquemment invoqué à son époque :

« C'est au nom de l'utilité, écrit-il, que le commerce et l'industrie gémissent dans les chaînes, et que l'Africain reste dévoué à l'esclavage ; c'est au nom de l'utilité publique qu'on remplissait la Bastille, qu'on instituait des censeurs de livres, qu'on tenait la procédure secrète, qu'on donnait la question. »[289]

Fau-il craindre, en politique, l'empire des femmes sur les hommes ? Ce type d'influence se réduirait « s'il cessait d'être pour elles le seul moyen de se défendre et d'échapper à l'oppression ».[290]

Faut-il craindre de distraire les femmes des soins que la nature semble leur avoir réservés ? Nullement, car on n'arracherait pas les femmes à leur

---

[286] Ibid., p.125.
[287] Ibid.
[288] Ibid., p.126.
[289] Ibid.
[290] Ibid., p.127.

ménage plus que l'on n'arrache les laboureurs à leurs charrues, les artisans à leurs ateliers [...] Il ne faut pas croire que parce que les femmes pourraient être membres des assemblées nationales, elles abandonneraient sur le champ leurs enfants, leur ménage, leur aiguille. Elles n'en seraient que plus propres à élever leurs enfants, à former des hommes [...] Ce peut être un motif de ne pas les préférer dans les élections, mais ce ne peut être le fondement d'une exclusion légale ».[291]

Et Condorcet de conclure avec gravité :

« Je demande maintenant qu'on daigne réfuter ces raisons autrement que par des plaisanteries et des déclamations ; que surtout on me montre entre les hommes et les femmes une différence naturelle, qui puisse légitimement fonder l'exclusion du droit.

« L'égalité des droits établie entre les hommes, dans notre nouvelle constitution, nous a valu d'éloquentes déclamations et d'intarissables plaisanteries ; mais, jusqu'ici, personne n'a pu encore y opposer une seule raison, et ce n'est sûrement ni faute de talent, ni faute de zèle. J'ose croire qu'il en sera de même de l'égalité des droits entre les deux sexes. » [292]

Faut-il le rappeler ? Ce texte de Condorcet sur le droit de vote des femmes date de 1790.

Elles n'accèderont à un tel droit, en France, qu'en 1945, pour les élections législatives de cette année-là.

Soit 155 ans plus tard...

Enfin quand l'Assemblée législative, en août 1792, juste avant de laisser la place à la Convention nationale, votera la possibilité du divorce, Condorcet saluera cette décision comme une avancée favorable aux femmes :

« Après de longs siècles de servitude les saintes lois de la liberté, de l'égalité, si longtemps méconnues par rapport aux femmes, vont fleurir pour elles comme pour l'autre moitié de l'espèce humaine. »[293]

Au XVIIIe siècle, la condamnation de la traite et de l'esclavage peut s'exprimer d'un triple point de vue, que va incarner Condorcet : celui du philosophe des droits naturels, celui du moraliste attaché à la dignité humaine, celui de l'économiste déterminé à abattre l'argumentation des colons qui défendent l'existence des colonies à sucre :

« Il faut savoir se passer de sucre, proclame-t-il, il faut savoir renoncer à une denrée souillée du sang de nos frères. »

Cette phrase date de 1776.

Elle a été écrite par un Condorcet de trente-trois ans.

---

291 Ibid., p.128.

292 Ibid., p.129.

293 *Chronique de Paris* du 31 août 1792.

Elle résume le combat qu'il engage contre la traite et l'esclavage et qui va durer jusqu'à sa mort.

Elle manifeste avec éclat la contradiction qui existe entre l'apparition des Lumières et la persistance de cet atroce asservissement des êtres humains par d'autres êtres sans humanité.

Elle place le combat au plus haut degré de la conscience puisque tous les hommes sont frères.

Frères, c'est d'ailleurs le mot que l'on retrouve en 1781 dans la première ligne de son *Epitre dédicatoire aux Nègres esclaves :*

« Quoique je ne sois pas de la même couleur que vous, souligne-t-il, je vous ai toujours regardé comme mes frères. »

Avant d'aller plus loin, il convient de rappeler les principaux écrits de Condorcet contre l'esclavage.

Le premier, celui de 1775, est contenu dans ses *Notes sur les pensées de Pascal* [294]

Le deuxième, où il s'exprime sous le couvert d'un pseudonyme - un ermite de la forêt de Sénart - se trouve dans ses *Lettres aux auteurs du journal de Paris,* dictées en 1777[295]

Le troisième, le plus important, ce sont ses *Réflexions sur l'esclavage des Nègres*, qui paraissent en 1781.[296]

Là encore, il s'exprime par le moyen d'un pseudonyme, celui de Joachin Schwartz, et fait entendre tantôt le jugement du philosophe des droits naturels et tantôt le point de vue de l'économiste. Surtout, il dénonce la responsabilité des Européens dans le développement de l'esclavage :

« C'est l'infâme commerce des brigands d'Europe, écrit-il, qui fait naître entre les Africains des guerres presque continuelles, dont l'unique motif est le désir de faire des prisonniers pour les vendre. »[297]

Le quatrième texte, *Sur l'admission des députés des planteurs de Saint-Domingue*, écrit en 1789, plonge dans l'actualité du moment puisque les planteurs de cette colonie entendaient non seulement être représentés à l'Assemblée nationale de Paris mais y représenter aussi leurs esclaves. Condorcet n'a aucune peine à démontrer que ne respectant aucun des droits d'une nation libre ils ne sauraient jouir d'une telle représentation.[298]

Enfin le dernier texte important, datant lui aussi de 1789, est une adresse *Au corps électoral contre l'esclavage des Noirs*. Il s'agit de présenter la position de la Société des amis des Noirs créée en 1788 par des personnalités

---

[294] Arago 3, p.647.
[295] Arago 1, p.344 et 347.
[296] Arago 7, pp. 63 à 140.
[297] Ibid., p.72.
[298] Arago 9, pp.479 à 485.

abolitionnistes comme Brissot et l'abbé Grégoire et dont Condorcet est un membre actif.[299]

Sa condamnation de l'esclavage va s'organiser selon une double ligne : l'indignation morale qu'exprime le philosophe et l'argumentation sociale que développe l'économiste. Il s'agira, pour lui, de démontrer que l'esclavage est aussi contraire à la justice qu'à l'intérêt du commerce :

« La destruction de l'esclavage, affirme-t-il, ne ruinerait ni les colonies, ni le commerce ; elle rendrait les colonies plus florissantes ; elle augmenterait le commerce. Elle ne ferait d'autre mal que d'empêcher quelques hommes barbares de s'engraisser des sueurs et du sang de leurs frères. En un mot, la masse entière des hommes y gagnerait, tandis que quelques particuliers n'y perdraient que l'avantage de pouvoir commettre impunément un crime utile à leurs intérêts. »[300]

Son indignation éclate dans son premier texte.

Il importe d'en citer de larges extraits car son point de vue résume celui de tous les abolitionnistes de son temps.

Qu'on en juge :

« Arracher des hommes de leur pays, par la trahison et par la violence, pour les exposer en vente dans des marchés publics comme des bêtes de somme ; s'accoutumer à ne mettre aucune différence entre eux et les animaux ; les contraindre au travail à force de coups ; les nourrir non pour qu'ils vivent, mais pour qu'ils rapportent ; les abandonner dans la vieillesse ou dans la maladie, lorsque l'on n'espère plus de regagner par leur travail ce qu'il en coûterait pour les soigner ; ne leur permettre d'être père que pour donner le jour à des enfants destinés aux mêmes misères, devenus comme eux la propriété de leur maître, qui peut les leur arracher et les vendre ; que pour voir leurs femmes et leurs filles exposées à toutes les insultes de ces hommes sans humanité comme sans pudeur. Voilà comme nous traitons d'autres hommes ! Ce serait une horrible barbarie si ces hommes étaient blancs ; mais ils sont noirs, et cela change toutes nos idées. L'Américain oublie que les nègres sont des hommes ; il n'a avec eux aucune relation morale ; ils ne sont pour lui qu'un objet de profit [...] Mais je n'ai pas tout dit : en vain les lois, en consacrant cet usage, qu'aucune loi positive ne peut rendre légitime, parce qu'il viole les droits de la nature ; en vain les lois ont-elles voulu mettre une borne à la cruauté des maîtres : leur ingénieuse barbarie élude toutes les lois. Le colon enfermé dans sa plantation seul avec quelques satellites au milieu de ses Noirs, est sûr de n'avoir que des témoins dont la loi rejette le témoignage. Là, juge à la fois et partie, il prodigue en sûreté les tortures et les supplices ; le Noir qu'il croit coupable est déchiré, tenaillé, jeté vivant dans des fours ardents aux yeux de ses tristes

[299] Ibid., pp.471 à 475.

[300] Condorcet, *Réflexions sur l'esclavage des Nègres*, op.cit., p. 86.

compagnons, qui, tremblant d'être traités comme complices, n'osent même montrer une stérile pitié.

« La jeune Américaine assiste à ces supplices ; elle y préside quelquefois : on veut l'accoutumer de bonne heure à entendre, sans frémir, les hurlements des malheureux : on semble craindre qu'un jour sa pitié ne tente de désarmer le cœur de son époux.

« Ces crimes sont publics, la loi les tolère, l'opinion ne les flétrit pas ! on ose même en faire l'apologie : sans cela, dit-on, nous ne pourrions avoir de sucre. Eh bien ! si on ne peut en avoir qu'à force de crime, il faut savoir se passer de sucre ; il faut renoncer à une denrée souillée du sang de nos frères. »[301]

Détruire la traite et l'esclavage par une argumentation économique serrée était d'autant plus nécessaire que ce mode de production était à l'origine d'un véritable écosystème mettant en jeu de nombreux intérêts concernant non seulement les colonies et leurs diverses populations mais encore les métropoles par le biais des activités portuaires et maritimes. Ainsi, en France, Bordeaux, Nantes et Le Havre, entre autres, étaient des ports fortement impliqués dans ce type d'activité, soit directement par l'importation et le traitement de produits coloniaux, soit indirectement par la construction de navires adaptés au transport d'esclaves sur de longues distances .

Bref, la seule indignation morale, tout justifiée qu'elle était au regard du droit naturel, ne suffisait pas pour abattre définitivement l'esclavage. Il fallait aussi en prévoir les conditions de sortie dans toutes ses conséquences humaines, économiques et sociales.

Ce sera le point de vue adopté par Condorcet.

Après avoir proclamé dans ses premiers écrits qu'aucune considération économique ne saurait justifier l'esclavage, il va démonter pièce après pièce l'argumentation des colons et établir les conditions d'une sortie progressive de l'esclavage pour prendre en compte la reconversion des esclaves et leur réinsertion dans un régime de liberté économique à partir de ce principe qu'il juge évident, à savoir que les productions coloniales n'ont pas besoin d'esclaves. Des Noirs libres peuvent suffire et seront plus productifs dans un régime de liberté économique.

Qu'il s'agisse de la production du sucre, de l'indigo, du café ou des diverses épices « il est donc d'abord très vraisemblable que les Nègres ne sont pas les seuls hommes qui puissent remuer la terre en Amérique ; et il est certain que la culture par des Nègres libres, loin de nuire ni à la quantité, ni à la qualité des denrées, contribuerait, au contraire, à augmenter l'une en perfectionnant l'autre ».[302]

---

[301] Condorcet, *Remarques sur les pensées de Pascal*, op.cit., p.647.

[302] Condorcet, *Réflexions sur l'esclavage des Nègres*, op.cit., p.85.

Selon lui, une sortie progressive de l'esclavage « c'est seulement mettre dans la manière de détruire les abus, la prudence nécessaire pour que la justice qu'on rend à un malheureux devienne plus sûrement pour lui un moyen de bonheur ».[303]

Il va donc proposer toute une série de lois qui lui paraissent « les plus sûres pour détruire graduellement l'esclavage, et pour l'adoucir tant qu'il subsistera ».[304]

Pour justifier une telle politique gradualiste il compare l'asservissement que connaissent les esclaves des Antilles à celui, en métropole, des serfs de la glèbe. Dans l'un et l'autre cas, en rendant trop brusquement la liberté aux esclaves et aux serfs, on les réduirait à la misère. Par un changement trop brusque de leur situation sociale, ils seraient libres mais ruinés. Etant entendu que des dispositions graduelles « ne peuvent être utiles qu'autant qu'elles ne seront établies que pour un espace de temps limité, et qu'elles ne feront qu'accompagner un système d'affranchissement ».[305]

Quant aux dédommagements qui seront imposés aux colons au profit de leurs anciens esclaves, ils seront exigibles dans l'ordre de la justice naturelle « quand même le maître n'aurait jamais abusé de son pouvoir. Ce sont des dédommagements nécessaires du tort qu'il a fait à son esclave en le retenant dans l'esclavage : crime qui n'a pas besoin d'une information pour être constaté. Cette nécessité de réparer le crime qu'on a commis, est une conséquence du droit naturel, et n'a besoin d'être ordonnée d'avance par aucune loi ».[306]

Finalement, malgré la forte opposition des colons des Antilles, réunis au sein du club de l'hôtel de Massiac - du nom de l'établissement parisien où ils se réunissaient - l'esclavage sera aboli par un décret de la Convention nationale du 4 février 1794 (un mois et demi avant la mort de Condorcet, survenue le 29 mars de la même année) mais sera bientôt rétabli par Bonaparte le 20 mai 1802.

Il faudra attendre le 27 avril 1848 pour une abolition définitive en France.

Si l'on ajoute aux combats de Condorcet pour les droits des femmes et pour la libération des esclaves celui qu'il a mené en faveur de l'émancipation des Juifs, on peut écrire qu'il s'agissait, là encore, dans chaque cas, de libérer et de valoriser un capital humain.

---

303 Ibid., p.80.
304 Ibid., p.106.
305 Ibid., p.107.
306 Ibid.

17

De l'impôt sur les terres à l'impôt sur les personnes

S'il y a, en économie, un thème essentiel, central, déterminant, c'est bien celui de l'impôt, de sa nature, de son établissement, de sa justification, de son assiette, de son montant, de sa destination. Et ce thème touche lui aussi à ces quatre disciplines que sont le droit constitutionnel, la production des richesses, la justice sociale et la politique gouvernementale.

Voilà pourquoi Condorcet a beaucoup écrit sur l'impôt. Ce fut pour lui un objet qui recoupait ses domaines d'excellence. Il avait vu au cabinet de Turgot les efforts de ce dernier pour mettre fin au scandale des droits féodaux, alléger les charges qui pesaient sur les paysans, créer une fiscalité moderne capable de favoriser à la fois la production agricole et les échanges commerciaux :

« M. Turgot, avait-il souligné, avait formé le plan de substituer un seul impôt direct à cette foule d'impôts indirects de toute espèce, fléaux de l'industrie et du commerce, source première de la misère et de l'avilissement du peuple. »[307]

Il est vrai que les Physiocrates avaient déblayé ce terrain.

Ils avaient fait le choix de la simplicité et de l'efficacité grâce à un impôt unique - l'impôt foncier - frappant le seul revenu des terres.

C'est l'un des secteurs où Condorcet, qui se méfiait comme Turgot du dogmatisme de Quesnay et de ses disciples, se déclarera en plein accord avec eux.

Ce qui ne l'empêche nullement de présenter sa propre définition et sa propre justification de l'impôt :

« L'impôt, écrit-il, est une partie du revenu annuel de chaque citoyen, qu'il s'oblige d'abandonner pour les dépenses nécessaires à la sûreté, à la tranquillité, à la liberté, à la prospérité publique, c'est-à-dire, pour le maintien de ses propres droits, pour la conservation des avantages qu'il retire de la société. »[308]

Si l'impôt est mal conçu, il devient un véritable vol, une spoliation.

Et même « un vol fait aux pauvres » :

« Dans toute administration bien réglée, écrit-il, le nécessaire physique de chaque homme doit être exempt de tout impôt ; mais, au contraire, le crédit des riches a fait retomber ce fardeau sur les pauvres, dans presque tous les pays où le peuple n'a point de représentant. Ainsi, toute portion de l'impôt,

---

[307] Condorcet, *Vie de M. Turgot*, Arago 5, p.85.
[308] Condorcet, *Des lois constitutionnelles sur l'administration des finances*, Arago 10, p.107.

qui n'est point employée pour le public, doit être regardée comme un véritable vol, et comme un vol fait aux pauvres. »[309]

C'est donc sur le besoin, et sur rien d'autre, que doit être calculé l'impôt :

« C'est sur le besoin réel de l'Etat, proclame Condorcet, que les impôts doivent être réglés, et leur durée doit être fixée d'après celle du besoin. »[310]

Voilà pourquoi il condamne sans appel la conception que le régime monarchique avait de l'impôt et, en filigrane, on devine que cette condamnation s'adresse au monarque qui fut l'emblème même de cette monarchie, à savoir Louis XIV :

« Surcharger le peuple d'impôts pour étonner les étrangers par une vaine magnificence, obérer le trésor public pour embellir des jardins, bâtir des théâtres lorsqu'on manque de fontaines, élever des palais lorsqu'on n'a point de fonds pour creuser des canaux nécessaires à l'abondance publique, ce n'est point protéger les arts, c'est sacrifier un peuple entier à la vanité d'un seul homme. »[311]

Ce jugement rappelle l'aveu qu'un Louis XIV repentant avait fait au dauphin, quand il lui avait conseillé, quelques heures avant sa mort : « Ne m'imitez pas dans le goût que j'ai eu pour les bâtiments... »[312]

De surcroît, si l'impôt n'est pas réglé sur le besoin, il devient injuste.

Et Condorcet d'expliquer :

« L'impôt est injuste lorsqu'il excède les dépenses nécessaires, et strictement nécessaires à la prospérité publique : il est alors un véritable vol aux contribuables. Il est injuste encore lorsqu'il n'est pas distribué proportionnellement aux propriétés de chacun. Il est tyrannique lorsque sa forme assujettit les citoyens à des gênes ou à des vexations inutiles ; mais il n'est destructeur de la richesse nationale, que lorsque, soit par sa grandeur, soit par sa forme, il diminue l'intérêt de former des entreprises de culture, ou qu'il les fait négliger. »[313]

Pour expliquer sa position Condorcet va se placer à la fois du point de vue de celui qui reçoit le montant de l'impôt, c'est-à-dire l'Etat, et du point de vue de celui qui le paye, en clair le citoyen producteur.

Sous ce double aspect il est évident, à ses yeux, que l'impôt unique sur le produit des terres est le plus utile :

« L'impôt sur le produit des terres, affirme-t-il, est le plus utile à celui qui lève l'impôt, le moins onéreux à celui qui le paye, le seul juste, parce qu'il

---

[309] Condorcet, *Remarques sur les pensées de Pascal*, op.cit., Arago 3, p.652.
[310] Condorcet, *Idées sur le despotisme,* Arago 9 p.152.
[311] Condorcet, *Notes sur Voltaire*, op.cit., Arago 4, p.613.
[312] Cité par Edgar Faure dans son ouvrage : *La banqueroute de Law*, Paris, 1977, Gallimard, collection *Trente jours qui ont fait la France*, p.63.
[313] Condorcet, *Notes sur Voltaire*, op. cit., p.584.

est le seul où chacun paye à mesure de ce qu'il possède, de l'intérêt qu'il a au maintien de la société. »[314]

Son argumentation en faveur de l'impôt territorial s'apparente à une démonstration quasi mathématique :

« Il est démontré, assure-t-il, que sous quelque forme qu'un impôt soit établi, il se lève en entier sur la partie de la reproduction annuelle de la terre qui reste après qu'on en a retranché tout ce qui a été dépensé pour l'obtenir. Il est également prouvé que la seule répartition juste est celle qui est proportionnelle à ce produit net de la terre. Il l'est encore, que la seule manière possible d'établir cette proportion, et même toute proportion régulière, est de lever directement l'impôt sur ce produit. »[315]

Autre avantage :

« Un impôt territorial ne diffère d'un autre que parce qu'il est levé avec moins de frais, ne met aucune entrave dans le commerce, ne porte la mort dans aucune branche d'industrie, n'occasionne aucune vexation, parce qu'il peut être distribué avec égalité sur les différentes productions proportionnellement au produit net que chaque terre rapporte à son propriétaire. »[316]

Notons au passage l'expression « proportionnellement », laquelle nous montre que Condorcet est favorable à un impôt proportionnel sur le revenu des terres et non pas progressif.

S'il se prononce en faveur de ce type d'impôt, il n'ignore pas les difficultés qui existent pour l'établir. « C'est, dit-il, une opération qui doit se faire avec lenteur, et qui exige, pour ne causer aucun désordre passager, beaucoup de sagesses dans les mesures ».[317]

La première de ces mesures est évidemment l'établissement d'un cadastre précis et indiscutable de toutes les terres pour mettre fin au désordre de la fiscalité de la monarchie.

La précision de la géométrie pour fixer la surface cultivable des terres doit devenir une alliée du travail du paysan.

Pour Condorcet, l'impôt doit donc être employé au profit du bien public. Il considère l'impôt comme une sorte d'investissement fait par chacun, en proportion de ses revenus, pour la défense des droits et des propriétés de tous.

Sur une telle scène, il y a donc principalement trois acteurs : l'homme du peuple, l'homme riche et le souverain.

Pour l'homme du peuple « il faut qu'il puisse se rendre ce témoignage, qu'il fait à l'Etat un bien au moins équivalent à la somme qu'il reçoit pour

---

314 Condorcet, *Notes sur Voltaire*, op.cit., p.300

315 Condorcet, *Vie de M. Turgot*, Arago 5, p.124.

316 Condorcet, *Notes sur Voltaire*, op.cit., p. 301.

317 Ibid., p.430.

salaire, ou plutôt au mal que cette partie de l'impôt fait souffrir au peuple, sur qui elle se lève ».[318]

Pour l'homme riche « il doit compte à la nation de l'emploi de son temps et de ses forces ; ce n'est même qu'à ce prix qu'il peut lui être permis de jouir d'un superflu sans travail ».[319]

Quant au souverain « il n'a pas le droit de rien détourner du trésor public, pour satisfaire ou ses fantaisies ou son orgueil : ce trésor n'est pas à lui, il est au peuple. Une partie du superflu du riche peut sans doute être employée à consoler le chef d'une nation des peines du gouvernement ; mais cet emploi du tribut devient criminel, du moment où une partie de l'impôt se lève sur le peuple. Les courtisans parlent sans cesse des dépenses nécessaires à la majesté du trône. J'ignore toutefois si la vue d'un prince, uniquement occupé du bonheur de ses peuples, menant une vie simple et frugale, sans gardes, sans appareil, sans courtisans, n'ayant que quelques sages livrés aux mêmes soins que lui ; j'ignore si un tel prince n'offrirait point un spectacle plus attendrissant, plus imposant même que celui de la cour la plus brillante, et par conséquent la plus ruineuse pour la nation qui la paye ; mais du moins faut-il avouer qu'il est plus nécessaire à un peuple d'avoir du pain, que d'éblouir les étrangers par la triste représentation d'une cour somptueuse. »[320]

Vouloir supprimer le fléau des impôts indirects - en clair les droits féodaux - hérités de la monarchie était certes une noble ambition de Turgot partagée par Condorcet mais qui va vite se heurter au mur des réalités :

« Je crois, avait écrit Condorcet, tout impôt indirect un abus et une injustice : je crois leur réforme totale nécessaire ; mais il ne l'est pas moins d'attendre, non pour la préparer, mais pour l'exécuter, si on veut qu'elle soit bien faite. »

Et d'expliquer :

« On se trouve dans la nécessité de conserver des impôts indirects, tels que le privilège du tabac, les traites aux frontières, les entrées des villes, une partie des droits sur les actes, peut-être d'établir un impôt du timbre. »[321]

Et la révolution industrielle, qui a déjà commencé au moment où Condorcet écrit ces lignes, va pousser à la multiplication des impôts indirects plutôt qu'à leur régression. Dès lors, se posera la question du rapport, mieux de la cohabitation, de l'impôt foncier avec les impôts indirects :

« D'après quels principes, demande-t-il, doit-on déterminer la partie de cet impôt qu'il convient de lever immédiatement sur les terres, et la partie pour laquelle on peut conserver des impôts indirects, quoique d'une forme

[318] Condorcet, *Remarques sur les pensées de Pascal*, op.cit., Arago 3, p. 652.
[319] Ibid., p.653.
[320] Ibid.
[321] Condorcet, *Des lois constitutionnelles sur l'administration des finances*, op.cit., p.114.

moins simple et moins équitable ; et quels sont ceux des impôts actuels qui peuvent être conservés, soit qu'ils existent, soit avec des changements ? »[322]

De surcroît il y a des impôts indirects qui sont de véritables fléaux :

« On ne peut, dans la plupart des villes, constate Condorcet, exercer publiquement aucun métier, ni vendre à boutique ouverte, sans avoir payé un droit fixé par le gouvernement ; droit qui, surchargé presque partout de frais de réception et de taxes, pour subvenir à de prétendues dépenses de communautés, coûte au moins le double de ce qu'il rend au trésor public [...] Ce genre d'impôt réunit donc tous les vices qui peuvent rendre injuste un impôt, quoique établi par une autorité légitime. Il est le fléau du commerce, et surtout de l'industrie ; il éteint l'émulation, il perpétue les méthodes vicieuses et l'esprit de routine ; lui seul peut rendre la concurrence étrangère longtemps dangereuse à l'industrie nationale. Ce ne sont pas des prohibitions qu'il faut opposer à l'habileté des ouvriers étrangers, c'est une industrie égale que l'émulation doit bientôt amener, que l'augmentation des capitaux doit favoriser ; mais la liberté seule peut faire naître l'émulation et multiplier les capitaux. »[323]

La dangerosité de certains impôts indirects, mais l'impossibilité de les abolir tous, cela amène Condorcet à soumettre ce type de fiscalité à une condition impérative :

« La première observation, proclame-t-il, d'après laquelle on doive se décider sur la conservation ou le changement de forme des impôts indirects, est la nécessité de n'en établir aucun qui ne s'accorde avec les principes d'une constitution égale et libre, c'est-à-dire, qu'il n'en faut aucun qui entraîne la violation des droits des hommes ; aucun qui expose la liberté publique a être enchaînée par l'intrigue, ou avilie par la corruption. »[324]

D'après ce principe, les impôts indirects que l'on pourrait conserver sont les suivants:

- Une capitation ;
- Un droit sur les actes ;
- Des droits sur les douanes extérieures ;
- Les entrées des villes ;
- Les postes.[325]

Du bon choix des impôts, qu'ils soient directs ou indirects, de leur bon usage, de leur bon rendement, de leur bonne harmonie avec la création des richesses et, surtout, de leur total accord avec la philosophie des droits : voilà

---

[322] Condorcet, *Mémoires sur la fixation de l'impôt*, Arago 11, p.436.

[323] Condorcet, *Sur la constitution et les fonctions des assemblées provinciales*, Arago 8, p.357 et suivantes.

[324] Condorcet, *Mémoires sur la fixation de l'impôt*, Arago 11, p.459.

[325] Ibid., p. 461.

comment on pourrait résumer, d'une phrase, toute la philosophie de Condorcet en matière de fiscalité.

C'est à la lumière d'une telle philosophie qu'il va falloir analyser une autre forme d'impôt qu'il promeut et qui aura un bel avenir : l'impôt sur les personnes, et dans cette perspective sur les riches, donc sur la fortune.

18

L'impôt sur la fortune selon Condorcet

S'il y a des textes de Condorcet qu'il importe de relire dans l'ordre chronologique de leur rédaction, ce sont bien ses écrits sur l'impôt.

La raison en est simple.

Son époque est celle d'importants changements dans la vie générale de la nation.

La France, pays de Monarchie absolue à économie principalement agricole, s'engage à partir de 1789 dans une révolution politique qui s'accompagne d'une révolution industrielle qui a déjà commencé en Angleterre.

La Modernité s'ouvre sur un double bouleversement.

La fiscalité devra suivre et s'adapter à un monde nouveau.

Rien de plus révélateur que les titres de ses principaux textes sur le sujet, rédigés en 1790 et 1793, alors qu'il siège à la Convention nationale, laquelle a proclamé l'abolition de la royauté et l'instauration de la République :

Les textes en question sont les suivants :

- *Mémoires sur la fixation de l'impôt* [326]
- *Des lois constitutionnelles sur l'administration des finances* [327]
- *Sur l'impôt personnel*[328]
- *Sur l'impôt progressif*[329]
- Enfin le *Plan de Constitution*, qu'il présente à la tribune de la Convention nationale les 15 et 16 février 1793 - dite Constitution girondine - et dont le titre XII s'intitule *Des contributions publiques*, où se trouvent exprimées, en onze articles, à la lumière du droit constitutionnel, ses ultimes idées fiscales moins d'un an avant sa mort.[330]

Impôt personnel et impôt progressif : on comprend tout de suite que Condorcet va traiter d'impôts de types nouveaux, à la fois dans leur origine et dans leur échelle. Cela dévoile l'évolution de sa pensée économique en étroite concordance avec les avancées d'une société en cours de mutation. En nous aidant d'une métaphore, on pourrait écrire qu'en matière de fiscalité il quitte définitivement les eaux de la Physiocratie pour aborder aux rives de la Modernité, il quitte un monde dont le symbole était la charrue pour accéder à un autre univers dont la marque sera la manufacture.

---

[326] Arago 11, p.407.
[327] Arago 10, p.107.
[328] Arago 11, p.473.
[329] Arago 12, p.625.
[330] Ibid., p.496 pour le titre sur les contributions publiques.

Un monde où l'impôt portait principalement sur *la chose* - la terre - pour un autre où l'impôt va porter de plus en plus sur *la personne*.

Du coup on va passer, en matière de fiscalité, de l'impôt proportionnel sur le seul revenu des terres - encore appelé impôt foncier unique - à l'impôt ou proportionnel ou progressif sur le revenu des personnes.

L'impôt proportionnel, rappelle-t-il, est celui qui augmente dans la même raison que la valeur imposée ; ainsi, par exemple, un impôt sur le revenu est proportionnel, s'il en est toujours le dixième, c'est-à-dire, si le revenu de 100 livres en paye 10, et que celui de 1000 en paye 100.

Quant à l'impôt progressif on a donné ce nom à celui qui augmente plus qu'en proportion de la valeur imposée, « comme si, par exemple, 1000 livres de revenus payaient un vingtième ; que pour le revenu qu'on aurait de plus, jusqu'à 2000 livres, on payât deux vingtièmes ; trois pour le revenu qu'on aurait au-dessus de 2000 livres jusqu'à 3000, et ainsi de suite [...] On voit qu'un impôt progressif peut se décomposer en plusieurs impôts proportionnels, dont le premier, par exemple, affecterait la totalité des revenus ; le second, la portion seulement qui excède une certaine somme ; le troisième, ce qui excède encore une autre limite [...] L'impôt proportionnel peut être considéré comme un impôt sur les choses ; il reste le même quel qu'en soit le possesseur [...] L'impôt progressif est nécessairement personnel »[331]

Condorcet énumère ensuite les objectifs visés par le développement d'un impôt portant sur les personnes :

- Diminuer la masse, autrement dit le poids de l'impôt qui pèse sur les terres, donc sur la production agricole, pour encourager celle-ci ;
- Assujettir à l'impôt les autres espèces de revenus, ce qui n'est que justice ;
- Diminuer l'imposition des personnes modestes en faisant porter plus que proportionnellement par les riches une partie de ces impositions.[332]

Sur le plan technique, l'impôt personnel que propose Condorcet s'organise en un système à trois composantes :

Une composante large ;

Une composante intermédiaire où s'appliquera l'impôt proportionnel ;

Une composante haute où règnera l'impôt progressif.

La composante large touchera un nombreux public puisqu'il s'agira d'une sorte de taxe correspondant à trois journées de travail qui sera en même temps une voie d'accès aux droits de citoyen :

---

331 Condorcet, *Sur l'impôt progressif*, op.cit., p.625.

332 Condorcet, *Sur l'impôt personnel*, op.cit., p.473.

« Tout homme majeur de vingt-cinq ans, écrit Condorcet, qui voudra exercer les droits de citoyen actif, payera une contribution égale à trois journées de travail. »[333]

La composante intermédiaire aura comme assiette la valeur des logements. Condorcet n'ignore pas que l'inconvénient de l'impôt personnel est d'être arbitraire et de soumettre les fortunes à une sorte d'inquisition :

« On doit donc chercher, ajoute-t-il, un moyen de diminuer l'arbitraire de l'impôt personnel, et d'éviter qu'il n'entraîne une inquisition contraire au droit des citoyens. Il faut par conséquent chercher une base fixe sur laquelle on puisse l'asseoir [...] Parmi celles que l'on peut choisir, la valeur du logement, déterminée, soit par le prix du loyer, soit par estimation, me paraît mériter la préférence. »[334]

Toutefois, comme le logement doit être considéré comme un premier besoin pour les familles, Condorcet envisage, soit des exonérations, soit des décotes pour les familles modestes. De même, cette nouvelle fiscalité ne devra peser que sur les immeubles d'habitation « les ateliers, les magasins ne doivent pas y entrer. Il faut donc séparer le loyer personnel de celui des magasins et ateliers. »[335]

Quant à l'impôt progressif il est à la fois, pour Condorcet, juste et utile, deux qualités dont on connaît la valeur sous sa plume. Ce type d'impôt entre dans le cadre de ce que nous appelons aujourd'hui une fiscalité redistributive, et, concernant les personnes riches, s'apparente à un impôt sur la fortune. Selon lui, tous les revenus situés au-dessus du nécessaire pour vivre doivent être imposés proportionnellement. Mais, au-delà d'un certain niveau, une autre contribution, progressive celle-là, doit être instituée :

« Elle sera destinée à faire payer par les riches certains avantages exclusifs qu'ils retirent de dépenses faites, à la vérité, pour l'utilité générale, mais dont il résulte nécessairement des jouissances qui ne peuvent être que pour eux seuls. »[336]

Il cite l'exemple des grandes routes dont la réfection et l'entretien sont financés par la dépense publique, dépense dont le riche profite deux fois, la première au titre de l'utilité commune (amélioration du transport des denrées, de l'activité du commerce, des voyages d'affaires) et la seconde fois pour son plaisir personnel en pouvant se porter rapidement d'un lieu dans un autre dans le cadre de voyages d'agrément. C'est pourquoi la contribution supplémentaire qui frappe le riche dans son superflu, son excédent, bref sa fortune personnelle « est conforme à la justice ».[337]

---

[333] Ibid., p.480.
[334] Ibid., p.474.
[335] Ibid., p.475.
[336] Condorcet, *Sur l'impôt progressif*, op.cit., p.630.
[337] Ibid.

Toutefois, en bon économiste, Condorcet sait que ce type d'imposition pourrait nuire au développement de l'activité productive. Il a donc ses limites :

« Je sais, écrit-il, que l'existence des grandes fortunes est nuisible par elle-même ; qu'il est utile qu'elles se rapprochent de l'égalité ; je sais que, sans cela, l'égalité même des droits ne peut être entière et réelle. Je sais que les grandes fortunes ne sont point nécessaires à cette activité d'industrie, à cette heureuse distribution de travaux, à cette circulation, à cet accroissement de capitaux, de richesses, qui permet au sol de se couvrir d'une population plus nombreuse, et qui augmente, pour chaque génération, les moyens d'aisance et de bien-être. Mais aussi la destruction subite, le déplacement de ces fortunes, et même le changement instantané de leur emploi, dérangeant la marche de l'industrie, la distribution actuelle du travail, le cours établi du commerce, peuvent réduire le sol d'un pays à ne plus nourrir qu'une population beaucoup plus faible, peuvent condamner plusieurs générations au malheur, pour revenir lentement ensuite à une prospérité que l'on atteindrait beaucoup plus tôt et avec bien moins de sacrifices, en détruisant l'inégalité de fortunes par des moyens plus doux, qui même seraient plus efficaces. »[338]

Dans cette perspective, il va même jusqu'à réhabiliter les dépenses de luxe et de fantaisie qui auraient pour effet de permettre « aux fortunes cachées » de se dissiper utilement en procurant du travail à certains métiers.

Bref, Condorcet plaide en faveur d'un impôt sur la fortune qui ne soit pas motivé par une sorte de jalousie sociale de classes mais au contraire inspiré par la justice et l'utilité.

Finalement, c'est dans son *Plan de Constitution* de 1793, que l'on trouvera, sous forme concentrée, l'essentiel de ses idées sur les contributions publiques vues non plus dans les détails techniques mais sous l'angle des principes constitutionnels :

Voici, divisé en XI articles, ce texte de référence qui s'intitule *Des contributions publiques :*

<u>Article premier</u> :

Les contributions publiques ne doivent jamais excéder les besoins de l'Etat.

<u>Article II :</u>

Le peuple seul a le droit, soit par lui-même, soit par ses représentants, de les consentir, d'en suivre l'emploi, et d'en déterminer la quotité, l'assiette, le recouvrement et la durée.

<u>Article III :</u>

[338] Ibid., p.631.

Les contributions publiques seront délibérées et fixées, chaque année, par le corps législatif, et ne pourront subsister au-delà de ce terme, si elles n'ont pas été expressément renouvelées.

Article IV :

Les contributions doivent être également réparties entre tous les citoyens, en raison de leurs facultés.

Article V :

Néanmoins, la portion du produit de l'industrie et du travail, qui sera reconnue nécessaire à chaque citoyen pour sa subsistance, ne peut être assujettie à aucune contribution.

Article VI :

Il ne pourra être établi aucune contribution qui, par sa nature ou par son mode, nuirait à la libre disposition des propriétés, aux progrès de l'industrie et du commerce, à la circulation des capitaux, ou entraînerait la violation des droits reconnus et déclarés par la Constitution.

Article VII :

Les administrateurs des départements ou des communes ne pourront, ni établir aucune contribution publique, ni faire aucune répartition au-delà des sommes fixées par le corps législatif, ni délibérer ou permettre, sans y être autorisé par lui, aucun emprunt local à la charge des citoyens du département ou de la commune.

Article VIII :

Les comptes détaillés de la dépense des départements ministériels, signés et certifiés par les ministres, seront rendus publics, chaque année, au commencement de chaque législature.

Article IX :

Il en sera de même des états de recette des diverses contributions et de tous les revenus publics.

Article X :

Les états de ces dépenses et recettes seront distingués, suivant leur nature, et exprimeront les sommes touchées et dépensées, année après année, dans chaque département.

Article XI :

Seront également rendus publics les comptes des dépenses particulières aux départements, et relatives aux tribunaux, aux administrateurs, et généralement à tous les établissements publics.[339]

Ajoutons à ce texte une précision et un complément qui, tous deux, renforcent la pensée de Condorcet en matière fiscale.

---

[339] Condorcet, *Plan de Constitution, présenté à la Convention nationale les 15 et 16 février 1793*, Arago 12, p.496 à 498.

La précision concerne les attributions respectives du pouvoir législatif et du pouvoir exécutif en matière de fixation et de perception de l'impôt.

Dans son *Deuxième mémoire sur la fixation de l'impôt* il avait proclamé « la nécessité absolue de ne laisser au pouvoir exécutif aucune autorité sur la perception, aucune influence arbitraire sur la disposition des fonds, ou sur la distribution des places ». Selon lui, l'administration des finances - comme d'ailleurs l'administration de la justice - devait être séparée du pouvoir exécutif. « Sans cette séparation, avait-il ajouté, on peut rester libre de droit ; mais on ne le sera point dans la réalité ; et l'esclavage de la corruption remplacera nécessairement l'esclavage de l'autorité ».[340]

Quant au complément, il concerne les relations entre religions et impôts.

« Le corps législatif, précisait Condorcet dans sa propre *Déclaration des droits* publiée en 1789, ne pourra, sous aucun prétexte, ni établir aucune taxe pour payer les frais d'aucun culte, ni affecter à cet usage aucune propriété appartenant à la nation [...] Le culte sera payé par des contributions volontaires, ou d'après des conventions formées librement. »[341]

[340] Condorcet, *Deuxième mémoire sur la fixation de l'impôt*, op.cit., p.436.
[341] Condorcet, *Déclaration des droits*, Arago 9, p.199.

19

La monnaie est un « monde obscur » que Condorcet s'efforcera de rendre clair

Au début de la Révolution la monnaie s'apparente à un univers en expansion mais très désordonné en raison du manque d'uniformité des poids et mesures. Cet univers a subi quelques décennies plus tôt le choc de la faillite de la banque de Law et s'apprête à être frappé par une météorite qui s'appellera *Assignats*. Après cela il s'effondrera sur lui-même en raison d'une banqueroute nationale qui aura lieu trois ans après la mort de Condorcet quand, en 1797, la France décidera de ne pas rembourser deux tiers de sa dette publique.

Monde perturbé et mystérieux pour beaucoup, où la monnaie est à la fois de métal et de papier, de papier libre ou de papier forcé, d'or et d'argent, de lingots et de pièces et où les prix varient en fonction de raisons obscures sous l'influence des échanges à l'intérieur des frontières et du mécanisme des changes à l'extérieur.

Le tout sans banque d'Etat qui aurait autorité pour mettre un peu d'ordre dans cette agitation.

De surcroît il y a peu d'experts d'un tel univers qui a ses propres pesanteurs, ses propres lois, ses propres planètes soumises à des phénomènes d'attraction et de répulsion.

Les astronomes - mieux, les astrophysiciens - de la monnaie se comptent sur les doigts d'une main.

Il faut être mathématicien, et de haut vol, pour pénétrer, peser et interpréter cette variété de chiffres issus de l'activité économique, trouver leurs origines, saisir leurs relations, établir leurs interactions, comprendre leurs significations, exploiter leurs leçons.

Or Condorcet est un mathématicien. Et de haute compétence.

Il est aussi secrétaire perpétuel de l'Académie des sciences.

Surtout, il est depuis quinze ans Inspecteur général des monnaies.

Il a été nommé à ce poste par Turgot en 1775 et l'a quitté en 1790. Pendant cette période il a occupé à ce titre l'Hôtel des monnaies au cœur de Paris.

Il sera le Newton de cet univers.[342]

---

[342] Précisons tout de suite ceci : rapprocher Condorcet et Newton est une comparaison qui n'est pas de nous mais de François Furet, dans sa préface au monumental ouvrage de Keith Michael Baker : *Condorcet, raison et politique* (Hermann éditeur, Paris, 1988). Dans cette préface, François Furet pose la question, à propos de Condorcet : « Comment être le Newton du social ? » (p. XI). Pour notre part nous reprenons cette comparaison à propos de cet aspect spécifique du monde économique et social qui est celui de la monnaie.

L'Hôtel des monnaies, dans sa partie technique, est d'abord un vaste laboratoire où l'on teste des alliages de différents métaux non ferreux, où l'on étudie l'usure, donc la perte de poids, de différentes sortes de pièces, où l'on pratique la frappe expérimentale des monnaies métalliques.

C'est Mathieu Tillet, lui aussi membre de l'Académie des sciences, nommé par Turgot Inspecteur général des essais et affinages, qui sera l'adjoint technique de Condorcet dans l'animation de cette petite usine.

Mais l'Hôtel des monnaies, idéalement situé en bord de Seine, sera aussi un somptueux lieu où l'on causera philosophie, économie et politique quand Condorcet, après avoir épousé en 1786 la belle et intelligente Sophie de Grouchy, verra sa jeune épouse animer l'un des plus prestigieux salons de Paris où se rencontreront intellectuels français et étrangers.

Condorcet, en son magnifique Hôtel, se trouvera dans un lieu où, en matière de monnaie, vont se croiser les expériences pratiques de sa fabrication, les considérations économiques de son utilisation, les aspects politiques de son évolution. Il le quittera en 1790. Il y aura résidé pendant quinze ans.

Un rappel d'abord du Condorcet des débuts de la Révolution.

Il a quarante-six ans en 1789.

Il est membre de deux académies, l'Académie royale des sciences et l'Académie françaises, où il est entré en 1782.

S'il n'a pas été élu à l'Assemblée nationale constituante, il a rédigé, lors des Etats généraux, les vœux de la noblesse de Mantes, ville près de laquelle il possède une propriété. Après quoi il est devenu membre de la Commune de Paris. C'est maintenant un personnage important de la vie politique et intellectuelle. Il possède un réseau d'amis et de correspondants en France et à l'étranger. Il est très lié à Thomas Paine qui, bientôt, deviendra député de Calais, à Thomas Jefferson, futur président des Etats-Unis, à Benjamin Franklin, dont il écrira l'éloge après la mort.

En 1791 il sera parmi les premiers républicains, en posant, dans un texte retentissant, une question qui, à l'époque, est encore sacrilège : *Un roi est-il nécessaire à la conservation de la liberté* ? [343]

L'Assemblée nationale ayant décidé de mettre d'urgence à son ordre du jour l'unification des poids et mesures sur tout le territoire, elle confie cette mission à l'Académie des sciences et reçoit solennellement, le 12 juin 1790, une délégation de cette Académie emmenée par Condorcet. Celui-ci, s'adressant aux représentants de la nation déclare :

« Vous avez daigné nous associer en quelque sorte à vos nobles travaux ; et, en nous permettant de concourir au succès de vos vues bienfaisantes,

[343] Condorcet, *De la République, ou un roi est-il nécessaire à la conservation de la liberté ?* Arago 12, p.227.

vous avez montré que les sages représentants d'une nation éclairée ne pouvaient méconnaître ni le prix des sciences, ni l'utilité des compagnies occupées d'en accélérer le progrès et d'en multiplier l'application [...]

« Chacun de nous, comme homme, comme citoyen, vous doit une éternelle reconnaissance pour le bienfait d'une Constitution égale et libre, bienfait dont aucune grande nation de l'Europe n'avait encore joui ; et pour celui de cette Déclaration des droits qui, enchaînant les législateurs eux-mêmes par les principes de la justice universelle, rend l'homme indépendant de l'homme, et ne soumet sa volonté qu'à l'empire de la raison [...] Des citoyens voués par état à la recherche de la vérité sentent combien, en ordonnant que les hommes ne seraient plus rien par des qualités étrangères, et tout par leurs qualités personnelles, vous avez assuré les progrès de l'espèce humaine [...] Ils savent que vous n'avez pas moins fait pour le bonheur des générations futures, en rétablissant l'esprit humain dans son indépendance naturelle, que pour celui de la génération présente, en mettant les propriétés et la vie des hommes à l'abri des attentats du despotisme. »

Eloge des connaissances, de la science, de la raison, de la Déclaration des droits, de la nouvelle Constitution, de la protection de la vie et des propriétés contre les atteintes du despotisme, tout cela orienté dans le sens des progrès de l'espèce humaine : c'est du Condorcet pur sucre.

Et la réponse de Sieyès qui, ce jour-là, préside l'Assemblée, montre en quelle estime est tenu Condorcet. Celui qui porte la parole de l'Académie des sciences, souligne Sieyès, « est accoutumé depuis longtemps à la porter avec succès au monde entier au nom de la philosophie et des sciences ;

«Nous regrettons, termine Sieyès, de ne le point voir assis parmi nous, lorsqu'il est certain que son esprit n'est point étranger à nos délibérations. »[344]

Bientôt, Condorcet ira s'asseoir parmi les députés quand, cette fois, il sera élu à l'Assemblée nationale législative.

C'est donc à partir de 1789 que les écrits économiques de Condorcet se multiplient et s'intensifient sur quatre thèmes d'actualité qui font partie de l'univers de la monnaie : poids et mesures, dettes publiques, impôts, assignats. D'autant qu'en mars 1791, sur proposition de Mirabeau, il a été nommé par le roi comme l'un des six commissaires de la Trésorerie nationale, une nouvelle institution que les nouveaux députés veulent installer en vigie des comptes publics. Position qui va lui permettre de mesurer de l'intérieur l'état de délabrement des finances de la Monarchie finissante. Et de connaître aussi de l'intérieur la pitoyable solution que l'Assemblée nationale va tenter d'apporter à ce délabrement en créant massivement des Assignats, qui deviendront vite une monnaie fondante avant de dériver vers le statut de fausse monnaie.

---

[344] *Archives parlementaires*, N° 9 pp. 200 et 201.

Actualité oblige : Condorcet, à partir de 1789, va donc multiplier les écrits sur la monnaie et sur tous les thèmes qui s'y rattachent. Parmi eux il y a, évidemment, la dette publique. Une France écrasée d'impôts a contraint Louis XVI à s'en préoccuper. Après avoir tenté de régler cette question au sein de deux réunions d'une Assemblée des Notables, il a été forcé de souscrire à des Etats généraux, une instance qui n'avait pas été convoquée depuis... 1614.

Ce sont les élus d'une France incandescente qui se retrouvent à Paris et qui, face au roi, vont imposer le regroupement des trois ordres de la monarchie - Clergé, Noblesse, Tiers-Etat - en une seule chambre proclamée Assemblée nationale constituante, mettre fin en quelques semaines à la féodalité en abolissant les privilèges, voter une Déclaration des Droits et entamer l'étude d'un projet de Constitution qui sera voté en septembre 1791.

Condorcet, quant à lui, énonce d'entrée les priorités que doit s'imposer la nouvelle Assemblée.

Elles sont au nombre de six.

Trois concernent le droit constitutionnel, c'est le philosophe politique qui s'exprime :

- Rétablissement des citoyens dans leurs droits naturels ;
- Vote d'une Constitution ;
- Réforme de la jurisprudence criminelle.

Les trois autres concernent les finances, les impôts et les abus qui surchargent l'Etat de dépenses inutiles, et c'est l'économiste qui parle :

- Réforme d'une administration des finances injuste et tyrannique ;
- Consolidation de la dette publique ;
- Elimination des nuisances économiques et financières contraires à la prospérité publique et aux progrès de l'industrie et de la culture.[345]

Il est évident qu'à l'arrière plan de ces ambitions c'est la réforme du système de la monnaie qui s'impose.

Certes, dès avant 1789, Condorcet s'était intéressé, en économiste, à la question monétaire à travers celle, entre autres, des impôts, notamment en 1786 dans sa *Vie de Monsieur Turgot* et en 1788 dans son étude sur la *Constitution et les fonctions des assemblées provinciales*.

Mais à partir de 1789 et jusqu'à septembre 1791, date de son élection à l'Assemblée législative, il multiplie les écrits sur l'économie et surtout sur la monnaie.

A l'époque, la monnaie traînait derrière elle une grande partie de l'héritage des siècles mercantilistes, où la possession de métaux précieux était considérée comme la finalité de l'activité économique. Les encouragements de l'Etat aux exportations avaient eu comme objectif

---

[345] Condorcet, *Réflexions sur ce qui a été fait et sur ce qui reste à faire*, Arago 9, p.443.

principal de faire rentrer les métaux précieux à l'intérieur du pays et le freinage des importations visait à les empêcher d'en ressortir. Du coup, l'or était devenu un mythe, à ce titre difficile à analyser de manière rationnelle. Si Condorcet ne succombera pas à sa séduction, il reconnaîtra toutefois son rôle prééminent dans deux domaines, celui des jeux et celui des paiements à l'étranger.

Bref, pour beaucoup de raisons, le monde de la monnaie reste « obscur » :

« La théorie des monnaies est obscure, reconnaît Condorcet, parce que la langue en est vague et peu connue. Il s'y est glissé des préjugés que l'intérêt s'efforcera de perpétuer ; il est donc important de chercher à éclairer cette théorie, à dissiper ces préjugés, à dévoiler ces intérêts. »[346]

Selon lui il ne faut pas considérer la réforme des monnaies comme une simple opération économique et n'y voir que quelques avantages pour le commerce, une telle réforme doit être conforme aux principes inscrits dans la nouvelle Constitution et il importe que ces principes servent aussi à diriger toutes les branches de la législation et à régler, dans le droit, dans la liberté et dans la clarté toutes les relations avec les nations étrangères.

Après avoir jugé que la réforme des poids et mesures devra impérativement être suivie d'une réforme des monnaies, il justifie la nécessité de leur refonte « car, explique-t-il, vainement aurait-on simplifié le calcul de toutes les choses qui se vendent ou qui s'achètent, si celui de ce qui sert de mesure commune à toutes les valeurs restait toujours également compliqué ».

« J'ai donc cru, insiste-t-il, qu'il pourrait être utile de discuter, dans une suite de mémoires, les questions dont la solution doit servir de base à cette réforme. »[347]

Ces *Mémoires sur les monnaies* sont au nombre de cinq. Ils paraissent en décembre 1790.

Condorcet s'est souvenu du conseil de Turgot, quand il était à son cabinet, en 1774-1775.

En effet, celui-ci avait souligné la nécessité « d'embrasser dans un système général la réforme des poids et mesures, la législation des monnaies, et le commerce des matières d'or et d'argent. »[348]

Disons-le tout de suite : un tel travail, sur une matière aussi complexe, suppose de grandes qualités de pédagogie. Les talents de Condorcet sont multiples. Nous avons rencontré successivement le mathématicien, puis le savant, puis le philosophe politique, puis l'économiste, puis le grand intellectuel engagé au service du bien public : voici le pédagogue.

---

[346] Condorcet, *Mémoires sur les monnaies*, Arago 11, p.584.

[347] Condorcet, préface à *Mémoires sur les monnaies*, ibid., p.583.

[348] Condorcet, *Mémoires et discours sur les monnaies et les finances (1790-1792),* édition établie par Bernard Courbis et Lucien Gillard, Cahiers d'économie politique, Cahiers monnaie et financement, Paris, L'Harmattan ,1994, p.7.

Car c'est bien pour faire œuvre de pédagogie qu'il divise son propos en cinq parties. Chaque mémoire répondra à une question précise qui sera formulée dans les premières lignes de chaque texte. Ici, Condorcet applique une méthode qui lui est familière : celle de l'analyse, autrement dit de la décomposition d'une matière complexe en ses éléments les plus simples pour en acquérir une meilleure connaissance et y discerner l'essentiel de l'accessoire.

Démarche pédagogique donc, mais qui n'est pas la seule : Condorcet lève le rideau sur une autre perspective, bien plus large, bien plus profonde, que l'on pourrait qualifier d'universaliste, à savoir que la nouvelle Constitution de la France ainsi qu'un système monétaire rénové et inspirant confiance pourraient servir d'exemple aux nations étrangères :

« On ne doit pas considérer la réforme des monnaies comme une simple opération économique, souligne-t-il, et y voir seulement quelques avantages de commerce. Il importe à la France que l'époque de sa liberté soit aussi celle d'une amélioration, et que les principes qui ont été donnés pour base à la constitution nouvelle, servent également à diriger toutes les branches de la législation, à régler toutes les relations avec les nations étrangères [...] Si chaque partie de la législation offre à la constitution l'appui qu'elle en reçoit, alors l'édifice est inébranlable ; alors les nations étrangères, voyant la prospérité publique, l'ordre, la justice, accompagner constamment la liberté, hâteront, par des efforts soutenus, le moment de la recouvrer ; et le peuple qui leur a servi de modèle, bientôt entouré de peuples libres, n'aura plus à craindre de jamais cesser de l'être. »[349]

Si la théorie des monnaies reste « obscure » selon la propre expression de Condorcet, c'est que dans cet univers complexe et toujours en mouvement cohabitent, pour faire face aux échanges intérieurs et extérieurs, le métal et le papier. Complexité supplémentaire : il y a deux métaux - l'or et l'argent - et deux sortes de papier : le papier libre (traites et lettres de change) et le papier-forcé (billets de banque). Pour ajouter à la complexité, on peut rajouter deux métaux pour confectionner de la petite monnaie en pièces : le cuivre ou le métal de cloche. En effet, après la saisie des biens du clergé certains chimistes avaient imaginé de fondre les cloches pour en faire un métal monétaire. Et chacun de ces éléments, dans le système, constitue une planète en soi qui va influer sur les planètes voisines. Ainsi, à supposer que la population se mette à douter de la fiabilité de l'argent-métal relativement à l'or, on va voir l'or disparaître progressivement de la circulation : il aura été thésaurisé comme bonne monnaie et les échanges quotidiens serviront d'occasion pour se débarrasser de l'argent. C'est un cas concret de l'application de la loi célèbre de Gresham.

[349] Condorcet, préface à *Mémoires sur les monnaies*, op.cit., p.584.

Par un phénomène de défiance, aussi puissant qu'une force de répulsion, la mauvaise monnaie - l'argent - aura chassé la bonne - l'or - qui ira se réfugier dans les bas de laine de la population. D'où il ne sortira, comme le relève Condorcet, qu'en deux occasions où il est indispensable : les jeux et les paiements à l'étranger.

Dans son *Premier mémoire*, Condorcet revisite et précise le vocabulaire et les notions de base du système monétaire - unité monétaire, numéraire, espèces, qualités des métaux précieux comme monnaie, rôle privilégié et poids de l'argent fin dans les pièces de monnaie en alliage, enfin, certification de ce poids par une empreinte « qui atteste, sur la foi publique, que cette pièce contient telle quantité d'argent fin. Alors le morceau de métal devient pièce de monnaie ».[350]

Si Condorcet ne se prononce pas ouvertement sur le choix du métal comme monnaie principale du pays, on peut deviner entre les lignes que sa préférence va au monométallisme argent. Au point que, selon Jean-Marie Darnis, « Condorcet pourrait être le visionnaire du retrait de la monnaie d'or de la libre circulation ».

Retrait qui n'aura lieu que 124 ans plus tard par la loi du 5 août 1914...[351]

Enfin, à propos d'un tel système Condorcet pose la question de savoir qui doit payer les frais de fabrication de la monnaie, frais qui sont très importants dans une technique qui consiste à fondre les métaux précieux dans des alliages. A ces frais techniques, l'Etat peut d'ailleurs ajouter un coût supplémentaire s'il établit, ou maintient, un droit sur la fabrication de ces monnaies, nommé traditionnellement « droit de seigneuriage ».

On se retrouve donc devant les hypothèses suivantes :

- Frais de fabrication payés par l'Etat sans droit ;
- Frais de fabrication payés par les « fabricateurs », autrement dit ceux qui font transformer des lingots en pièces ;
- Addition d'un droit de seigneuriage à l'hypothèse précédente.

Pour sa part Condorcet se prononce pour la deuxième hypothèse qui lui semble la plus simple et la plus conforme à la nature des choses, à savoir : faire payer les frais par les fabricateurs sans aucun droit supplémentaire.

Dans son *Deuxième mémoire*, Condorcet examine les rapports entre l'or et l'argent dans la situation où les deux métaux cohabitent comme monnaie et il pose la question suivante :

« D'après quels principes peut-on régler, dans les monnaies, la proportion de la valeur de l'or et de l'argent ?[352]

---

[350] Condorcet, *Mémoires sur les monnaies*, op.cit., p.588.

[351] Jean-Marie Darnis, *Les questions monétaires dans la pensée de Condorcet*, dans l'ouvrage collectif *Condorcet mathématicien, économiste, philosophe, homme politique*, Paris, 1989, éditions Minerve, p.181.

Soulignons au passage qu'en toutes choses, même les plus complexes, Condorcet cherchera toujours à en établir les principes, autrement dit la raison cachée qui les explique.

Situation d'autant plus difficile qu'en matière de monnaie les rapports entre l'or et l'argent se situent sur deux planètes différentes.

La première, la planète monétaire, est celle où ce rapport est fixé par la loi. Ainsi, une loi datée de 1785 et établie par Calonne, fixe ce chiffre dans un rapport de 1 à 15,5, ce qui signifie qu'un gramme d'or est équivalent à 15,5 grammes d'argent.

La seconde planète est celle du commerce où les prix de l'or et de l'argent sont fixés librement par le marché selon le jeu de l'offre et de la demande dans le cadre des échanges intérieurs ou internationaux.

La complexité de cette situation étant renforcée, en France, par l'absence, d'une politique de crédit national :

« Il n'avait jamais existé en France de véritable crédit national, déplore Condorcet, le prêt à intérêt et à terme fixe y était défendu par la loi, et presque avili par le préjugé ; il était donc naturel que beaucoup de gens thésaurisassent, les uns pour amasser, les autres pour attendre un placement. Cet emploi de la monnaie d'or devait nécessairement la conserver ; d'ailleurs on la vendait avec profit aux voyageurs ou aux joueurs. »[353]

Comment parer à ce type d'inconvénients ? Condorcet envisage trois solutions :

- Soit n'admettre dans les paiements qu'un seul métal en laissant la valeur de l'autre fluctuer au gré du marché dans la sphère commerciale ;
- Soit décider qu'au-dessus d'un certain seuil les paiements seront réalisés moitié en or, moitié en argent ;
- Soit choisir comme monnaie officielle un seul métal mais, au lieu de laisser l'autre fluctuer librement, lui attribuer une valeur fixe qui pourra être changée ou maintenue à période régulière, par exemple tous les deux ans à l'ouverture d'une nouvelle législature.

Avec le *Troisième mémoire* on retrouve le Condorcet réformateur, visionnaire et prémonitoire.

En effet, dans les premières lignes de son texte il avance une idée qui appartiendra au XXe siècle plutôt qu'au XVIIIe et qui consiste dans une politique de coopération internationale fondée sur la circulation d'une monnaie unique ayant cours dans plusieurs pays. C'est l'Euro avant l'heure :

« On voit, souligne-t-il, combien cette circulation offrirait de facilités aux commerçants, aux voyageurs de ces nations ; combien elle leur épargnerait de frais inutiles ; combien la comparaison du prix des denrées, devenue plus

---

352 Condorcet *Mémoires sur les monnaies*, op.cit.601.

353 Ibid., p.603.

simple, faciliterait les opérations de commerce. C'est alors que les grosses monnaies d'or deviendraient utiles jusqu'au moment où les hommes, s'éclairant de plus en plus sur leurs vrais intérêts, les papiers de circulation d'un pays pourraient devenir eux-mêmes, à un certain point, communs à tous les autres. »[354]

Dans ce cadre Condorcet se prononcera en faveur de ce qu'il nomme « le paiement sur registre », autrement dit un jeu d'écritures où seuls les soldes sont réglés.

Et il espère que l'exemple d'une telle politique de coopération puisse être donné « par les deux nations de l'Europe les plus éclairées, les plus riches, les plus libres », c'est-à-dire la France et l'Angleterre. Elles pourraient dans le même élan donner aussi l'exemple « d'adopter le même système de poids et mesures ».

Et de conclure :

« Une politique insidieuse et barbare a cherché trop longtemps à rendre les nations ennemies ; trop longtemps elle a multiplié les obstacles qui empêchent les citoyens d'un pays de s'unir aux citoyens d'un autre, et par là elle a fomenté les haines nationales, au lieu de les éteindre ; elle a favorisé quelques classes puissantes et riches aux dépends du reste des citoyens, à qui la plus grande facilité des communications ne peut être qu'utile. Ces idées paraissent encore chimériques à quelques esprits ; mais le nombre en diminue tous les jours, et les hommes se lasseront bientôt de se haïr et de s'égorger pour le profit de quelques négociants ou l'ambition de quelques ministres. »[355]

Dans son *Quatrième mémoire*, Condorcet étudie, pour l'améliorer, la relation entre la justice et l'univers des monnaies. D'autant que les procès en cette matière seront forcément basés sur des considérations très techniques portant sur le poids et le titre des monnaies. Si la loi en la matière est claire puisqu'elle stipule que telle pièce d'argent qui ne pèsera pas tant de grains, qui ne sera pas à tel titre, sera rejetée, la vérification de ces caractéristiques exigera beaucoup de compétences de la part des jurés. Comme la justice devra se prononcer sur des faits précis - le poids et le titre des pièces - Condorcet estime que de tels faits scientifiques devront avoir pour juges des jurés, et des jurés-experts.

Enfin le *Cinquième mémoire* est à la fois le résumé et la conclusion des quatre premiers. Si une refonte générale des monnaies est une opération nécessaire, il ne faut pas se dissimuler quelle sera longue et incommode pour

[354] Ibid., p.621.
[355] Ibid., p.622.

la généralité des citoyens, et surtout pour le commerce. Il est donc prudent de choisir, pour la faire « les temps les plus paisibles ».[356]

Au reste une telle réforme ne peut être commencée qu'après l'adoption du nouveau système des poids et mesures.

Dans cette perspective, Condorcet se prononce en faveur de l'instauration du système décimal.

Un thème traverse tous les écrits de Condorcet sur les monnaies et la finance : celui de la confiance.

Voilà pourquoi il insiste sur deux impératifs : la précision du vocabulaire et la nécessité de l'instruction publique.

Le vocabulaire qui règne à son époque dans le monde des monnaies et de la finance doit être clarifié et précisé, seul moyen d'évacuer d'un tel monde les préjugés, les intérêts et les tromperies.

Et, en complément, une instruction publique pour tous devra initier la population aux phénomènes économiques qui régentent « ce monde obscur ».

La confiance, voilà bien ce qui fera cruellement défaut à l'Assemblée constituante quand elle décidera de créer des vagues successives d'assignats.

---

[356] Ibid., p.642.

20

Dans la tourmente des assignats

Pour comprendre la position de Condorcet sur les assignats, il importe de replacer cette affaire dans son contexte historique.

Ce contexte se résume d'une phrase : dès sa naissance, l'Assemblée constituante est suspendue au-dessus d'un gouffre : celui de la dette publique. Elle pourrait précipiter la France dans une banqueroute, et cela au moment même où le pays est menacé d'une invasion étrangère.

Necker, qui est aux finances, propose une succession d'initiatives qui s'apparentent à des expédients plutôt qu'à des réformes.

D'abord, il lance deux emprunts à quelques semaines d'intervalle. Ils ne seront pas couverts. Condorcet ironise : « Jamais on ne prit de meilleures mesures pour manquer plus sûrement une opération de finances. »[357]

Ensuite il fait appel à des dons volontaires de la population. Nouvel échec, d'autant plus qu'à ce moment précis de la Révolution « donner, c'était jeter au gouffre » écrira Jaurès.[358]

Enfin, il propose une *Contribution patriotique* qui résulterait d'un prélèvement représentant le quart de tous les revenus et le quarantième de la vaisselle et de l'argent comptant, accompagné d'une invitation à porter la vaisselle à l'hôtel de la monnaie, en offrant de donner 55 livres du marc d'argent, en billets payables en six mois. Dernier échec.

Analysant sous l'angle de la technique financière ces différents revers Condorcet en attribue la cause principale à l'absence de confiance de la population. Selon lui tout cela « manqua et devait manquer » car « le crédit national n'existait pas encore ».[359]

Crédit national, sous sa plume, voulant dire confiance du peuple.

Il est vrai que les lancements de ces deux emprunts successifs demandés par Necker et décrétés par l'Assemblée en août 1789, avaient été précédés, en juillet, de graves événements comme la prise de la Bastille, le début des violences paysannes en province, qui se transformeront en Grande Peur, sans oublier une série d'émeutes à Strasbourg, au Mans, à Colmar.

Il est vrai aussi que c'est à cette époque que Louis XVI avait renvoyé Necker (le 11 juillet 1789)... pour le rappeler cinq jours plus tard (le 16 juillet).

---

[357] Condorcet, *Réponse à l'adresse aux provinces ou réflexions sur les écrits publiés contre l'Assemblée nationale*, Arago 9, p.510.

[358] Jean Jaurès, *Histoire socialiste de la Révolution française*, tome 1 *La Constituante (1789-1791)* Paris, 1977, Editions sociales, p.674.

[359] Condorcet, *Réponse à l'adresse aux provinces* op.cit., p.509.

Toutes choses qui n'étaient pas de nature à rassurer d'éventuels souscripteurs ni à rétablir le « crédit national ».

Toutefois, il y avait un domaine, au même moment, où l'Assemblée constituante travaillait avec ferveur et efficacité, à savoir : la rédaction de la Déclaration des droits de l'homme et la préparation de la nouvelle Constitution.

Condorcet possède sa propre explication à cette double situation, incertaine et agitée d'un côté, studieuse et sereine de l'autre :

« D'excellents ouvrages, explique-t-il, avaient préparé les esprits à la discussion des questions relatives à la constitution de l'Etat ; les idées qu'il faut combiner pour les résoudre sont à la fois plus simples, plus précises, et moins fugitives. La raison seule suffit pour juger ; il n'est pas d'objet sur lequel un esprit droit, accoutumé à la réflexion, ne puisse, en peu d'heures, acquérir des lumières suffisantes.

« Les finances, au contraire, exigent plus de connaissances positives ; les idées y sont plus vagues, plus compliquées, les préjugés plus enracinés, et, d'ailleurs, n'y sont pas si évidemment repoussés par ces principes sacrés de la liberté, de l'égalité entre les hommes ; car un des préjugés les plus communs, les plus enracinés, est de dédaigner ces principes pour les sacrifier aux fausses vues d'une prospérité commerciale.

« Ces mêmes préjugés sont défendus par des gens intéressés aux abus, forts en arguments tirés de la routine, et habitués, depuis deux siècles, à obscurcir les principes et à compliquer le langage et les opérations. »

Conclusion de Condorcet :

« Il existe peu de bons ouvrages sur la finance, et ceux qui existent ont été décriés par la ligue puissante des hommes à qui il est utile que la perception soit compliquée, et la répartition inégale. »[360]

C'est donc en marchant d'échec en échec sur le chemin tortueux de la finance que l'Assemblée en vient à l'idée de nationaliser puis de vendre les biens du clergé pour solder les dettes de la monarchie.

Mais comment justifier ce qui est en réalité une « confiscation », donc une atteinte au droit de propriété alors que la future Déclaration des droits de l'homme et du citoyen va porter la propriété au rang de droit imprescriptible et sacré au même titre que la liberté et l'égalité ?

Deux grandes voix vont justifier une telle nationalisation : celle de Mirabeau et surtout celle de Talleyrand, à l'époque évêque d'Autun.

Ici encore le contexte historique a son importance pour justifier la démarche des uns et des autres.

Rappelons donc ceci : le grand discours de Mirabeau justifiant la nationalisation des biens du clergé est prononcé à la tribune de la

---

[360] Ibid., p.507.

Constituante le 2 novembre 1789. Or, trois mois plus tôt très exactement, dans la nuit du 4 août, dans un grand élan réformateur, voire révolutionnaire, la même Assemblée a mis fin au système féodal en supprimant les privilèges, autrement dit les droits seigneuriaux.

C'est en s'appuyant sur ce précédent que Mirabeau prend la parole :

« Vous avez déclaré, rappelle-t-il aux élus, qu'une foule de droits seigneuriaux n'étaient que des usurpations, et d'après ce principe vous les avez supprimés sans indemnité. N'y aura-t-il d'inviolable que les usurpations de l'Eglise ? »[361]

Pour Mirabeau, l'Eglise n'est, au sein de l'Etat, qu'un corps constitué. Or, de tels corps ne peuvent pas être « des éléments de l'ordre social » puisqu'ils n'existent pas dans l'instant où la société se forme. Ils n'auront d'existence que celle que leur donnera la loi. De surcroît, s'ils sont propriétaires, c'est également en vertu de la loi qu'ils possèdent un droit de propriété. Et la loi peut reprendre ce qu'elle a attribué :

« Déclarez, conseille Mirabeau aux élus, que les biens de l'Eglise appartiennent à la nation ; ce seul principe conduira à mille réformes utiles, et par cela seul tous les obstacles sont surmontés. »[362]

Talleyrand pour sa part reprend et prolonge l'argument de Mirabeau selon lequel l'Eglise est un corps constitué. C'est à ce titre qu'elle a reçu la gestion - et non la propriété - de divers biens où dominent les biens fonciers. Selon lui, il est donc évident que « les biens ecclésiastiques sont une propriété nationale ».

Et de conclure :

« Qu'il soit en conséquence décrété par l'Assemblée nationale que la nation est le vrai propriétaire de ces biens, en ce sens qu'elle peut en disposer pour le plus grand bien public, à la charge pour elle de conserver à chaque titulaire ce qui lui appartient réellement, et de faire acquitter dorénavant, de la manière qu'elle jugera la plus digne, les obligations véritables dont ces biens se trouvent chargés. »[363]

Ces obligations véritables que la nation doit prendre en charge après la nationalisation des biens du clergé sont au nombre de trois :

- Le service des autels ;
- L'entretien des ministres du culte ;
- Le soulagement des pauvres dont l'Eglise était responsable.

Ces obligations constituent l'article 1 du décret en 12 articles qui nationalise les biens du clergé et que l'Assemblée constituante vote le 2 novembre 1789 par 568 voix contre 346 et 40 votes nuls.[364]

---

[361] *Archives parlementaires*, Mavidal et Laurent, première série (1789-1799) tome IX, Paris, 1877, Paul Dupont, p.640.

[362] Ibid.

[363] Ibid., p.651.

[364] Ibid., p.649.

En conséquence d'une telle nationalisation, l'Assemblée décide de créer, quelques jours plus tard, une *Caisse de l'extraordinaire* qui devra être alimentée par la vente des biens de l'Eglise, et, plus tard, par la vente de certains biens du domaine royal.

Pour ce qui est de Condorcet, il est en avance sur les élus de l'époque puisqu'il s'était prononcé bien avant l'Assemblée constituante - et même avant la réunion des Etats généraux - en faveur d'une telle vente des biens du clergé. Il l'avait fait longuement en 1788 dans son étude sur *La constitution et les fonctions des Assemblées provinciales* où il avait proposé « de consacrer la vente successive des biens du clergé à la liquidation de la dette publique ».

Pour cela il s'était livré à de savants calculs pour estimer la valeur des possessions du clergé par grandes catégories de biens, à savoir : abbayes et bénéfices simples, collégiales, évêchés, chapitres des cathédrales, moines.

Toutefois, l'originalité principale de son projet résidait en ceci que, fidèle à son esprit décentralisateur, il avait émis le souhait que les Assemblées provinciales soient chargées d'une telle vente :

« Les Assemblées provinciales, avait-il écrit, seraient chargées de la vente de ces biens, et dès lors les seules objections qu'on pourrait faire contre ce projet, l'une quant au droit, l'autre quant à l'utilité, perdent absolument toute leur force. »[365]

Si l'on en croit Condorcet, ramener au plus près du peuple cette importante question de la vente des biens du clergé en confiant la décision et l'exécution de ce vaste projet à chaque assemblée provinciale, c'était mieux en faire comprendre les arguments de droit et mieux en faire partager l'utilité, bref, participer plus efficacement à la restauration de ce fameux « crédit national » si nécessaire en ces temps troublés. Hélas, déjà jacobine, la France révolutionnaire avait choisi une autre voie : celle d'une décision nationale qui s'imposerait de manière uniforme à l'ensemble du pays et qui allait conduire à la création d'une nouvelle monnaie, nationale elle aussi : les assignats.

C'est précisément avant les débats sur la nationalisation des biens du clergé et avant le lancement des assignats que Condorcet publie un texte important qui prouve l'intérêt qu'il porte à la situation du pays à ce moment précis. Ce document a d'ailleurs un titre qui ne trompe pas : *Réflexions sur ce qui a été fait et sur ce qui reste à faire.*[366]

C'est une analyse lucide et sans complaisance.

---

365 Condorcet, *Réflexions sur la constitution et les fonctions des Assemblées provinciales*, op.cit., p.655.

366 Condorcet, *Réflexions sur ce qui a été fait et sur ce qui reste à faire*, Arago 9, pages 443 à 468.

Il n'hésite pas à employer le mot *anarchie* pour caractériser certains aspects de la situation du pays.

Il est d'autant plus à l'aise pour s'exprimer qu'il n'est pas, rappelons-le, membre de l'Assemblée constituante.

D'entrée il annonce son fil conducteur :

« Pour mettre de l'ordre dans cette discussion, précise-t-il, je commencerai par établir :

« Ce qu'il est absolument nécessaire d'achever avant que l'assemblée se sépare ;

« Ce qu'elle a fait, et ce qu'il faut réparer dans ce qu'elle a fait ;

« Enfin, ce qu'elle doit faire pour détruire l'anarchie. »[367]

Cette anarchie, il l'identifie dans deux domaines : celui des travaux préparatoires à la Constitution, celui de l'économie et des finances.

Préparer et voter une Constitution étaient deux choses aisées dès lors qu'il s'agissait d'établir la liberté, la sécurité et le droit de propriété.

Mais c'était une autre affaire pour instaurer et garantir l'égalité politique et l'égalité par rapport aux lois. Des corporations riches, puissantes, anciennement privilégiées s'y opposaient et, de surcroît, s'opposaient aussi à la réforme d'une grande partie des abus :

« Les lois anciennes, constate Condorcet, sont devenues l'objet du mépris, avant d'avoir été remplacées par de meilleures lois ; la vieille Constitution, ou ce qui en tenait lieu, était détruite, et la nouvelle n'était pas même commencée. Les dépenses se multipliaient, et les impôts n'étaient plus payés ; le crédit du gouvernement avait disparu, celui de la nation n'existait pas encore. »[368]

Résultat : à peine installée, l'Assemblée subissait l'influence de mouvements populaires incontrôlés qu'aucune force organisée n'était en mesure de réprimer :

« C'est donc au milieu de l'anarchie, déplore Condorcet, que l'Assemblée a travaillé jusqu'ici, et il faut, en achevant son ouvrage, tâcher de détruire cette anarchie, de faire abandonner au peuple les fausses conséquences qu'il a tirées de principes vrais en eux-mêmes, de rendre la sécurité aux classes de la société que le pouvoir populaire a effrayées. »[369]

Dans le domaine de l'économie et de la finance, il se désole du manque de crédit que rencontre l'Assemblée :

« L'Assemblée a reconnu l'ancienne dette, souligne-t-il, elle a proscrit avec indignation toute idée de banqueroute, de retenue, etc. et elle n'a point rétabli le crédit, et il est beaucoup moindre qu'il ne l'était lorsque les ministres empruntaient pour le roi. La raison en est simple : alors on ne craignait qu'une réduction plus ou moins forte, à laquelle ceux qui

[367] Ibid., p.447.
[368] Ibid., p.445.
[369] Ibid., p.446.

possédaient des effets au porteur espéraient avoir le temps d'échapper. Chacun des possesseurs se flattait que la valeur de ces effets ne s'évanouirait qu'après qu'ils seraient sortis de ses mains. Aujourd'hui on craint un bouleversement total dont l'époque ne pourra être prévue. Il n'y aura donc point de crédit tant que l'anarchie subsistera, tant que l'établissement des Assemblées provinciales et leur activité ne prouveront point aux capitalistes que les décrets de l'Assemblée nationale seront exécutés par la nation.[370]

Même la mémorable nuit du 4 août, qui a vu la chute du système féodal avec l'abandon des privilèges, n'a pas, selon Condorcet, rétabli le crédit car « les créanciers de l'Etat ont pu craindre le retour d'un pareil enthousiasme ».[371]

Pour lui, la contribution du quart du revenu et la proposition d'envoyer vaisselle et bijoux à l'Hôtel des monnaies « présentent aux personnes timides l'idée d'une inquisition sur les fortunes ».[372]

Donc, le crédit est fort loin d'être rétabli.

Alors, que reste-t-il à faire pour améliorer cette situation et porter remède à l'anarchie ?

« Les capitalistes, observe Condorcet, s'embarrassent fort peu, sans doute, que la Constitution décrétée par l'Assemblée obtienne ou n'obtienne pas une sanction solennelle des provinces ; mais ils attendront, pour se livrer à la confiance, que la nouvelle division de la France, que la nouvelle organisation des provinces ait été établie. C'est seulement alors qu'ils croiront à l'existence, à la solidarité de la nation dont on leur promet la garantie. L'Assemblée nationale ne doit donc ni se séparer, si suspendre un instant ses séances, que cette partie de ses décrets n'ait été absolument exécutée. C'est alors seulement que l'hypothèque offerte sur les biens du clergé, sur les domaines, inspirera de la confiance, parce que l'on verra les hommes qui seront chargés de préparer les ventes et d'y présider ; et c'est alors qu'on pourra ou faire des emprunts, ou créer des billets nationaux, ou donner aux anciens effets un mouvement qui en tienne lieu, si la création de billets de ce genre effraye encore. »[373]

Par ailleurs, pour Condorcet, l'état des subsistances est l'une des causes principales de l'anarchie. En septembre 1788, le gouvernement de Louis XVI avait défendu l'exportation des grains et avait obligé les producteurs à ne vendre qu'au marché. Deux décisions absurdes qui sont la première source du mal car elles gênent le commerce :

« Les visites chez les fermiers, constate-t-il, les menaces de contraindre à fournir les marchés, ont augmenté l'inquiétude. Elle était au comble, lorsque le pouvoir exécutif a passé tout à coup dans les mains du peuple. On devait

370 Ibid., p.454.
371 Ibid., p.455.
372 Ibid.
373 Ibid.

s'attendre qu'il exagérerait toutes ces mesures du régime prohibitif, que l'idée de taxer le blé, de le retenir, de l'arrêter, s'emparerait de toutes les têtes ; et c'est ce qui est arrivé. »[374]

Le décret que l'Assemblée constituante avait édicté le 29 août 1789 en faveur de la liberté de circulation intérieure des grains n'a pas été respecté :

« La crainte, le préjugé l'ont emporté presque partout, relève Condorcet. L'abondance dissiperait peu à peu les inquiétudes : mais l'abondance peut-elle se montrer, tant que les inquiétudes empêcheront la liberté de s'établir ? »[375]

Nouvel exemple de l'importance de la psychologie des foules en économie politique.

Importance que l'on va retrouver dans l'affaire des assignats.

C'est donc les 19 et 21 décembre 1789, soit un mois et demi après la nationalisation des biens du clergé que l'Assemblée constituante vote la création des assignats.

Parmi les dispositions adoptées, les principales sont les suivantes :

- Création officielle d'une *Caisse de l'extraordinaire* pour résorber la dette de l'Etat et qui va servir d'organe technique pour la gestion des assignats ;
- Intégration officielle, dans les biens à vendre « des domaines de la couronne, à l'exception des forêts et des maisons royales dont Sa majesté voudra se réserver la jouissance ».
- Lancement dans le public d'une première vague d'assignats de 400 millions de livres, en coupures de 1000 livres, portant intérêt à 5%.
- Les assignats seront admis de préférence dans l'achat des biens du clergé devenus biens nationaux.[376]

Cette première vague d'assignats, autrement dit d'un papier *assigné,* donc gagé, sur les biens nationaux n'est pas de la monnaie au sens courant du terme.

Les assignats, dans cette première version, s'apparentent plutôt à des Bons du Trésor ou à des Obligations de l'Etat.

En effet, les personnes intéressées font un prêt à l'Etat et reçoivent en échange des assignats d'un même montant, en clair des bons qui portent intérêt de 5% et qui peuvent être échangés à n'importe quel moment contre des biens nationaux de même valeur (terres, fermes, prairies, bâtiments, etc.) Une disposition prévoyait que ces assignats-Bons du Trésor seraient détruits dès leur retour à la Caisse de l'extraordinaire après chaque vente.

[374] Ibid., p.464.
[375] Ibid.
[376] *Archives parlementaires*, op.cit., tome X, p.681 et 690.

Des difficultés surgissent rapidement, les assignats se placent mal, d'autant que l'Eglise avait gardé l'administration de ses biens et n'encourageait pas leur vente.

Trois mois plus tard – le 17 avril 1790 – l'assignat subit un premier changement. L'Assemblée constituante fait tomber l'intérêt de 5 à 3%, propose une nouvelle émission de 800 millions, ajoute à la grande coupure de 1000 livres deux nouvelles coupures de 300 et 200 livres. Le cours forcé de l'assignat est décrété. Enfin, si l'Eglise perd l'administration de ses biens, des difficultés demeurent pour les vendre.

Le 30 avril 1790, l'Assemblée vote par applaudissements une *Adresse aux Français sur l'émission des assignats-monnaie*. Le fait d'être gagée sur les biens du clergé devenus biens nationaux donne à cette nouvelle monnaie, selon les députés « une valeur aussi évidente que celle du métal ».

L'*Adresse* justifie ensuite que cette nouvelle monnaie soit à cours forcé :

« A quoi servirait des assignats qu'on serait libre de refuser ? [...] Les pièces de monnaie ordinaire, dont le cours ne serait pas forcé auraient elles-mêmes un inconvénient presque égal à celui des assignats libres. »

L'Assemblée stipule en conclusion que cette *Adresse* sera imprimée, envoyée dans les provinces « et lue au prône de toutes les paroisses ».[377]

Le 27 août 1790, dans un retentissant discours, Mirabeau plaide avec ardeur pour cette transformation de l'assignat en monnaie de papier « seul parti sage et conséquent que les circonstances sollicitent » et prétend qu'une diffusion massive d'assignats « peut avoir lieu sans que la surabondance se manifeste ».[378]

Cette surabondance ayant comme conséquence prévisible l'inflation des prix.

Talleyrand et Dupont de Nemours s'opposent à Mirabeau et, précisément, jugent que l'inflation sera inévitable.

Mirabeau résume l'ensemble de ses observations en quatre impératifs :

- Rembourser la totalité de la dette exigible en assignats-monnaie, sans intérêt ;
- Mettre en vente sur-le-champ la totalité des domaines nationaux, et ouvrir à cet effet des enchères dans tous les districts ;
- Recevoir en paiement des acquisitions, les assignats, à l'exclusion de l'argent et de tout autre papier ;
- Enfin, brûler les assignats à mesure de leur rentrée.[379]

Le 29 septembre 1790, l'Assemblée décide que la dette exigible de l'Etat et celle du clergé seront remboursées en assignats-monnaie sans intérêt.

Les assignats deviennent donc un véritable papier-monnaie à cours forcé et l'Assemblée autorise l'émission d'une vague supplémentaire d'assignats

[377] *Archives parlementaires, première série (1789-1799)*, tome XV, p.345 et 346.
[378] *Archives parlementaires, première série (1789-1799)*, tome XVIII, p.360.
[379] Ibid. p.364.

de 800 millions qui s'ajoutent aux 400 millions précédemment créés, ce qui fait un total à cette date de 1200 millions. De nouvelles petites coupures sont lancées de 50 et 5 livres pour faciliter les transactions. L'ensemble de ces nouvelles dispositions est voté par 508 voix contre 243.[380]

[380] *Archives parlementaires*, op.cit., tome XIX, p.316.

de 200 millions ont s'ajouté aux 400 millions précédemment créés, ce qui [illegible] un total [illegible] de 1200 millions. De [illegible] les capitaux sont [illegible] [illegible] [illegible] [illegible]

[illegible]

[illegible]

21

Monnaie et bruits de bottes

De même que Condorcet n'avait pas attendu les travaux de la Constituante pour envisager la nationalisation des biens du clergé, de même il n'avait pas attendu la création des assignats pour avoir ses propres opinions sur les questions monétaires, la dette, les emprunts, les finances publiques et, de façon générale, sur les responsabilités de l'Etat dans ces différents domaines.

Ses fonctions au cabinet de Turgot en 1774-1775, époque où la résorption de la dette publique était déjà à l'ordre du jour, de même que sa longue présence à l'Hôtel des Monnaies, avaient suffi à ce mathématicien confirmé pour être reconnu comme un spécialiste de ces questions complexes. Disons que sur ces objets sa compétence touchait à l'excellence.

Rappelons que Turgot avait conçu le projet d'embrasser dans un système global la réforme des poids et mesures, la législation sur les monnaies ainsi que le commerce des métaux précieux comme l'or et l'argent.

Dans sa *Vie de Monsieur Turgot* qui avait paru en 1786, Condorcet avait trouvé l'occasion d'aborder des questions comme le prêt à intérêt que Turgot avait justifié dans certains de ses écrits économiques, la Caisse d'escompte qu'il avait créée, la monnaie, qu'il avait englobée dans une future unification des poids et mesures et, bien sûr, la dette publique déjà très préoccupante à l'époque. En 1788, dans trois *Notes sur Voltaire* intitulées *Billets*, *Law (système de)* et *Monnaies,* entre autres textes, il avait eu l'opportunité de rappeler ses principes d'économie politique concernant toutes ces matières.[381]

Ce sont des principes issus de la plus pure orthodoxie et qui reposent sur un impératif : la confiance, à savoir la confiance de l'ensemble de la nation, et surtout du peuple, dans la rigueur et dans l'honnêteté du système financier. Cette rigueur, cette honnêteté s'expriment par le moyen d'un mécanisme simple : que tout papier-monnaie en circulation soit, à tout instant, en tout lieu, à tous les guichets, remboursable en métal précieux. Pour Condorcet, qui est favorable au monométallisme, ce métal doit être l'argent.[382]

Quand le public suspecte que la masse des billets-papier émis dépasse la valeur de l'argent-métal en stock, alors la confiance vacille.

---

[381] Dans Arago 4 : p.363 pour *Billets*, 456 pour *Law* er 494 pour *Monnaies.*
[382] Ibid., p.496.

Condorcet reconnaît que les billets ont leur utilité quand les finances sont gérées avec rigueur :

« Mais, souligne-t-il, ils ont un grand désavantage, celui de mettre la foi publique, les fonds de l'Etat, la fortune des particuliers à la merci de l'opinion d'un moment. »[383]

Dans l'expression « l'opinion d'un moment » on rencontre ici une fois encore la préoccupation permanente de Condorcet sur l'importance de la psychologie en économie politique et plus particulièrement dans ce domaine de la finance, propice à toutes les méfiances, à tous les doutes, à toutes les nervosités de la population.

Donc l'opinion d'un moment peut mettre en péril toute une nation.

C'est ce qui était arrivé à John Law.

Malgré sa virtuosité de banquier, ou à cause de cette virtuosité, il avait été emporté dans une spirale infernale dès que la confiance dans son système avait été perdue, spirale qui avait abouti à une retentissante banqueroute.

Toujours en 1788, dans son étude sur la *Constitution et les fonctions des Assemblées provinciales*, Condorcet s'était attardé sur la question de la dette.

Toutefois, c'est à partir de la fin de 1789 et jusqu'en 1792 qu'il va multiplier les écrits sur les finances, la dette publique et la monnaie, écrits soient exclusivement techniques – c'est le cas de ses *Cinq mémoires sur la monnaie* – soit très volontairement politiques, pour ne pas dire polémiques, en écho aux longs débats de l'Assemblée constituante sur la création des assignats.

En deux discours – et dans un intervalle de deux ans seulement , de 1790 à 1792 – Condorcet va évoluer à propos de cette nouvelle monnaie. En effet, il va passer d'une hostilité proclamée et parfois véhémente, à une acceptation raisonnée.

Hostilité devant une monnaie de papier dont l'émission incontrôlée pourrait entraîner de fortes perturbations dans le système des prix.

Acceptation, dans certaines circonstances, de ce type de monnaie non métallique qui, bien gérée et offerte en petites coupures, pourrait être favorable au peuple et surtout aux petits paysans toujours désireux d'accéder à la propriété de la terre qu'ils travaillent.

Le premier discours a pour cible Mirabeau et sa proposition de transformer les assignats en papier-monnaie à cours forcé, ne portant plus intérêt, et d'en accroître la masse pour les faire servir non seulement à l'achat de biens nationaux mais aussi à l'extinction de la dette exigible.

Intitulé *Sur la proposition d'acquitter la dette exigible en assignats*,[384] Condorcet constate « avec douleur » qu'un homme qui règne sur les esprits

---

[383] Ibid., p.364.

[384] Arago 11, p.487 à 515

« par l'empire de l'éloquence » soutient « une opinion dangereuse » et qu'ainsi son autorité devient « effrayante ».

Nul doute, c'est le Condorcet économiste orthodoxe en matière monétaire qui s'exprime et qui regarde la création d'une masse énorme d'assignats « comme un de ces rêves que l'avidité en délire présente à l'ignorance »[385]

L'affaire est donc entendue, Condorcet sera, en cette mi-septembre 1790, date de ce texte, l'anti-Mirabeau. Ironie de l'histoire il sera, dans le même mouvement, un pro-Necker car ce dernier s'opposera, lui aussi, à la création intempestive des assignats.

Et d'annoncer d'entrée que son propos va consister « à bien faire sentir tous les vices » d'une telle opération.

On retrouve donc dans la critique de Condorcet l'argument dit « monétariste », à savoir la relation entre la masse de papier-monnaie qui sera émis et la valeur des biens nationaux.

Et d'expliquer :

« Si la masse des assignats est au-dessous de la valeur des biens, on dépouille la nation en faveur des créanciers ; si, au contraire, on en crée trop et que, par une suite de cette abondance excessive, les biens soient payés en assignats au-delà de leur valeur, on dépouille les créanciers. Or, comme on ne peut guère connaître, qu'à trois ou quatre cents millions près, la valeur de ces biens, on risque de faire une injustice de trois ou quatre cents millions, soit à la nation, soit aux créanciers. Avec des billets à cinq pour cent, on n'est exposé à aucun de ces inconvénients ».[386]

Mais cette critique se double d'une autre, tout aussi grave :

« Admettre les assignats seuls ou en concurrence avec l'argent, c'est éloigner des acquisitions les cultivateurs, les habitants des campagnes, les petits propriétaires qui économisent sur leur revenu. Dans le premier cas, iront-ils acheter des assignats sans savoir si la seule pièce de terre qu'ils désirent, la seule qui leur convienne, ne leur sera pas enlevée par un autre ? Attendront-ils que la terre leur soit adjugée pour acheter des assignats dont le prix peut varier d'un jour à l'autre ? Cette incertitude suffit pour éloigner, pour dégoûter ces hommes simples, mais défiants. »[387]

Condorcet rejette avec la même vigueur l'argument selon lequel la multiplication des assignats serait utile au commerce :

« On a dit que cette multiplication serait utile pour le commerce ; mais si on les crée pour les éteindre promptement par l'achat des biens nationaux, ils ne seront pas employés en entreprises de commerce. D'ailleurs, qui ne sait que le papier de banque ne peut être utile au commerce, si l'on n'est pas libre de le refuser, s'il n'est pas convertible en argent à volonté, si l'émission n'en est pas faite pour les besoins du commerce, de manière qu'il se

---

385 Ibid., p.487.

386 Ibid., p.495.

387 Ibid.

proportionne à ces besoins ? Rien n'est plus facile, lorsqu'il peut être échangé, parce qu'alors si une émission a été un peu trop forte, ce qui était superflu est bientôt rapporté à la caisse. Mais proposer de faire des entreprises nouvelles avec un papier forcé, non convertible en argent, créer ce numéraire fictif, dans l'idée que, ne sachant qu'en faire, on l'emploiera pour un commerce quelconque, c'est ce qu'il est impossible de proposer sérieusement. De tel papier ne produit qu'un genre de commerce destructif de tous les commerces utiles, celui du papier même. »[388]

Enfin, Condorcet constate un phénomène souvent observé et confirmé en économie monétaire, à savoir que la mauvaise monnaie chasse la bonne :

« La rareté du numéraire, affirme-t-il, tient en grande partie à l'existence d'un papier forcé qui perd sur la place. On aime mieux garder de l'argent et payer en papier ; garder de l'argent, et en acheter avec du papier pour les dépenses courantes.

« Si du moins en créant, il y a quelques mois, ce papier forcé, pour obéir à la nécessité, on y eût apporté le remède qu'un tel papier doit toujours porter avec lui, c'est-à-dire un intérêt qui permette de le garder comme placement, il eût moins embarrassé la circulation ; mais alors on a écouté les sophismes des agioteurs, on a préféré leur intérêt à celui de la nation. Osons espérer qu'on ne les écoutera plus. »[389]

C'est une accusation suprême que porte Condorcet contre Mirabeau, en laissant entendre qu'il aurait préféré l'intérêt des spéculateurs à celui du peuple !

Et c'est ici qu'une fois de plus on retrouve sa grande obsession en économie : l'importance de la confiance.

Il y a finalement, face à la monnaie de papier, deux attitudes dans la population : si la confiance existe, les usagers utilisent le papier par *commodité*, si la confiance a disparu ils s'en défont par *nécessité*.[390]

Et Condorcet d'annoncer ce qui se passera bientôt dans la réalité, selon lui : une émission exagérée de l'assignat devenu papier forcé se transformant en inondation, baissant rapidement de 20 ou 30%, chute produisant des augmentations subites dans les prix :

« Et je demande alors, insiste-t-il, comment le setier de blé montant en un jour, peut-être de vingt-quatre à trente-six livres en papier, vous maintiendrez le pain à 3 sous en argent : comment on pourra, au milieu de ces variations nominales, mais qui paraîtront réelles aux yeux d'une partie du peuple, qui le seront pour lui, puisque le même papier payera d'un jour à l'autre des quantités différentes d'une même marchandise, on pourra faire respecter la propriété des possesseurs de denrées, et à quel prix ils feront des marchés à crédit ; quand, suivant la bonne foi et le hasard des circonstances,

---

388 Ibid., p.496.
389 Ibid., p.498.
390 Ibid., p.500.

le même mot peut exprimer des choses dont la valeur diffère de moitié, et change en un jour. »[391]

Face à la puissante éloquence de Mirabeau, qui emporte les foules par la magie de la parole, Condorcet utilise donc son arme favorite, une implacable logique qui, dans le débat, vise à écraser les arguments de l'adversaire.

Deux ans plus tard, en 1792, toute autre sera l'attitude de Condorcet.

Que s'est-il donc passé chez lui, si assuré dans la force de ses principes économiques, pour qu'il soit passé en si peu de temps de l'hostilité véhémente à l'endroit des assignats à une acceptation réfléchie ?

En la matière l'explication est à chercher non plus dans l'économie mais dans la politique. Son grand virage en économie est la suite d'un autre grand virage, politique celui-là : le 12 juillet 1791 il a annoncé publiquement son ralliement à la république. Il l'a fait quelques semaines après la fuite du roi de Paris et son arrestation à Varennes dans un discours retentissant prononcé à l'Assemblée fédérative des amis de la vérité et dont le titre est sans équivoque : *De la République, ou un roi est-il nécessaire à la conservation de la liberté ?* [392]

Quelques jours plus tard, l'Assemblée nationale décidait d'annexer ce discours à sa séance du 15 juillet, avec un autre de Brissot qui posait des questions s'inscrivant dans la suite du propos de Condorcet : le roi doit-il être jugé ? Si oui, par qui ? Comment ? Par qui sera-t-il remplacé s'il est destitué ? [393]

Enfin, le 27 août 1791, les souverains d'Autriche et de Prusse, dans la célèbre déclaration de Pillnitz, menaçaient la France de représailles en cas de menaces sur le roi, signe avant-coureur d'une guerre qui s'annonçait à l'horizon.

Voilà donc les grandes lignes d'un contexte historique qu'il était important de rappeler car il explique l'évolution de Condorcet sur les assignats.

Le 12 mars 1792, à la tribune de l'Assemblée législative, où il a été élu quelques mois plus tôt, il prononce un *Discours sur les finances* dont les premières phrases, révélatrices, évoquent ouvertement l'hypothèse d'une guerre, et cela n'est sans doute pas un hasard :

« La situation de nos finances, proclame-t-il, est le seul danger réel que nous ayons à combattre. Si les ennemis du dehors nous menacent, c'est qu'ils comptent sur ce désordre qu'ils exagèrent ; il est le seul fondement des

---

[391] Ibid., p.502 et 503.

[392] Arago 12, p.227 à 237.

[393] *Archives parlementaires*, op.cit., tome XXVIII, p.336 pour le discours de Condorcet et 338 pour celui de Brissot.

espérances coupables que les conspirateurs conservent encore. C'est en le fomentant, en l'augmentant, que jusqu'ici ils ont pu nous nuire. »[394]

Si la situation des finances est le seul danger réel, il faut de toute urgence s'employer à y trouver « des remèdes ».

C'est ce que va faire Condorcet.

Son attitude ne sera plus de condamner les assignats sans appel mais au contraire de trouver les moyens de rendre cette nouvelle monnaie opérationnelle. Le ton a donc changé par rapport au discours contre Mirabeau et ses intentions aussi. On pourrait les résumer ainsi : trouver « le bon usage » de cette nouvelle monnaie pour faire face aux futures dépenses militaires.

Remontant à la source des assignats il constate d'abord que l'Assemblée constituante « n'a pas assez calculé ses opérations ».

Et d'expliquer :

« Lorsqu'elle créa les assignats, elle devait se dire : « Ils auront non seulement pour hypothèque, mais pour moyen d'extinction, la vente de telle masse de biens nationaux ; donc il faut régler l'émission de ces billets sur les rentrées des ventes, afin de ne jamais excéder ces rentrées d'une somme trop forte. »[395]

Cet impératif n'a pas été respecté. L'équilibre entre création et résorption des assignats, source première de la confiance, n'a jamais été trouvé.

Il faut donc rectifier les erreurs commises par la Constituante.

« Je réduis donc à trois points principaux, explique Condorcet, les causes immédiates des embarras qui nous fatiguent : trop de papier-monnaie en circulation ; trop peu de confiance dans le papier-monnaie ; une cherté excessive des métaux précieux. »[396]

Toute sa démarche va donc consister à rendre les assignats-monnaie opérationnels par une série de réformes et d'ajustements. Il s'agit d'abord de mieux régler les émissions en fonction de leur destination première qui est l'achat de biens nationaux, et de veiller ensuite à leur destruction effective. Il y a urgence car il constate que sur 1528 millions de biens nationaux vendus, il n'est rentré pour être brûlés que 370 millions d'assignats :

« Il est donc évident, constate-t-il, que l'on a commis une erreur, en n'assujettissant pas leur émission à une règle plus sévère. Mais, quelle a été la cause de cette erreur ? C'est qu'on a voulu fonder, sur les biens nationaux, une double hypothèque, celle de la dette non liquidée et celle des assignats. »[397]

Là encore la responsabilité en incombe à Mirabeau qui a fait sortir l'assignat de ses rails en faisant adopter par l'Assemblée nationale une

---

394 Condorcet, *Discours sur les finances*, Arago 12, p.71.

395 Ibid., p.75.

396 Ibid., p.74.

397 Ibid., p.77.

disposition selon laquelle, en plus de servir à l'achat des biens nationaux cette monnaie nouvelle servirait de surcroît « à rembourser la totalité de la dette exigible ».

Par ses diverses propositions, Condorcet va donc s'apparenter à une sorte d'architecte qui tantôt va chercher à édifier un barrage pour éviter une inondation de papier, tantôt va viser à résorber un trop-plein, tantôt va imaginer plusieurs dispositifs pour immobiliser durablement une certaine masse d'assignats en vue d'atteindre un équilibre avec les besoins effectifs de la circulation. Le tout pour éviter de graves perturbations dans le système des prix. Car, pour lui, un mouvement incontrôlé dans les prix « serait dangereux pour une nation encore agitée et entourée d'ennemis ».[398]

C'est dans l'intention de geler durablement une grande masse de monnaie qu'il va proposer une vaste réforme sociale qui aura un bel avenir et dont nous avons parlé dans un chapitre précédent : la création de caisses d'accumulation pour recueillir et faire fructifier les petites épargnes des travailleurs en vue de protéger leurs familles des accidents de la vie et de préparer leurs vieux jours. Autrement dit ce que nous appelons aujourd'hui les caisses d'épargne et les assurances sociales.

Après avoir énuméré longuement tous les avantages sociaux de ces caisses il ajoute :

« En même temps que ces établissements offriraient des secours et des ressources à la partie pauvre de la société ; qu'ils empêcheraient la ruine des familles [...] ils serviraient, dans le moment actuel, à diminuer la masse des papiers. »[399]

Par ailleurs, pour atténuer la disproportion entre la monnaie d'argent-métal et les assignats et d'en rendre les inconvénients moins sensibles, il avance une autre réforme : la généralisation du paiement par registre, déjà développé en Angleterre et en Hollande. C'est un système où l'on dépose les assignats que l'on possède dans des établissements spécialisés, préfiguration de nos banques de dépôt, qui en tiennent la comptabilité sur des registres :

« Par ce moyen, souligne Condorcet, on est à l'abri du vol et de l'incendie ; on n'a point à craindre les faux billets ; car, lors même que pour son usage on retire une portion de ce qu'on a déposé, on est sûr de ne recevoir d'une caisse que des effets dont la bonté est certaine. Il faudrait même, pour augmenter cette certitude, que les assignats déposés fussent brûlés, et les sommes qu'on redemanderait acquittées en assignats nouveaux. »[400]

Là encore pointe un souci patriotique chez Condorcet, car protéger l'argent-métal est une nécessité dès lors que c'est ce type de monnaie qui sert à payer l'armée :

---

[398] Ibid., p.83.
[399] Ibid., p.80.
[400] Ibid., p.84.

« Le trésor public a besoin de monnaies métalliques, insiste Condorcet, surtout si la guerre à lieu ».[401]

Pour éponger le trop-plein d'assignats de petite valeur, par exemple de dix sous, il propose deux solutions : soit les échanger à bureau ouvert contre des assignats plus forts jusqu'à une certaine valeur, soit les échanger en monnaie de cuivre ou de métal de cloche.

Si protéger l'argent-métal existant est une saine précaution, si le mettre à l'abri des spéculations est une nécessité, reste la question essentielle : comment s'en procurer ?

« Je passe aux moyens de se procurer, à un moindre prix, l'argent indispensablement nécessaire, continue-t-il. Celui que je préférerais est un emprunt en matières d'or et d'argent, remboursable par la vente d'une portion distincte et déterminée de biens nationaux. »[402]

Pour qu'une telle démarche soit efficace il considère que les prêteurs devraient former une compagnie « afin qu'ils puissent suivre l'ordre des ventes dans les divers districts. On fixerait un intérêt et des époques graduelles de remboursements ; l'ordre des ventes et des payements serait réglé d'après ces époques [...] D'ailleurs aucune grande opération de finances ne se fait en Europe par des hommes isolés ; et il ne faut pas juger ces associations librement formées sous un régime libre, comme ces anciennes compagnies sur la formation, sur l'administration desquelles l'intrigue du gouvernement exerçait une influence dangereuse. »[403]

Condorcet fait allusion ici à la fameuse Compagnie des Indes fondée par Colbert et fortement critiquée par les libéraux pour certaines de ses pratiques à base de privilèges.

Toutefois, il n'en reste pas moins que le moyen le plus efficace de rétablir la confiance est d'assurer la rentrée régulière des impôts.

« Le véritable moyen d'y parvenir, explique-t-il, est de bien convaincre les citoyens, que, du prompt paiement des cotisations, dépend le salut public ; que la conservation des avantages qu'ils ont obtenus par la révolution est attachée à l'exactitude avec laquelle ils rempliront ce devoir [...] La confiance ne peut renaître, si l'on n'a pas la certitude d'avoir, dans le payement des impositions, un moyen annuel de subvenir aux dépenses.

« Tel est le véritable mal de notre position : tant que les impôts ne suffiront pas aux dépenses ordinaires, tant qu'on payera une partie de ces dépenses en assignats nouveaux, on verra toujours un terme après lequel les ressources en capitaux seront épuisées. »[404]

Pour atteindre l'objectif du paiement régulier des impôts il propose d'envoyer dans les provinces des commissaires qui seraient choisis parmi les

---

401 Ibid., p.87.
402 Ibid., p.91.
403 Ibid., p. 91 et 93.
404 Ibid., p. 93

personnes les plus respectables et les plus compétentes de l'ancienne Assemblée constituante - « des hommes que l'on puisse présenter sans crainte à la confiance de toute la nation » – qui, parcourant le pays, « puissent diriger les opérations, résoudre les objections, chercher et indiquer les moyens de lever les obstacles. »[405]

Dernière réforme, de nature institutionnelle celle-là, mais qui a un rapport direct avec l'économie et la monnaie : placer le Trésor public hors de toute influence du pouvoir exécutif « élément nécessaire de toute constitution libre, qu'on veut préserver de la corruption et du désordre. Or cette indépendance n'existe pas en France, puisque les commissaires de la trésorerie et les membres du bureau de comptabilité sont nommés encore par le roi ».[406]

Il s'agit là de rendre les trésoriers indépendants des pouvoirs et uniquement soucieux du bien public dans la gestion des comptes de la nation.

Loin donc de rejeter les assignats comme il l'avait fait dans son discours contre Mirabeau, ce Condorcet devenu républicain tente maintenant de greffer cette nouvelle monnaie sur le système monétaire existant, de dompter son émission, de réguler son utilisation. Il va même jusqu'à souhaiter la multiplication des petites coupures pour permettre au peuple de les utiliser dans sa vie pratique. Et tout cela sans oublier d'assainir et de moderniser tout ce qui se trouve à la périphérie de la monnaie comme la collecte des impôts.

Avec, en arrière plan, la menace pressante de la guerre...

Dans son *Histoire de la Révolution*, Jaurès avait parlé des assignats comme d'une « monnaie révolutionnaire pour une opération révolutionnaire ».[407]

L'opération hautement révolutionnaire pour l'époque étant, évidemment, la nationalisation des biens du clergé, que Condorcet avait envisagée avant même la réunion des Etats généraux.

Aux portes d'un immense conflit – un mois après son *Discours sur les finances*, le 20 avril 1792, la France déclarera la guerre au roi de Bohême et de Hongrie, autrement dit à l'Autriche – son évolution politique et ses inquiétudes face à l'avenir l'auront conduit à considérer les assignats non plus comme une monnaie dangereuse mais, face aux ennemis de la Révolution qui menacent d'envahir le pays, comme une monnaie vraiment révolutionnaire.

---

405 Ibid., p.95.

406 Ibid., p.98.

407 Jaurès, *Histoire socialiste de la Révolution française*, op.cit., p.112.

22

De Condorcet à Rueff, une même ambition : rapprocher sciences physiques et sciences morales

Une vaste ambition est née au Siècle des Lumières, a traversé le temps jusqu'à nous, a donné lieu a de multiples et passionnants débats. Cette ambition, c'est de rapprocher sciences physiques et sciences morales autrement dit d'appliquer aux secondes les principes, les méthodes, les raisonnements – voire les calculs – qui ont si bien réussi au développement des premières.

Cette ambition a été hautement proclamée par Condorcet en 1782, dans son discours de réception à l'Académie française. Selon lui, les sciences morales dont l'objet est l'homme même, dont le but direct est le bonheur de l'homme « n'auront pas une marche moins sûre que celle des sciences physiques ; et cette idée si douce, que nos neveux nous surpasseront en sagesse comme en lumières, n'est plus une illusion. »

Et d'expliquer :

« En méditant sur la nature des sciences morales, on ne peut en effet s'empêcher de voir qu'appuyées comme les sciences physiques sur l'observation des faits, elles doivent suivre la même méthode, acquérir une langue également exacte et précise, atteindre au même degré de certitude. »[408]

Soulignons ces trois mots : observation, méthode, langue. Ce sera la démarche de Condorcet dans toutes les disciplines du savoir, d'autant qu'il a toujours formé la vaste ambition de doter les sciences morales d'une *langue* aussi précise que celle qui caractérise les sciences physiques.

Ce discours, si important pour une connaissance approfondie de la personnalité de Condorcet, est un hymne au progrès des sciences et au rôle déterminant du XVIIIe siècle dans ce domaine :

« Cette union entre les sciences et les lettres, proclame-t-il devant les Académiciens, est un des caractères qui devaient distinguer ce siècle, où, pour la première fois, le système général des principes de nos connaissances a été développé ; où la méthode de découvrir la vérité a été réduite en art, et, pour ainsi dire, en formules ; où la raison a enfin reconnu la route qu'elle doit suivre, et saisi le fil qui l'empêchera de s'égarer. Ces vérités premières,

---

408 Condorcet, *Discours de réception à l'Académie française*, Arago 1, p.392.

ces méthodes répandues chez toutes les nations et portées dans les deux mondes, ne peuvent plus s'anéantir ; le genre humain ne reverra plus ces alternatives d'obscurité et de lumière auxquelles on a cru longtemps que la nature l'avait éternellement condamné. Il n'est plus au pouvoir des hommes d'éteindre le flambeau allumé par le génie ; et une révolution dans le globe pourrait seule y ramener les ténèbres.

« Placés à cette heureuse époque, et témoins des derniers efforts de l'ignorance et de l'erreur, nous avons vu la raison sortir victorieuse de cette lutte si longue, si pénible, et nous pouvons nous écrier enfin : la vérité a vaincu ; le genre humain est sauvé ! Chaque siècle ajoutera de nouvelles lumières à celles du siècle qui l'aura précédé ; et ces progrès, que rien désormais ne peut arrêter ni suspendre, n'auront d'autres bornes que celles de la durée de l'univers. »[409]

Ce passage est une anticipation : il contient en germe son grand livre qui sera publié après sa mort, cette *Esquisse d'un tableau historique des progrès de l'esprit humain,* qui sera écrit dans la clandestinité, après le décret d'arrestation lancé contre lui par les amis de Robespierre, et qui restera comme son testament philosophique.

Précisons au passage un point de vocabulaire. Pour traiter de tout ce qui n'est pas contenu dans la sphère des sciences mathématiques et physiques, Condorcet emploie tantôt l'expression de sciences sociales mais le plus souvent celle de sciences morales. Ce sont évidemment des expressions synonymes. Pour notre part, afin d'éviter toute ambiguïté, nous choisirons d'employer uniformément, dans ce chapitre, les termes de sciences morales. D'autant que c'est le qualificatif qui a été retenu chez nous pour nommer l'une des cinq académies qui constituent l'Institut de France : l'Académie des sciences morales et politiques.

Quand Condorcet parle de *marche* pour les sciences morales, comparable à celle que les sciences physiques ont suivie, il sous-entend *chemin* et *méthode.* Car dans un tel domaine qui dit marche dit chemin, et qui dit chemin dit méthode.

D'entrée il importe donc de dire un mot de la méthode de Condorcet, si présente et si importante dans toute son œuvre. D'autant qu'il a annoncé sa méthode dans l'un de ses premiers textes, son écrit sur la liberté du commerce des blés, en 1776 (il a 33 ans), dans un passage volontairement polémique contre Necker :

« M. Necker, observe-t-il, a donné des leçons de l'art de traiter les sciences politiques. Il ne veut pas qu'on emploie l'analyse pour en approfondir les grands principes. *C'est, dit-il, un instrument de rhéteur, qui*

[409] Ibid., p.390.

sépare, qui divise tout ; il faut les envelopper de la pensée, ou renoncer à les concevoir.

« Or j'avoue à ma honte, continue Condorcet, qu'en étudiant l'histoire des sciences, j'ai cru m'apercevoir que, depuis Hippocrate et Pythagore jusqu'à Locke et M. d'Alembert, on n'avait fait aucune découverte que par l'analyse ; j'avoue que je ne sais pas du tout comment *on enveloppe un principe de la pensée,* et qu'ainsi il me serait impossible de m'entendre avec M. Necker sur les principes de l'économie politique. »[410]

Dans ce texte, la référence à Pythagore et surtout à d'Alembert suffit à souligner l'origine mathématique du mot *analyse*, assimilée en l'occurrence à l'algèbre.

Ce sera d'ailleurs le sens qu'en donnera la Grande Encyclopédie de Diderot :

« L'*Analyse* est proprement la méthode de résoudre les problèmes mathématiques, en les réduisant à des équations. L'*Analyse*, pour résoudre les problèmes emploie le secours de l'*Algèbre*, ou calcul des grandeurs en général : aussi ces deux mots, *Analyse, Algèbre* sont souvent regardés comme synonymes. »[411]

Après avoir longuement évoqué les résultats obtenus par l'analyse dans les mathématiques, et cités les savants qui l'ont employée, l'Encyclopédie, soulignant que ce mot est grec, poursuit en donnant le second sens de ce terme en dehors des mathématiques :

« Il signifie, à proprement parler, la résolution ou le développement d'un tout en ses parties ; ainsi on appelle *Analyse* d'un ouvrage, l'extrait de cet ouvrage, où l'on en développe les parties principales, *Analyse* d'un raisonnement, l'examen qu'on fait d'un raisonnement en le partageant en plusieurs parties ou propositions, pour en découvrir plus facilement la vérité ou la fausseté. »[412]

Condorcet va s'appuyer sur cette notion très étroite mais très sûre de l'analyse et tracer des cercles de plus en plus larges à l'intérieur desquels l'analyse sera, comme méthode, appliquée à toutes les disciplines constituant les sciences morales.

Analyse, dans ces différents domaines, signifiera décomposition, pour passer du plus complexe au plus simple.

Décomposition d'un objet intellectuel en ses différents éléments constitutifs pour mieux en saisir le sens et la portée.

Il va ainsi pousser les feux de l'analyse hors du domaine étroit des mathématiques pour éclairer par cette méthode, précédée par l'observation, tout le champ des sciences morales et politiques.

---

[410] Condorcet, *Réflexions sur le commerce des blés*, Arago 11, p.105.

[411] *Encyclopédie ou dictionnaire raisonné des sciences, des arts et des métiers*, Paris, 1751, p.400.

[412] Ibid., p.401.

L'analyse, prise dans ce sens extensif, sera donc le premier maillon de la chaîne qui va unir sciences physiques et sciences morales, d'autant que toutes ces sciences sortant du même cerveau humain, seront sœurs par leur origine. Même si, par la suite, dans leur vie propre, elles revêtiront des habits différents.

Analyser pourrait donc se résumer en trois mots : décomposer pour comprendre.

Et cela en soumettant un problème au scalpel de la pensée critique, et hors de toute influence extérieure.

Ce que fera excellemment Condorcet dans tous les domaines qu'il abordera.

Comment en est-il venu à cette grande ambition ?

C'est lui-même qui nous l'explique, en rappelant l'influence de Turgot :

« Un grand homme, écrit-il, dont je regretterai toujours les leçons, les exemples, et surtout l'amitié, était persuadé que les vérités des sciences morales et politiques, sont susceptibles de la même certitude que celles qui forment le système des sciences physiques, et même que les branches de ces sciences qui, comme l'Astronomie, paraissent approcher de la certitude mathématique. Cette opinion lui était chère, parce qu'elle conduit à l'espérance consolante que l'espèce humaine fera nécessairement des progrès vers le bonheur et la perfection, comme elle en a fait dans la connaissance de la vérité. »[413]

C'est dans cette perspective qu'il convient de placer cette expression de *mathématique sociale* qu'il a forgée lui-même pour expliquer sa démarche consistant à féconder les sciences morales par les méthodes des sciences physiques.

Après avoir souligné que les applications du calcul aux sciences morales et politiques n'ont pu naître qu'à l'époque où les mathématiques ont été cultivées avec succès « chez les peuples dont la liberté ait eu la tranquillité pour compagne et les lumières pour appui », il considère que l'étendue de ces applications permet de les regarder comme formant une science à part.

Et d'ajouter :

« Comme toutes ces applications sont immédiatement relatives aux intérêts sociaux, ou à l'analyse des opérations de l'esprit humain, et que, dans ce dernier cas, elles n'ont encore pour objet que l'homme perfectionné par la société, j'ai cru que le nom de *mathématique sociale* était celui qui convenait le mieux à cette science. Je préfère le mot *mathématique,* quoique actuellement hors d'usage au singulier, à ceux d'arithmétique, de géométrie, d'analyse. »[414]

---

[413] Condorcet, *Essai sur l'application de l'analyse à la probabilité des décisions rendues à la pluralité des voix*, p.1.

[414] Condorcet, *Tableau général de la science qui a pour objet l'application du calcul aux sciences politiques et morales* (dans le *Journal d'instruction sociale* des 22 juin et 6 juillet

Voilà pourquoi, dans ses nombreux écrits Condorcet ne manque jamais l'occasion de rappeler ses positions sur la convergence des sciences physiques et des sciences morales et sur la méthode de l'analyse.

Pour illustrer notre propos nous avons choisi trois extraits de trois textes parus à des époques différentes :

Le premier extrait date de 1780, il émane de l'éloge de M. Bucquet et Condorcet y proclame qu'on peut réduire les sciences morales « à des principes aussi simples et aussi sûrs que ceux des sciences physiques ; mais ces principes sont cachés, ou du moins obscurcis par les nuages que l'ignorance et la corruption ont amassés autour d'eux ».[415]

Le deuxième extrait, de 1789, est une *Note sur Voltaire* concernant Descartes :

« On ne peut nier, écrit Condorcet, que, malgré ses erreurs, Descartes n'ait contribué aux progrès de l'esprit humain 1°/ par ses découvertes mathématiques qui changèrent la face de ces sciences ; 2°/ par ses discours sur la méthode, où il donne le précepte et l'exemple ; 3°/ parce qu'il apprit à tous les savants à secouer en philosophie le joug de l'autorité, en ne reconnaissant pour maîtres que la raison, le calcul et l'expérience. »[416]

Le troisième extrait, de 1790, est un passage de son célèbre éloge de Franklin où il écrit que la véritable philosophie consiste non à douter de tout « mais à peser toutes les preuves, en les soumettant à une rigoureuse analyse, non à prouver que l'homme ne peut rien connaître, mais à bien distinguer et à choisir pour objet de sa curiosité ce qu'il est possible de savoir ».[417]

Voilà donc en quoi consiste la démarche analytique selon Condorcet lui-même. On pourrait reprendre à son endroit ce qu'il a dit de Descartes :

- D'abord secouer le joug de l'autorité : en effet il ne peut y avoir d'analyse des faits de société, d'examen approfondi des sciences morales, de décomposition de leurs éléments constitutifs, bref de vrai processus analytique, sans totale liberté d'investigation. L'analyse est un flambeau qui doit être porté dans tous les domaines de l'activité humaine.
- La conséquence, mieux l'impératif de cette démarche analytique sera donc de ne reconnaître pour maîtres, à l'exemple de Descartes, que la raison, le calcul, l'expérience. Ne nous y trompons pas : il s'agit là d'un bond conceptuel considérable, d'une véritable laïcisation de la pensée critique.

Veut-on un exemple concret de cette *analyse*, autrement dit de cette méthode de décomposition appliquée à l'étude d'une question d'économie politique ? On le trouve dans les deux premières pages de ses *Réflexions sur le commerce des blés* où il annonce qu'avant de se prononcer sur les

---

1793) Arago 1, page 540. Voir sur ce sujet l'ouvrage de Gilles-Gaston Granger : *La mathématique sociale du marquis de Condorcet*, Paris, Odile Jacob, 1989.

[415] Arago 2, p.411.

[416] Arago 4, p.394.

[417] Arago 3, p.374.

avantages ou les inconvénients de la liberté du commerce des subsistances il faut d'abord avoir examiné les questions suivantes :

« - De quelle manière se fait la reproduction des subsistances ?

- Dans quelles circonstances la reproduction augmente ou diminue-t-elle ?

- Comment l'augmentation de la masse des subsistances agit-elle sur le bien-être des différentes classes de la société ?

- Par quels moyens peut-on réparer l'inégalité de récolte d'un pays à l'autre ?

- Comment l'inégalité de récolte d'une année à l'autre peut-elle être rendue moins sensible ?

- Comment se forme le prix du blé pour les différentes années, pour les différents pays ?

- De quelle manière les salaires se proportionnent-ils aux prix des subsistances ?

- Comment il faut considérer le prix moyen, et quel est l'état du prix moyen le plus avantageux ?

- Combien il importe de diminuer les variations dans le prix, et quels sont les effets de l'égalisation des prix ? »[418]

Que cette ambition de rapprocher sciences physiques et sciences morales se soit prolongée avec la même intensité jusqu'à nous est une évidence qui peut s'observer au long des siècles écoulés.

A notre époque, la preuve est fournie par un ouvrage que publie en 1922 un élève de deuxième année de l'Ecole Polytechnique et qui porte comme titre : *Des sciences physiques aux sciences morales.*

Cet élève est le futur économiste Jacques Rueff.

C'est son premier livre. Sa parution sera souhaitée et soutenue par deux éminentes personnalités de l'époque : l'une appartenant au monde des sciences physiques, Paul Painlevé et l'autre à celui des sciences morales, le philosophe Henri Bergson.

S'il ne cite pas expressément l'*analyse*, Rueff pense que les méthodes et les règles qui ont servi à l'avancement des sciences mathématiques et physiques peuvent favoriser le développement des sciences morales et, parmi elles, l'économie politique. Et ses premiers travaux dans cette voie consisteront à étudier de manière scientifique quatre secteurs importants de l'économie : le mécanisme des changes, l'inflation, le chômage, l'escompte.

Qu'à plus d'un siècle on retrouve les mêmes préoccupations chez Condorcet et Rueff ne doit pas surprendre. Il existe beaucoup de similitudes entre ces deux hommes : tous deux mathématiciens, tous deux membres de deux académies, la française et celle des Sciences pour Condorcet, la

---

418 Condorcet, *Réflexions sur le commerce des blés*, op.cit., p.111.

française et celle des Sciences morales et politiques pour Rueff, tous deux, à un moment de leur existence, conseillers écoutés du pouvoir en place, de Turgot pour Condorcet, du général de Gaulle pour Rueff, tous deux économistes libéraux, ne le cachant pas, mais très dévoués l'un et l'autre au bien public, tous deux ouverts à l'international et ayant de nombreux contacts avec l'étranger, tous deux spécialistes de la monnaie, tous deux hostiles aux privilèges, les droits féodaux à l'époque de Condorcet, les métiers protégés au temps de Rueff qui qualifiait la survivance dans la société française contemporaine des « métiers en office » comme ses « vieux ennemis », tous deux enfin témoins et acteurs de grandes tempêtes de l'Histoire, la période prérévolutionnaire et la Révolution elle-même pour Condorcet, trois guerres pour Rueff, 14-18, dont tout jeune il sort lieutenant, 39-45 où il rentre dans la Résistance, enfin la guerre froide face à laquelle il milite sans relâche pour la liberté et la défense de la civilisation occidentale.

Dans les premières pages de son livre, où l'on retrouve beaucoup d'analogies avec les réflexions de Condorcet, Jacques Rueff écrit :

« Nous avons recherché la véritable nature des sciences morales, nous avons cru la trouver et nous l'avons comparée à celle des sciences nettement « scientifiques.

« Ce rapprochement, qui est la matière de ce livre, nous a conduit à un ensemble de conclusions. Il n'y a pas une science mais des sciences, toutes de même nature et qui toutes utilisent une méthode rigoureusement unique, la méthode scientifique, dont la géométrie nous fournit le type. Toutes les sciences sont des sciences rationnelles – comme la géométrie – et puisqu'il y a analogie profonde entre les sciences morales et les autres sciences, rien n'empêche qu'on expose la morale et l'économie politique sous une forme rigoureusement scientifique. »[419]

Condorcet est donc l'un des premiers, sinon le premier, des économistes qui vont faire entrer le calcul dans l'économie politique. Cela conduira bien vite à ce qu'on appelle de nos jours la « mathématisation » de la science économique.

Une évolution qui suscitera dès son origine d'immenses débats, voire de véhéments rejets.

---

[419] Jacques Rueff, *Des sciences physiques aux sciences morales*, un essai de 1922 reconsidéré en 1989, Paris, Payot, 1969, p.58.

23

Nécessité d'une mathématique sociale « pour enchaîner les hommes à la raison »

A l'époque de Condorcet, le calcul pénètre donc dans les sciences morales – surtout dans l'économie – par de multiples portes d'entrée. Citons-en quelques-unes : les statistiques de population, les tables de mortalité, les assurances et surtout les assurances maritimes, le calcul des intérêts, les rentes viagères, l'établissement de cadastres, les questions relatives aux monnaies et aux changes, les poids et mesures, les prix des subsistances, les tontines, etc. [420]

Sans oublier le calcul des probabilités qui intéresse vivement Condorcet.

Des noms célèbres avaient illustré ces recherches sur l'application des probabilités à certaines sciences morales. Ainsi de Pascal, de Fermat, de Bernoulli sur les probabilités en général, suivis du mathématicien Deparcieux en particulier qui avait écrit en 1736, avant la naissance de Condorcet, un *Essai sur la probabilité de la durée de la vie humaine* en vue d'une application aux rentes viagères et aux tontines.

Condorcet s'était intéressé très tôt aux probabilités.

C'est lui qui nous en informe.

Dans un courrier à Turgot daté de 1774 il écrit :

« M. de Laplace ne vous a-t-il pas présenté le projet d'un ouvrage sur les probabilités ? J'ai aussi un petit ouvrage sur cet objet, mais plus métaphysique que mathématique. J'aurai l'honneur de vous le présenter cet hiver, si j'ai le temps de le finir. »[421]

Il faudra plus de dix ans à ce petit ouvrage pour devenir grand. C'est en 1785 qu'il paraitra sous le titre : *Essai sur l'application de l'analyse à la probabilité des décisions rendues à la pluralité des voix.*[422]

Précisons tout de suite que les probabilités, chez Condorcet, si elles s'appliqueront aussi à l'économie, l'intéressent surtout dans deux autres sciences morales qui retiennent depuis longtemps son attention : la justice et la politique.

---

[420] Les tontines étaient des groupements de plusieurs personnes qui s'associaient pour créer des fonds financiers. A la mort de l'un des associés ses avoirs étaient récupérés et répartis entre les survivants.

[421] *Correspondance inédite de Condorcet et de Turgot, 1770-1779*, par Charles Henry, Paris, Charavay, 1883, p.197.

[422] Condorcet : *Essai sur l'application de l'analyse à la probabilité des décisions rendues à la pluralité des voix*, Paris, 1785, Imprimerie royale.

De février à septembre 1771 il avait échangé avec Turgot une abondante correspondance sur le recours aux jurys populaires dans les procès criminels.[423]

Ce qui l'intéresse, dans cette matière, c'est de considérer le nombre de jurés lors d'un vote populaire et d'étudier s'il pourrait y avoir un rapport entre ce nombre et la probabilité de commettre une grave erreur judiciaire :

« Ainsi, par exemple, écrit-il, on sentirait aisément qu'en exigeant d'un Tribunal une pluralité plus grande pour condamner un accusé, on acquiert une sûreté aussi plus grande qu'un innocent ne sera pas envoyé au supplice : mais la raison sans calcul ne vous apprendra ni jusqu'à quelles bornes il peut être utile de porter cette sûreté, ni comment on peut la concilier avec la condition de ne pas laisser échapper trop de coupables. »[424]

Si Condorcet a justifié dans de nombreux écrits le rôle positif du calcul dans la vie économique nous retiendrons, pour illustrer cet aspect de sa pensée, un ouvrage où il fait acte d'une grande pédagogie : il s'agit de son *Tableau général de la science qui a pour objet l'application du calcul aux sciences politiques et morales.*[425]

Il s'agit là d'un véritable cours d'économie politique.

Mais un cours qui est aussi une apologie sans aucune réserve de la mathématisation de toute l'économie.

Pour Condorcet le calcul, dans une telle matière, n'est pas une simple éventualité : c'est une nécessité :

« En se bornant aux raisonnements sans calcul, assure-t-il, on s'expose à tomber dans des erreurs, à contracter même des préjugés, soit en donnant à certaines maximes une généralité qu'elles n'ont pas, soit en déduisant de ces maximes des conséquences qui n'en résultent point, si on les prend dans le sens et l'étendue où elles sont vraies. Enfin, l'on arriverait bientôt au terme où tout progrès devient impossible, sans l'application des méthodes rigoureuses du calcul et de la science des combinaisons, et la marche des sciences morales et politiques, comme celle des sciences physiques, serait bientôt arrêtée. »[426]

Les résultats des calculs en économie présentent donc cet immense avantage d'être des preuves qui imposent silence à la mauvaise foi comme aux préventions :

---

423 La totalité de cette correspondance a été publiée dans le volume intitulé : *Condorcet, arithmétique politique, textes rares ou inédits (1767-1789),* édition critique commentée par Bernard Bru et Pierre Crépel, Paris, 1994, Institut National d'Etudes Démographiques, p. 38 à 67.

424 Condorcet, *Essai sur l'application de l'analyse*, op.cit., p. 5.

425 Condorcet, *Tableau général de la science* , op. cit. Arago 1, p.539 à 573.

426 Ibid., p.542.

« Alors, continue-t-il, il devient nécessaire de détruire cet empire usurpé par la parole sur le raisonnement, par les passions sur la vérité, par l'ignorance active sur les lumières. Alors, comme tous les principes d'économie publique ont été ébranlés, comme toutes les vérités, reconnues par les hommes éclairés, ont été confondues dans la masse des opinions incertaines et changeantes, on a besoin d'enchaîner les hommes à la raison par la précision des idées, par la rigueur des preuves, de mettre les vérités qu'on leur présente hors d'atteinte de l'éloquence des mots ou des sophismes de l'intérêt. »[427]

Voilà pourquoi la mathématisation doit couvrir tout le champ de l'économie :

« La mathématique sociale peut avoir pour objet les hommes, les choses, ou à la fois les choses et les hommes :

« Elle a les hommes pour objet, lorsqu'elle enseigne à déterminer, à connaître l'ordre de la mortalité dans telle ou telle contrée ; lorsqu'elle calcule les avantages ou les inconvénients d'un mode d'élection. Elle a les choses pour objet, lorsqu'elle évalue les avantages d'une loterie, et qu'elle cherche d'après quels principes doit être déterminé le taux des assurances maritimes. Enfin elle a en même temps l'homme et les choses pour objet, quand elle traite des rentes viagères, des assurances sur la vie. »[428]

Condorcet semble deviner qu'un tel degré de mathématisation va soulever de fortes résistances. Voilà pourquoi il tente de convaincre son lecteur que des connaissances élémentaires en mathématiques peuvent suffire :

« Dans cette science, plaide-t-il, comme dans toutes les autres applications du calcul, si des connaissances profondes en mathématiques sont nécessaires pour résoudre certaines questions, pour établir même certaines théories, pour y faire des pas nouveaux, les connaissances élémentaires suffisent pour entendre la solution au moins de la plupart de ces questions, comprendre ces théories, en déduire les applications les plus immédiates à la pratique.

« La science ne peut faire de progrès qu'autant qu'elle sera cultivée par des géomètres qui auront approfondi les sciences sociales ; mais elle peut devenir, quant à son utilité pratique, une connaissance presque générale parmi tous ceux qui voudront s'éclairer sur les objets importants qu'elle embrasse.

« Il est possible de la traiter d'une manière simple, élémentaire, de la mettre à portée de tous ceux à qui ni les premières théories mathématiques, ni l'habitude du calcul ne sont pas étrangères. »[429]

---

[427] Ibid.
[428] Ibid., p.543.
[429] Ibid., p.549.

C'est donc dans cette perspective de mathématisation intégrale de l'activité économique qu'il donne ensuite sa propre définition de cet élément de base, de cette pierre d'angle de la théorie économique, qui s'appelle la *valeur*.

Sa définition est très moderne dans son contenu :

« Tout ce qui sert aux besoins d'un individu, écrit-il, tout ce qui est à ses yeux de quelque utilité, tout ce qui lui procure un plaisir quelconque ou lui évite une peine, a pour lui une valeur dont l'importance de ce besoin, le degré de cette utilité, l'intensité de ce plaisir ou de cette peine, sont la mesure naturelle. »[430]

Définition prémonitoire.

Elle annonce le concept de *valeur-utilité* qui sera développé à partir de 1803 par Jean-Baptiste Say dans les différentes éditions de son *Traité d'économie politique* et elle annonce aussi, par la notion psychologique d'*intensité* du plaisir ou de la peine, le marginalisme de Karl Menger, Stanley Jevons et Léon Walras, qui seront eux aussi, soit dit au passage, surtout pour les deux derniers, très favorables à la mathématisation de l'économie politique.

C'est donc à la lumière de cette théorie extrêmement moderne de la valeur et avec à l'arrière-plan la présence constante des instruments de la mathématique sociale que Condorcet va explorer dans le détail les différents compartiments de l'activité économique : la nécessité de l'échange, l'apparition progressive de la monnaie depuis ses éléments rudimentaires comme les coquillages pour aboutir aux monnaies métalliques, la formation des prix, le commerce intérieur et extérieur, la place des banques, le rôle du produit net dans la reproduction, les différentes classes de travailleurs, les relations sociales qui naissent du travail, l'importance des capitaux, les fonctions de l'intérêt, les impôts et leurs effets, les emprunts publics, la dette de l'Etat…

Et de conclure :

« Quoique l'économie politique emploie l'observation et le raisonnement, cependant on y éprouve à chaque instant le besoin du calcul ; et la mathématique sociale n'apprendrait à calculer que des abstractions, si elle n'empruntait de l'économie politique les données qu'elle doit employer, si celle-ci ne lui indiquait les questions qu'il est important de résoudre.

« Il n'est peut-être aucune portion des sciences politiques sur laquelle il reste plus de préjugés à détruire, et où ces préjugés puissent avoir des conséquences plus funestes. Ils ont résisté jusqu'ici à la raison ; abattus plus d'une fois, on les a vus se relever avec plus de force : disparaissent-ils d'un pays, on les voit se rencontrer dans un autre.

---

430 Ibid., p.558.

« Osons espérer qu'attaqués par la raison et par le calcul, nous n'aurons plus à redouter ces résurrections inattendues, ces oscillations entre la vérité et l'erreur. »[431]

Comme on le constate, la mathématisation de l'économie, chez Condorcet, n'est ni un jeu de l'esprit ni un plaisir de géomètre. Au contraire, elle prend place dans son vaste projet de renversement des préjugés et des superstitions et d'instauration du règne de la raison, dans une perspective de libération de l'individu, de recherche du bien public et de progrès de l'espèce humaine.

Cette haute ambition devait être saluée par l'économiste italien Pietro Verri avec qui, on le sait, Condorcet était en relation et qui lui écrivit un jour :

« Vous fûtes, Monsieur, celui qui soumit à la puissance du calcul les principes de la politique ; vous avez ajouté un nouveau royaume aux Sciences [...] Vous avez assujetti les corps politiques à la rigueur de la démonstration, comme le mouvement des corps célestes. Moi-même, voilà des années, j'en donnais un aperçu et je crus cela possible, mais vous, vous avez exécuté cette entreprise de main de maître [...] les générations futures honoreront la mémoire de monsieur le Marquis de Condorcet comme celle du Newton de la politique. »[432]

Si Condorcet est celui qui aura cherché avec le plus de persévérance et d'originalité à faire pénétrer toutes les formes de calcul dans les sciences sociales, soulignons qu'il ne fut pas le premier.

Parmi les plus connus de ceux qui l'ont précédé citons deux noms.

Le premier est Alexandre Vandermonde, né en 1735, huit ans avant Condorcet et mathématicien comme lui, qui avait insisté sur l'importance des statistiques.

L'autre est Nicolas-François Canard, né en 1750, donc sept ans après Condorcet, professeur de mathématiques, auteur d'un ouvrage intitulé *Principes d'économie politique*, qui nous intéresse ici pour avoir suscité la première grande opposition à la mathématisation de l'économie politique. Et l'opposant était bien connu de Condorcet puisqu'il s'agissait du célèbre abbé André Morellet, ami d'enfance de Turgot.

Après avoir reconnu dans l'ouvrage « quelques vérités », Morellet passe à l'attaque de Canard :

« Je commencerai, écrit-il, par critiquer l'usage qu'il fait du langage mathématique pour traiter des raisons d'économie politique. On voit dans tout l'ouvrage un homme qui, n'ayant pas l'habitude de revêtir les idées abstraites de leurs termes propres, forme des propositions qu'on ne peut

---

431 Ibid., p.573.

432 *Condorcet, homme des Lumières et de la Révolution*, textes réunis par Anne-Marie Chouillet et Pierre Crépel, ENS éditions, Fontenay Saint-Cloud, p.77.

entendre et que lui-même n'entend pas et des raisonnements vicieux par l'usage qu'il fait de termes dont le sens n'est pas bien déterminé, ou de propositions mal liées entre elles [...] J'ai connu plus d'un bon géomètre déraisonnant complètement sur les matières non comprises dans le cercle des connaissances mathématiques et notamment en économie politique. »[433]

Cette opposition à l'usage des mathématiques en économie politique ne cessera plus et se prolongera jusqu'à nous à travers les siècles.

Une autre grande voix ne tardera pas à succéder à celle de l'abbé Morellet pour rejeter, à son tour, l'emploi des mathématiques en économie : celle de Jean-Baptiste Say, maître incontesté de l'école française d'économie politique libérale.

Dès 1803, dans le Discours préliminaire de la première édition de son *Traité d'économie politique*, Say proclame que l'économie est essentiellement une science d'observation et il rejette, lui aussi, toute mathématisation de cette discipline.

Si bien que l'on verra, à partir de ce moment, cet affrontement entre deux écoles – l'école mathématique et l'école dite « littéraire » - resurgir régulièrement, d'autant que la première sera illustrée par des personnalités célèbres et des réussites avérées. Citons ici Augustin Cournot, Jules Dupuis Léon Walras, pour déboucher, de nos jours, sur cette école bien française des ingénieurs-économistes-mathématiciens et souvent polytechniciens, avec les noms de Jacques Rueff, François Divisia, René Roy entre autres.

Sans oublier plus récemment Maurice Allais, prix Nobel d'économie qui, le 9 décembre 1988, dans son discours de Suède, s'est longuement expliqué sur l'utilisation des mathématiques dans son œuvre avec, à la fois, leurs avantages mais aussi leurs nécessaires limitations :

« En aucun cas, a-t-il proclamé, l'emploi des mathématiques les plus élevées ne doit être considéré comme une garantie de qualité. Les mathématiques ne sont et ne peuvent être qu'un moyen d'expression et de raisonnement. La substance même sur laquelle l'économiste travaille reste économique et sociale. En fait, il faut absolument éviter le développement d'un appareil mathématique complexe lorsqu'il n'est pas strictement indispensable. Le véritable progrès ne consiste jamais dans l'exposé purement formel, il consiste toujours dans la découverte des idées directrices qui sont à la base de toute démonstration. Ce sont ces idées de base qu'il convient d'expliciter et de discuter.

« Les mathématiques ne sauraient constituer un but en soi ; elles ne sont et elles ne peuvent être qu'un moyen. »[434]

---

[433] Cette critique de la mathématisation de l'économie par l'abbé Morellet figure sur le site internet de l'Institut Coppet avec un commentaire de Benoît Malbranque.

[434] Maurice Allais, *Conférence Nobel*, dans Annales d'économie et de statistique, N°/14 – 1989, p.16. Sur Internet

Cela dit, la relation entre l'économie et les mathématiques est tellement étroite de nos jours qu'il n'est pas rare de voir certains économistes être titulaires d'une double agrégation universitaire : d'économie et de mathématiques.

Face à l'école mathématique, l'école littéraire (l'expression est de Vilfredo Pareto) n'est pas moins célèbre. Cette dernière est représentée maintenant par l'école dite « autrichienne » avec les noms, entre autres, de Mises et d'Hayek. Ce dernier sera d'ailleurs l'auteur d'une sévère critique de l'Ecole Polytechnique française.

Aujourd'hui il ne sera pas rare de voir périodiquement resurgir cette vive et ferme opposition aux mathématiques portée parfois par les étudiants eux-mêmes.

Avec grande vigueur.

Ainsi en a-t-il été en 2000 avec la véritable révolte des étudiants de l'Ecole Normale Supérieure contre ce qu'ils estimaient être une excessive mathématisation de l'économie politique.

CONCLUSION

Un libéralisme économique qui ouvre sur la Modernité

Nous l'avons dit et répété : d'avoir vécu dans l'amitié puis dans le souvenir de Turgot a plutôt desservi la mémoire de Condorcet, les écrits de celui-ci ayant été trop souvent analysés comme le simple commentaire des idées et des actes de celui-là. D'où la nécessité, pour bien apprécier sa place éminente et originale en économie politique, de l'isoler de Turgot. Geste qui n'a rien d'irrévérencieux, qui respecte les figures historiques de l'un et de l'autre mais qui permet de placer Condorcet en pleine lumière et d'envisager son œuvre sans perturbations extérieures.

Pour commencer, signalons ceci : Condorcet est typiquement un personnage de *l'entre-deux*, ce qui le rend passionnant à étudier.

Entre deux régimes politiques : l'antique Monarchie qu'il va contribuer à abattre et la future République qu'il va rallier parmi les premiers.

Entre deux systèmes productifs : l'agriculture valorisée par les Physiocrates et la manufacture industrielle annoncée par Adam Smith.

Entre deux institutions sociétales : l'ancienne, où domine le patriarcat et la future, qui élèvera la femme à la dignité de citoyenne en la faisant entrer dans la cité des Droits.

Entre deux modèles éducatifs : celui, élitiste et soumis à la religion qui est aux mains du clergé et celui, démocratique, laïc, valorisant la raison, qui sera plus tard, grâce à ses écrits sur l'instruction, sous la responsabilité et le dévouement des Hussards Noirs de la République.

Entre deux conceptions du bien public : celle qui vise à la puissance et à la grandeur de la royauté et celle qui a pour ambition l'émancipation et l'élévation du peuple.

Enfin, entre deux visions de l'avenir : celle bornée au champ et à la paroisse et celle ouverte sur la liberté, la justice, la science, l'innovation, le progrès et ayant pour horizon la perfectibilité indéfinie de l'espèce humaine.

C'est dire que l'œuvre de Condorcet ouvre sur notre Modernité.

Elle l'annonce.

Elle en fixe les conditions.

Elle en esquisse les grandes lignes.

Si l'on se projette à notre époque, et si on retient comme éléments constitutifs de cette Modernité les quatre faits suivants énoncés par Raymond Aron, à savoir : le progrès technique et scientifique, l'organisation rationnelle du travail, le développement des ressources nécessaires pour assurer à tous un niveau de vie décent, enfin le maintien des libertés personnelles, on constate que Condorcet annonce dans ses grandes lignes ce type de société.[435]

Ajoutons qu'on trouve aussi chez lui des formes de raisonnement qui deviendront les cadres fondamentaux de l'expression du libéralisme économique.

Ainsi en est-il des raisonnements s'exprimant en termes de *mécanismes* et de *systèmes*, par exemple le mécanisme des prix libres dans un système de concurrence.

Son premier ouvrage d'économie politique, qui paraît en 1776, *Réflexions sur le commerce des blés*, demande la suppression de la police des grains et valorise le rôle des intermédiaires qui, en situation de prix libres et de concurrence entre eux, peuvent acheter du blé dans les provinces excédentaires pour le transporter, immédiatement ou après stockage, dans les provinces déficitaires. Loin d'être des spéculateurs, des affameurs ou des monopoleurs ils sont les créateurs d'un équilibre économique en situation de concurrence qui annonce un équilibre de type Walrasien. Ils sont les acteurs économiques indispensables à l'uniformisation des prix, laquelle est favorable aux producteurs car, comme l'écrit Condorcet, les cultivateurs producteurs de blé ne peuvent pas aller vendre loin de chez eux.

On pourrait multiplier les exemples de ce genre de prémonition glanée dans les divers écrits de Condorcet. Eléments constitutifs de la Modernité, leurs principaux traits seront une autonomie de l'économie face à l'Etat (suppression de la police des grains), une organisation fonctionnelle du travail (rôle prééminent des intermédiaires), un progrès technique issu des recherches des savants (développement des routes, des canaux, des ponts, des ports).

Ajoutons que dans l'histoire de la pensée économique, Condorcet sera aussi un personnage de *l'entre-deux*, c'est-à dire situé entre le libéralisme des Américains à fond religieux, et celui des Anglais dont il déplorera l'orientation trop fortement utilitariste. Ainsi dénoncera-t-il « cet amour d'une gloire contemporaine qui fait chercher, non ce qui est juste, mais ce qui passe pour être utile, cette bonté pour le peuple qui n'éclaire point sur les moyens de le soulager, et n'instruit qu'à flatter ses désirs égarés par l'ignorance et le malheur ».[436]

Sa vision de l'économie politique est donc une vision plus vaste que celle de Turgot, qui fut accaparé par les soucis quotidiens de ses responsabilités d'intendant du Limousin puis de Contrôleur général des finances.

Si Condorcet a partagé de tels soucis, il en fut moins prisonnier.

---

435 C'est dans le tome 2 de ses *Mémoires* (Paris, Julliard, 1983, p.584) que Raymond Aron énumère ces caractères de notre Modernité.

436 Condorcet, *Lettres d'un gentilhomme à messieurs du Tiers-Etat*, Arago 9, p.247.

De surcroît, ayant vécu treize ans de plus que Turgot, il a pu accumuler des expériences supplémentaires, ne serait-ce qu'en raison de sa participation active aux décisions économiques des premiers temps de la Révolution française.

Sur cette toile de fond, l'autre originalité de l'économie politique de Condorcet réside dans le fait qu'elle n'est pas une discipline isolée.

Au contraire, elle est étroitement reliée à d'autres sciences sociales et fécondée par elles.

Par exemple à l'instruction publique.

Ce n'est pas un hasard si, parmi ses *Cinq mémoires sur l'instruction publique* il consacre le quatrième en totalité à l'instruction relative aux professions. C'est là que l'on discerne le mieux la double finalité qu'il assigne à sa démarche en économie : une finalité d'amélioration continue de la production par la voie des libertés de produire et d'échanger et une finalité d'émancipation du peuple :

« En répandant plus de lumière sur la pratique des arts, souligne-t-il, on aura en général des ouvriers plus habiles et un plus grand nombre de bons ouvriers. » [437]

« C'est en répandant les lumières parmi le peuple, continue-t-il, qu'on peut empêcher ses mouvements de devenir dangereux ; et jusqu'au moment où il peut être éclairé, c'est un devoir pour ceux qui ont reçu une raison forte, une âme courageuse, de le défendre de l'illusion, de lui montrer les pièges dont sans cesse on enveloppe sa simplicité crédule. Aussi, c'est contre ces mêmes hommes que les tyrans réunissent toutes les forces ; c'est contre eux qu'ils cherchent à soulever le peuple, afin que de ses mains égarées il détruise lui-même ses appuis ; c'est contre eux qu'ils déchaînent la troupe vénale de leurs espions, de leurs flatteurs ; et la haine contre la philosophie, les déclamations contre ses dangers et son inutilité, ont toujours été un des caractères les plus certains de la tyrannie. »[438]

Position constante chez lui qu'il résume un an avant sa mort dans une phrase que nous avons déjà citée mais qu'il faut sans cesse rappeler car elle n'a rien perdu de son actualité, surtout à notre époque marquée par les égarements des réseaux sociaux : « Toute société qui n'est pas éclairée par des philosophes est trompée par des charlatans ».

Autres exemples de modernité : le lien qui unit économie politique et sciences pratiques et qui va ouvrir la voie aux innovations.

Ou celui qui unit production des richesses et société de droit en les faisant reposer toutes deux sur ce socle commun qui est la philosophie des droits naturels.

---

[437] Condorcet, *Quatrième mémoire sur l'instruction publique*, Arago 7, p.385.

[438] Ibid., p.390.

Ou celui qui unit la finance au social en dirigeant les petites épargnes des travailleurs vers des caisses d'accumulation, préfiguration de nos caisses d'épargne.

Bref, pas la peine de multiplier les exemples pour affirmer ceci : il y a bien, chez Condorcet, la recherche permanente d'une sorte de fertilisation croisée entre l'économie politique et l'ensemble des sciences physiques, mathématiques et sociales :

« Il importe au progrès des sciences, souligne-t-il, de rapprocher, et non de diviser celles qui se tiennent par quelques points. Tandis que chacune fait des progrès, s'enrichit des découvertes qui lui sont propres, ces points de contacts se multiplient, ces applications d'une science à une autre offrent une moisson féconde en découvertes utiles ; et tel doit être l'effet de l'accroissement des lumières, que bientôt aucune science ne sera plus isolée, qu'aucune ne sera totalement étrangère à une autre. »[439]

En conséquence on trouve déjà, dispersées dans toute son œuvre, ce qui sera appelé plus tard les grandes théories de l'économie politique, à savoir : théorie de la valeur, des prix, des échanges, de l'innovation, etc. La difficulté étant que ces éléments constitutifs de la science économique ne sont pas présentés sous la forme d'un traité unique mais dispersés dans une œuvre riche, abondante et diverse, comme une sorte de puzzle que le lecteur doit faire l'effort de reconstituer.

Oui, il existe bien un Condorcet économiste et cet économiste-là a proclamé une philosophie, celle des droits naturels, a assumé une passion, servir le bien public, a posé des bases, celles d'un libéralisme économique ouvert sur le social, a dessiné un horizon, celui d'une marche progressive de l'espèce humaine vers la perfectibilité.

S'il est, selon Michelet, le dernier des philosophes du grand XVIIIe siècle, il est aussi, à la lecture de ses écrits sur la production des richesses, l'un des premiers économistes de la Modernité.

Ce en quoi il inaugure un libéralisme économique typiquement français, à la fois issu et héritier des Lumières, résolument optimiste, saluant les progrès de la raison et du bien-être, qui ne coupe pas tous les ponts avec l'Etat mais au contraire lui reconnaît un certain rôle en économie à condition que ce soit dans une perspective de bien commun.

Un tel libéralisme s'oppose au pessimisme de Ricardo et de Malthus qui auront tendance, quelques années plus tard, à mettre en relief les obstacles au développement économique, comme l'existence du phénomène de la rente pour le premier ou la progression excessive de la population par rapport à celle des subsistances pour le second.

---

439 Condorcet, *Rapport et projet de décret sur l'organisation générale de l'instruction publique*, Arago 7, p.502.

Voilà pourquoi il aura, après sa mort, des disciples intellectuels qui lui rendront un éclatant hommage.

Les premiers seront les *Idéologues* à travers la noble figure de Daunou.[440]

En effet, le 2 avril 1795, moins d'un an après la chute de Robespierre et des Montagnards, Daunou qui, comme Condorcet, avait été proche des Girondins, avait protesté contre leur arrestation, avait été emprisonné mais avait échappé à la mort, proposa à la Convention thermidorienne de faire acheter par l'Etat et de faire distribuer dans les écoles trois mille exemplaires du livre-testament de Condorcet : *L'esquisse d'un tableau historique des progrès de l'esprit humain.*

Cette proposition, en réhabilitant solennellement sa mémoire visait à laver la République des crimes commis par les Montagnards :

« C'est un livre classique offert à vos écoles républicaines par un philosophe infortuné, proclamera Daunou à l'adresse des Représentants de la Nation. Le perfectionnement de l'état social y est partout désigné comme le but le plus digne de l'activité de l'esprit humain ; et vos élèves, en y étudiant l'histoire des sciences et des arts, y apprendront surtout à chérir la liberté, à détester et à vaincre toutes les tyrannies [...] Il convient de vous faire observer, citoyens, que Condorcet a composé cet ouvrage dans un tel oubli de lui-même et de ses propres infortunes, que rien n'y rappelle les circonstances désastreuses dans lesquelles il écrivait. Il n'y parle de la révolution qu'avec enthousiasme, et l'on voit qu'il n'a considéré sa proscription personnelle que comme un de ces malheurs particuliers presque inévitables au milieu d'un grand mouvement vers la félicité générale. »[441]

Et Daunou de souligner que grâce à Condorcet « les méthodes des sciences mathématiques, appliquées à de nouveaux objets, ont ouvert des routes nouvelles aux sciences politiques et morales ».[442]

Toujours en 1795, les idées de Condorcet sur l'importance des sciences sociales et la nécessité de leur rapprochement avec les sciences physiques devaient trouver une autre forme de consécration avec la création de l'Institut de France - ce « Parlement des savants » selon une expression de l'époque - et cela toujours à l'initiative de Daunou, qui fit inscrire un tel projet dans la Constitution d'août 1795, dite de l'An III, dont il était le père.

---

[440] Rappelons qu'à l'époque le terme *Idéologues* (avec une majuscule) n'a rien de péjoratif. Il qualifie une école philosophique - l'Idéologie – qui étudie la façon dont les idées se forment dans l'esprit humain. Le philosophe de l'Idéologie sera Destutt de Tracy et l'économiste Jean-Baptiste Say sera le premier rédacteur en chef de la revue de cette école : *La Décade philosophique.*

[441] *Rapport fait à la Convention nationale le 2 avril 1795 au nom du Comité d'instruction publique* par P.C.F. Daunou, Représentant du peuple, Arago 6, p.3 et 4.

[442] Ibid., p.8

Cet Institut national n'avait pas pour mission de gérer l'éducation nationale. Il avait pour unique fonction de rassembler et de raccorder toutes les branches du savoir, toutes les connaissances humaines – philosophie, sciences, lettres, arts – pour qu'elles se fécondent les unes les autres. Il était organisé en trois classes : sciences physiques et mathématiques, littérature et beaux-arts, enfin, très grande nouveauté tout-à-fait dans l'esprit de Condorcet : sciences morales et politiques.

Dans son discours d'inauguration Daunou devait affirmer :

« L'intérêt des lettres autant que l'intérêt politique invoquait cette association de tous les genres de connaissances. Les arts, en effet, ne paraissent indépendants les uns des autres que lorsqu'ils n'ont fait que leurs premiers pas : plus ils grandissent, plus ils s'aperçoivent de leurs relations naturelles et comprennent l'utilité du réciproque appui qu'ils se doivent. Dès lors, les directions se croisent, les applications se multiplient, les alliances les plus imprévues surgissent entre les familles les plus éloignées. »

Et en conclusion de son propos Daunou avait souhaité que l'instruction « vienne à son tour illustrer, défendre et maintenir la République ».[443]

Cela avait été aussi le vœu ardent de Condorcet avant sa mort.

Et cela est redevenu de nos jours, et plus que jamais, une impérieuse nécessité.

---

[443] La totalité du discours de Daunou se trouve dans l'ouvrage d'Ernest Maindron intitulé : *L'Académie des sciences, histoire de l'Académie, fondation de l'Institut national,* Paris, 1888, Félix Alcan.

Troisième partie

ÉLÉMENTS DE BIOGRAPHIE CONCERNANT CONDORCET

QUELQUES JALONS SUR LA ROUTE D'UN CONDORCET ÉCONOMISTE

Les pages qui suivent ne sont pas une biographie de Condorcet.

Ce sont plutôt des jalons qui marquent sa route comme économiste à l'époque de trois grandes révolutions :

- La révolution industrielle qui a commencé en Angleterre ;
- La révolution américaine de 1776 ;
- La révolution française de 1789.

C'est dire que ces éléments ne dispensent nullement de la lecture d'une biographie complète du personnage.

D'autant que cette biographie – remarquable – existe depuis 1988. C'est celle d'Elisabeth et Robert Badinter intitulée : *Condorcet, un intellectuel en politique* (Paris, 1988, Le Livre de Poche). Cet ouvrage possède deux qualités que l'on rencontre rarement associées : il se lit comme un roman tout en ayant le sérieux, l'ampleur et la précision d'un travail universitaire.

De surcroît c'est cette biographie qui a fortement contribué, dès sa parution, à restaurer la mémoire de Condorcet et à lui rendre sa place de grand intellectuel de l'intelligence française.

L'enfant sans père

17 septembre 1743 : Naissance de Condorcet à Ribemont en Picardie, commune située à une vingtaine de kilomètres au sud-est de Saint-Quentin, dans le département de l'Aisne, aujourd'hui région des Hauts-de-France.

Son nom exact est Marie-Jean-Antoine-Nicolas CARITAT, marquis de Condorcet.

Sa famille, de modeste noblesse militaire, n'est pas originaire de Picardie mais du Dauphiné. C'est alors qu'il se trouve en garnison à Ribemont que le père de Condorcet épouse, en mars 1740, une jeune veuve dont le nom de famille est Marie-Madeleine Gaudry.

Trois ans plus tard naît Condorcet.

Un mois après sa naissance son père est tué à Neuf-Brisach lors de manœuvres militaires.

Condorcet sera un enfant sans père, élevé avec amour par une mère attentive et inquiète qui va le consacrer à la Vierge Marie et l'habiller en fille pendant presque dix ans.

Condorcet adulte restera très attaché à sa mère, faisant annuellement le voyage de Paris à Ribemont pour venir passer quelques semaines avec elle jusqu'au jour où il l'installera à Paris auprès de lui.

C'est le plus jeune frère du père de Condorcet, un ecclésiastique qui sera successivement évêque de Gap, d'Auxerre et de Lisieux, qui va veiller sur les études de l'enfant.

Après deux années d'instruction à domicile, Condorcet entre en 1754 au collège des jésuites de Reims, puis, en 1758, au très réputé collège de Navarre à Paris.

C'est là qu'il découvre les mathématiques sous l'autorité d'un professeur avec qui il restera très lié : l'abbé Georges Girault de Kéroudon.

Août 1759 : Condorcet est reçu bachelier et en septembre, mois de ses seize ans, il présente sa thèse devant un jury où siège d'Alembert qui va le prendre sous sa protection et l'introduira, plus tard, à la fois dans le monde savant – l'Académie royale des sciences – et dans le monde tout court : le célèbre salon de Julie de l'Espinasse, l'égérie de d'Alembert.

Rencontres capitales avec Turgot et avec Voltaire

Les dix années qui vont de 1759 à 1769 sont marquées par deux événements qui vont orienter toute la vie de Condorcet :

D'abord le refus opposé au souhait de sa famille de le voir entrer dans la carrière des armes.

Ensuite sa décision de quitter Ribemont pour s'installer à Paris avec l'intention de se consacrer en totalité aux mathématiques. Dans la capitale, il va habiter rue Jacob, chez son ancien professeur, l'abbé de Kéroudon.

C'est durant cette période qu'il publie ses premiers écrits qui sont trois ouvrages de mathématiques :

- *Du calcul intégral en 1765 ;*
- *Du problème des trois corps en 1767 ;*
- *Essais d'analyse en 1768.*

En février 1769, dans l'année de ses vingt-six ans, Condorcet est élu à l'Académie des sciences comme « adjoint mécanicien » et cette élection est confirmée par Louis XV en date du 8 mars de la même année.

D'Alembert l'introduit dans le brillant salon parisien que tient, rue de Bellechasse, Julie de l'Espinasse. C'est là qu'il va rencontrer Turgot, à l'époque intendant du Limousin depuis plusieurs années, dont il devient l'ami et le confident. Une abondante et importante correspondance entre les deux hommes va s'ensuivre dont l'objet sera souvent l'économie, les innovations et l'aménagement du territoire.

En 1770 il fait le voyage de Ferney avec d'Alembert et séjourne deux semaines auprès de Voltaire, autre rencontre capitale dans la vie de Condorcet.

Voltaire est immédiatement séduit par cette jeune personnalité et leur correspondance contiendra des informations capitales sur les idées économiques de Condorcet, entre autres sa vive hostilité à la fois à la personnalité et à la politique de Colbert.

Plus tard, il participera activement, avec d'autres intellectuels comme Beaumarchais, à la publication des œuvres complètes de Voltaire et accompagnera ce travail de notes et d'avertissements qui contiendront, là encore, d'importantes remarques sur les questions économiques.

En 1772, dans la perspective de faire élire Condorcet comme adjoint au secrétaire perpétuel de l'Académie des sciences, d'Alembert lui propose, pour se faire mieux connaître du monde savant, de rédiger les éloges des anciens membres de cette institution morts entre 1666 et 1699.

Ces éloges-là, qui paraîtront en 1773, ainsi que beaucoup d'autres qui suivront, sont non seulement une véritable histoire des sciences mais encore un récit des innovations qui ont surgi dans les époques considérées.

En 1771 et 1773, important échange de correspondance entre Condorcet et le grand économiste italien Pietro Verri, où l'on découvre le prix que Condorcet accorde « à ce qui se passe dans la tête du commerçant » autrement dit à la psychologie en économie politique, et lui recommande de ne pas abuser, en la matière, du calcul ni de l'esprit de géométrie.

20 juillet 1774-12 mai 1776 au gouvernement avec Turgot

Après la mort de Louis XV et l'accession au trône de Louis XVI, Turgot entre au gouvernement le 20 juillet 1774 comme secrétaire d'Etat à la marine, où il ne reste que peu de temps, pour devenir ensuite ministre des Finances (Contrôleur général dans la terminologie de l'époque). Il prend Condorcet à son cabinet comme Inspecteur des Monnaies et entame une vaste politique de réformes dont les deux principales - libérer le commerce des grains et abolir les corvées – suscitent de vives réactions comme la guerre des farines.

Condorcet va soutenir très activement une telle politique, à la fois libérale et sociale, par l'écriture d'une série d'ouvrages indispensables pour connaître ses idées en économie politique :

Ainsi publie-t-il en 1774 :

- *Lettres sur le commerce des grains.*

En 1775 :

- *Lettre d'un laboureur de Picardie à M.N (*Necker*), auteur prohibitif à Paris,*
- *Réflexions sur les corvées,*
- *Monopole et monopoleurs.*

En 1776 :

- *Réflexions sur le commerce des blés,*
- *Sur l'abolition des corvées.*

Avec ces ouvrages, où il accorde la première place dans la vie économique aux négociants comme acteurs principaux de la liberté des échanges en situation de concurrence, et où il condamne fermement l'existence et les interventions d'une police des grains répressive, Condorcet, en économie, s'inscrit par avance dans la grande tradition d'un libéralisme économique qui vise à libérer les forces vives de la nation pour les mettre au service de la croissance et du progrès.

Pendant toute la durée du mandat de Turgot au gouvernement, Condorcet visitera souvent les voies navigables des Flandres et de la Picardie en vue de les aménager pour rapprocher Paris de toutes les régions fertiles du nord de la France.

Retour aux mathématiques

Après la disgrâce de Turgot, survenue en mai 1776, Condorcet retourne aux mathématiques et à ses travaux scientifiques.

En 1776 et 1777 il participe au supplément de l'Encyclopédie en rédigeant vingt-deux articles sur l'analyse mathématique.

Le 7 août 1776, à l'âge de trente-trois ans, il est élu - à l'unanimité, secrétaire perpétuel de l'Académie des sciences, après la démission de Grand-Jean de Fouchy.

Cette période de dix ans qui va de 1776 à 1786 est marquée par l'approfondissement de ses études sur les probabilités. Il publie une série de mémoires sur le sujet.

En 1785 paraît son *Essai sur l'application de l'analyse à la probabilité des décisions rendues à la pluralité des voix,* où il étudie la façon dont se forment les majorités dans les assemblées politiques.

Cette époque est aussi caractérisée par d'autres événements qui touchent sa vie personnelle.

En 1776 il fait venir sa mère à Paris et l'installe auprès de lui à l'hôtel des Monnaies

En 1781 il perd son ami Turgot avec qui il était resté en relation et qui meurt d'une nouvelle attaque de la goutte.

En 1782, à l'âge de trente-neuf ans, il est élu à l'Académie française. Son discours de réception est, lui aussi, à ranger dans la catégorie de ses écrits économiques car il annonce et développe longuement sa volonté d'œuvrer au rapprochement des sciences physiques et des sciences morales.

A partir de 1785 il participe à l'édition des œuvres complètes de Voltaire et publie à cette occasion une *Vie de Voltaire*.

En mai 1785 il est nommé citoyen de la ville de New Haven parmi d'autres Français en remerciement pour leurs actions en faveur des jeunes Etats-Unis.

En 1786 Condorcet épouse Sophie de Grouchy, âgée de vingt-trois ans, une jeune et brillante intellectuelle qui a traduit en français la *Théorie des sentiments moraux*, l'un des écrits philosophiques d'Adam Smith.

Devenue Madame de Condorcet, Sophie tiendra à l'hôtel des Monnaies jusqu'à la Révolution un célèbre salon où se croiseront personnalités françaises et étrangères (comme Thomas Paine et Thomas Jefferson, entre autres).

Toujours en 1786, Condorcet publie d'une part sa *Vie de Monsieur Turgot* où il exprime et confirme ses propres idées économiques à travers celles de Turgot et, d'autre part, un texte intitulé *De l'influence de la Révolution d'Amérique sur l'Europe,* dont le chapitre IV, qui examine le bien que la Révolution d'Amérique peut faire par le commerce à l'Europe et à la France, constitue un véritable cours d'économie internationale.

Condorcet et la Révolution

Au début de l'année 1788 Condorcet est nommé au comité exécutif de la Société des Amis des Noirs. C'est lui qui est chargé d'écrire les règles de cette société. En décembre 1789 il publiera dans le *Journal de Paris* un article véhément contre la traite des Noirs.

Toujours en 1788, un an avant l'ouverture des Etats généraux à Versailles, Condorcet publie l'une de ses œuvres principales, l'*Essai sur la constitution et les fonctions des Assemblées provinciales* où il développe longuement et avec précision ses idées libérales et réformatrices dans les domaines de la politique et de l'économie.

Dans la perspective de ces Etats généraux, il rédige le cahier de doléances de la noblesse de Mantes, ville de la région parisienne près de laquelle il avait acquis une propriété.

En 1789, n'ayant pas été élu par la noblesse de Mantes aux Etats généraux, il devient membre de la Commune de Paris.

C'est comme membre de cette instance qu'il va participer aux premiers pas de la Révolution. Il jouera le rôle d'intermédiaire entre la Commune de Paris et l'Assemblée nationale constituante.

En mai 1790, naissance, en l'hôtel des Monnaies, d'Alexandrine-Louise-Sophie de Caritat de Condorcet, dite Eliza. Plus tard, après le décès de Condorcet, devenue Madame O'Connor par son mariage, Eliza participera activement, avec François Arago, à la publication, en 1847-1849, des œuvres de son père, en douze volumes chez F.Didot. Ces douze volumes, qui restent indispensables à la connaissance de la pensée de Condorcet, sont aujourd'hui accessibles en téléchargement gratuit sur Internet à partir des sites Gallica ou Google-books.

Toujours en 1790, Condorcet fonde avec Sieyès « la Société de 1789 » et dirige le *Journal de la société de 1789.* C'est dans cette publication qu'il diffuse son texte célèbre : *Sur l'admission des femmes au droit de cité* (c'est-à-dire au droit de vote.

En décembre 1790, Condorcet publie ses cinq *Mémoires sur la Monnaie.* Ces Mémoires se trouvent dans l'édition Arago mais signalons qu'en 1994 ils ont été réédités par les éditions de l'Harmattan sous le titre : *Mémoires et discours sur les monnaies et les finances (1790-1792),* édition établie par Bernard Courbis et Lucien Gillard. – Cahiers d'économie politique, Cahiers monnaie et financement.

Enfin, c'est aussi en 1790 que Condorcet s'oppose à Mirabeau à propos de la nature et du rôle des assignats dans un écrit intitulé : *Sur la proposition d'acquitter la dette exigible en assignats.*

De façon générale on peut considérer que cette année 1790 est l'une des plus chargées en écrits économiques – surtout sur les impôts et la finance – puisque c'est durant cette année capitale qu'il va s'exprimer sur les caisses d'accumulation, la fixation de l'impôt, la Trésorerie nationale, la disette du numéraire, la monnaie, les assignats etc.

Début 1791, Condorcet publie ses Cinq Mémoires sur l'instruction publique dont le quatrième intéresse plus spécialement notre propos sur *Condorcet économiste* puisqu'il s'intitule : *Sur l'instruction relative aux professions* autrement dit sur l'enseignement technique dans le vocabulaire d'aujourd'hui. (Ces *Cinq Mémoires* ont été réédités en 1994 en livre de poche GF-Flammarion par Charles Coutel et Catherine Kintzler).

Le 8 juillet 1791, Condorcet annonce son ralliement à la République dans un discours au Cercle social devant une imposante assistance. Ce discours dont le titre est *De la République, ou un roi est-il nécessaire à la conservation de la liberté ?* intervient juste après la fuite du roi, son arrestation à Varennes et son retour à Paris. A partir de ce moment, Condorcet sera la cible des royalistes et perdra nombre d'anciens amis libéraux restés attachés à la royauté.

Le 26 septembre 1791, Condorcet est élu député de Paris à l'Assemblée nationale législative. Il en sera secrétaire le 3 octobre, puis vice-président en janvier 1792.

Le 28 octobre 1791 l'Assemblée législative procède à l'élection de son comité d'instruction publique. Condorcet est élu et deux jours plus tard ce comité tient sa première séance. Condorcet en devient le président.

En mars 1792, Condorcet, en raison d'inquiétudes qui se sont manifestées sur les subsistances dans certains départements, publie l'un de ses derniers textes, inspiré par l'actualité, mais qui peut être considéré comme une sorte de testament au regard de ses idées économiques : *Sur la liberté de la circulation des subsistances.*

Seize ans après la parution, en 1776, de son ouvrage sur la liberté du commerce des blés il n'a pas changé d'opinion sur l'approche libérale de cette question : il plaide à nouveau en faveur d'un marché libre, non plus seulement du blé mais de toutes les subsistances, à l'intérieur duquel les négociants puissent exercer sans entrave aucune leur activité de circuler, d'acheter, de stocker, de transporter, de vendre. Pour lui le négociant, loin d'être un personnage odieux comme le prétendent certains, est un agent *bienfaiteur*, bref « un anneau nécessaire de cette chaîne de travaux, de services et de salaires qui lie tous les individus aux intérêts de la grande famille nationale ». (Arago 10, p.367).

Si la France a changé et si elle est en train de passer, dans les convulsions, de la Royauté à la République, Condorcet, quant à lui, n'a pas bougé dans les finalités de son économie politique : il s'agit toujours, malgré les formidables événements du moment, de mettre la France sur le chemin des libertés et de la justice. D'autant que c'est le chemin que vient de suivre la Constituante en votant la nouvelle Constitution du pays. En effet, Condorcet établit un lien très fort entre la circulation libre des subsistances et cette nouvelle Constitution. Il proclame que la circulation libre des subsistances « est une suite nécessaire du droit de propriété, de l'égalité des hommes, reconnue par la Constitution. (Ibid., p.364)

Les 20 et 21 avril 1792, il présente à la tribune de la Législative son *rapport et projet de décret sur l'organisation générale de l'instruction publique,* texte capital dans la vie de Condorcet. En pleine présentation il doit s'interrompre car le roi vient d'entrer pour proposer à l'Assemblée de déclarer la guerre à l'Autriche.

Ce texte est renvoyé au prétexte d'en calculer le coût d'application.

Septembre 1792 : Condorcet est élu à la Convention nationale qui remplace l'Assemblée Législative par cinq départements dont ceux de l'Aisne et de la Gironde. Il choisit de siéger parmi les élus de l'Aisne.

19 janvier 1793, dans le procès de Louis XVI, Condorcet, hostile au fait que la Convention a choisi de juger elle-même le roi, ne vote pas la peine de mort, à laquelle il est opposé, mais se prononce pour la peine la plus élevée après celle de la mort.

1er février 1793 : la Convention déclare la guerre à l'Angleterre. Condorcet, avec d'autres, est désigné pour écrire une *Adresse au peuple anglais.*

15 et 16 février 1793, Condorcet lit à la tribune de la Convention un nouveau projet de Constitution (qu'on appellera la Constitution girondine) qu'il a rédigé. Ce projet sera abandonné au profit d'un autre défendu par les Montagnards.

Mai 1793 : Condorcet proteste publiquement contre l'arrestation des Girondins dans une *Adresse* des députés de l'Aisne.

Juillet 1793 : Dénoncé par Chabot, ancien capucin, à la tribune de l'Assemblée, Condorcet est décrété d'arrestation.

Il se réfugie et se cache rue des Fossoyeurs (aujourd'hui rue Servandoni) chez madame Vernet.

Il y restera près de huit mois et y recevra la visite de son épouse qui le presse d'écrire son *Esquisse d'un tableau historique des progrès de l'esprit humain.*
Ce livre-testament de Condorcet, suivi de *Fragment sur l'Atlantide*, a été édité en Livre de Poche en 1988 dans la collection GF-Flammarion (avec introduction, chronologie et bibliographie par Alain Pons).
Le 25 mars 1794, Condorcet quitte son refuge pour ne pas impliquer sa protectrice Madame Vernet, déjà surveillée par la police.
Après avoir cherché refuge sans succès chez ses amis Suard à Fontenay-aux-Roses il erre dans la campagne.
Le 27 mars 1794 il est arrêté à Clamart et retrouvé mort le lendemain dans sa cellule de la prison de Bourg-Egalité (Bourg-la-Reine).
Le 3 avril 1795 la Convention thermidorienne lui rend hommage par la voix de Daunou qui propose aux Représentants de la nation d'acheter aux frais de l'Etat 3000 exemplaires du livre-testament de Condorcet pour les distribuer dans les écoles républicaines.

ŒUVRES de CONDORCET

L'édition de référence des œuvres de Condorcet reste celle de 1847-1849, en douze volumes, mise au point et publiée par François Arago et la fille de Condorcet, (Mme O'Connor), Paris, F. Didot, accessible aujourd'hui en téléchargement gratuit à partir de divers sites internet : Gallica, Google-Books, Archive, entre autres.

A cela il convient d'ajouter :

- Condorcet : *Arithmétique politique. Textes rares ou inédits (1767-1789)* édition critique commentée par Bernard Bru et Pierre Crépel, Paris, 1994, Institut national d'études démographiques,

- Condorcet : *Ecrits sur l'instruction publique*

Volume premier, *Cinq mémoires sur l'instruction publique*, texte présenté, annoté et commenté par Charles Coutel et Catherine Kintzler.

Second volume, *Rapport sur l'instruction publique,*

Textes présentés, annotés et commentés par Charles Coutel.

Paris, 1989 pour les deux volumes, collection *Les classiques de la République*, édition Edilig.

- Condorcet, *Sur les élections et autres textes*, Paris, Fayard, Corpus des œuvres de philosophie en langue française.

- Condorcet, *Mélanges d'économie politique*, dans le tome 14 de la Collection des principaux économistes, réimpression (Otto Zeller, 1966) de l'édition Guillaumin de 1847.

-Condorcet, *Mémoires et discours sur les monnaies et les finances (1790-1792),* Edition établie par Bernard Courbis et Lucien Gillard, cahiers d'économie politique, cahiers monnaie et financement, 1994, l'Harmattan.

- Condorcet, *Vie de Monsieur Turgot*, présentation de Francisco Vergara, Association pour la diffusion de l'économie politique (ADEP), Paris 1997.

- Condorcet, *Moyens d'apprendre à compter sûrement et avec facilité,* présenté et annoté par Charles Coutel, Nicolas Picard et G.Schubring, Paris, 1989, Art, culture, lecture-éditions.

En format poche :

- Condorcet, *Esquisse d'un tableau historique des progrès de l'esprit humain*, suivi de *Fragment sur l'Atlantide*, introduction, chronologie et bibliographie par Alain Pons, Paris, 1988, GF-Flammarion.

- Condorcet, *Cinq mémoires sur l'instruction publique*, présentation, notes, bibliographie et chronologie par Charles Coutel et Catherine Kintzler, Paris, 1994, GF-Flammarion.

- Condorcet, *Réflexions sur l'esclavage des nègres*, présentation et notes de Jean-Paul Doguet, Paris, 2009, GF-Flammarion.

- Condorcet, *Conseil à sa fille et autres textes*, Paris, 2022, Folio.

Correspondances :

- *Correspondance inédite de Condorcet et de Turgot (1770-1779)* éditée par Charles Henry, Paris, 1883.
- *Correspondance inédite de Condorcet avec Mme Suard, M. Suard et Garat (1771-1791*), édition présentée par Elisabeth Badinter, Paris, 1988, Fayard.
- Julie de Lespinasse, *Lettres à Condorcet*, édition présentée par Jean-Noël Pascal, Paris, 1989, éditions Desjonquères.
- Signalons que le premier tome de l'édition Arago des œuvres de Condorcet contient également plusieurs correspondances de Condorcet avec Turgot, avec Voltaire et avec d'autres personnalités.

BIBLIOGRAPHIE

Biographies :

- Elisabeth Badinter, Robert Badinter : *Condorcet (1743-1794), un intellectuel en politique*, nouvelle édition revue et augmentée, Paris, Fayard, 1990, Le Livre de Poche.
- Alengry F. *Condorcet, guide de la Révolution française, théoricien du droit constitutionnel et précurseur de la science sociale*, 1904, Slatkine reprints, Genève, 1971.
- Arago François, *Biographie de Condorcet*, dans le premier volume des œuvres de Condorcet.
- Cahen L. *Condorcet et la Révolution française*, 1904, Slatkine reprints, Genève, 1971.
- Charma A. *Condorcet, sa vie, ses œuvres*, Caen, Hardel, 1863.
- Diannyère A. *Notice sur la vie et les ouvrages de Condorcet*, Paris, Duplain, An IV.
- Lacroix S.F. *Notice historique sur la vie et les ouvrages de Condorcet*, Paris, 1813.

Principales études sur Condorcet (des années 1980 à nos jours) :

- Crampe-Casnabet Michèle, *Condorcet, lecteur des Lumières*, Paris, 1985, PUF.
- Kintzler Catherine, *Condorcet, l'instruction publique et la naissance du citoyen*, Paris, 1987, Folio-essais.
- Keith Baker, *Condorcet, raison et politique*, Paris, 1988, Hermann.
- Condorcet, contributions de M. Crampe-Casnabet, J.C. Perrot, E. Brian et B. Bru, dans *Revue de synthèse* janvier-mars 1988, Centre international de synthèse.

- Colloque international sur le thème : *Condorcet, mathématicien, économiste, philosophe, homme politique*, Paris, 1989, Minerve, Voies de l'histoire.
- Granger Gilles-Gaston, *La mathématique sociale du marquis de Condorcet*, Paris, 1989, Odile Jacob.
- *Analyses et réflexions sur Condorcet, Esquisse d'un tableau historique des progrès de l'esprit humain*, ouvrage collectif, Paris,1989, Ellipses.
- Dumazedier Joffre (direction) et Eric Donfu (collaboration), *La leçon de Condorcet, une conception oubliée de l'instruction pour tous nécessaire à une république*, Paris, 1994, l'Harmattan, série Références.
- Coutel Charles, *Politique de Condorcet*, Paris, 1994, Petite bibliothèque Payot.
- Coutel Charles, *A l'école de Condorcet, contre l'orléanisme des esprits, Paris, Ellipses.*
- *Condorcet, homme des Lumières et de la Révolution*, textes réunis par Anne-Marie Chouillet et Pierre Crépel, Paris, 1997, ENS-Editions.
- Coutel Charles, *Condorcet, instituer le citoyen*, Paris, 1999, Michalon.
- Pisanelli Simona, *Condorcet et Adam Smith. Réformes économiques et progrès social au siècle des Lumières*, Paris, 2018, Classiques Garnier, bibliothèque de l'économiste sous la direction d'André Tiran.

Etudes diverses :

- Abbé Ferdinand Galiani, *Dialogue sur le commerce des blés*, Paris, 1984, Fayard.
- Aftalion Florin, *L'économie de la Révolution française*, Paris, 1987, PUF/Quadrige.
- Albertone Manuela, *Les fondements d'un refus (1789-1791), sur Condorcet et les assignats*, Revue dix-huitième siècle, N°28, 1996.
- Alix Edgard, *Un précurseur de l'école mathématique : Nicolas-François Canard*, Revue d'histoire économique et sociale, 1920.
-Arkhipoff Oleg, *La fin du paradoxe de Condorcet, quelles conséquences pour la comptabilité nationale ?* Journal de la société statistique de Paris, tome 129, N°4.
- Bach Reinhard, *Les Physiocrates et la science politique de leur temps,* Revue française d'histoire des idées politiques, 2004/2 N°20.
- Béraud Alain, *Walras et les ingénieurs-économistes français*, Université de Cergy-Pontoise, 2006.
- Bigot H., *Les idées de Condorcet sur l'instruction publique,* Poitiers, Lévrier, 1912
-Boarini Serge, *Turgot, Condorcet : les Lumières face au progrès,* revue Dix-huitième siècle, 2011/1 N° 43.

- Bouissounouse J., *Condorcet, le philosophe dans la Révolution*, Paris, Hachette, 1962.
- Bouissounouse J., *Condorcet, un pacifiste se jette dans la guerre*, Revue Guerre et Paix, 1966,
- Bouvier Emile, *La méthode mathématique en économie politique*, Revue d'économie politique, août-septembre et décembre 1901.
- Bosc Yannick, *Liberté et propriété. Sur l'économie politique et le républicanisme de Condorcet*, Annales Historiques de la Révolution Française, 3 – octobre-décembre 2011.
- Bosc Yannick, *Paine et Condorcet pour refonder la solidarité ?* La Découverte, 2010/4
- Boyer Jean-Daniel et Le Chapelain Charlotte, *Smith et Condorcet deux « libéraux de la liberté » confrontés à la question de l'instruction publique*, Paris, l'Harmattan, Cahier d'économie politique, 2010/ N° 58.
- Breton Yves, *L'économie politique et les mathématiques en France,* 1800-1940. Histoire et mesure, 1992, volume 7, N° 1-2.
- Breton Yves, *Les économistes libéraux français et la statistique. Débats et controverses, 1800-1914*, Journal de la Société statistique de Paris, tome 128 (1987)
- Buisson F. *Condorcet,* Paris, Alcan, 1929.
- Caillaud Eugène, *Les idées économiques de Condorcet*, Poitiers, Bousrez, 1908.
- Cartelier Jean, *L'invention de l'économie au XVIIIe siècle* : note de lecture, Cahier d'économie politique N°23.
- Charles LoÏc, *Théorie des prix et liberté d'exportation du blé chez Quesnay : une interprétation*, Paris,1998, l'Harmattan, Cahiers d'économie politique, n°32.
- Crépel Pierre, *Condorcet et l'estimation statistique*, Statistique et analyse des données, 1988, vol.13- N°2.
- Crouzet François, *Angleterre et France au XVIIIe siècle : essai d'analyse comparée de deux croissances économiques*. Annales ESC, 21e année, N°2, 1966.
- Defourny Maurice, *La philosophie de l'histoire chez Condorcet*, Revue néo-scolastique, 11e année, N°42.
- Delmas Bernard, *Les physiocrates, Turgot et « le grand secret de la science fiscale »,* Revue d'histoire moderne et contemporaine, 2009/2 n° 56.
- Delmas B., Demals T., Steiner Ph., *La diffusion internationale de la Physiocratie (XVIIIe - XIXe),* Presses universitaires de Grenoble.
- Delsaux Hélène, *Condorcet journaliste (1790-1794),* Paris, 1931, librairie ancienne Honoré Champion.
- Demals Thierry, *Une économie politique de la nation agricole sous la Constituante ?* Revue française d'histoire des idées politiques, 2004/2 n° 20.

- Diemer Arnaud, *Quand le luxe devient une question économique : retour sur la querelle du luxe au XVIIIe siècle*, De Boeck supérieur/ innovations 2013/2 N° 41.
- Dorigny Marcel, *Le ralliement aux assignats de Condorcet. Etapes et modalités (1791-1792),* Dix-huitième siècle, N°28, 1996.
- Etner François, *Partisans et adversaires de l'économie mathématique en France*, Revue économique N° 3, mai 1989.
- Faccarello Gilbert, *L'économie, une science nouvelle ? ce siècle avait trois ans.* Revue Romantisme, 2006/3, N° 133.
- Faccarello François et Steiner Philippe, *La pensée économique pendant la Révolution française*, Presses universitaires de Grenoble.
- Fage Anita, *Les doctrines de la population des encyclopédistes*, Population, 6e année, N° 4, 1951.
- Faure Edgar, *La disgrâce de Turgot*, Paris, 1961, Gallimard.
- Fumaroli Marc, *Quand l'Europe parlait français*. Le Livre de Poche, 2001.
- Gareth Stedman Jones, *La fin de la pauvreté ? un débat historique*. Maisons-Alfort 2007.
- Gaudebout Jean-Claude, *Condorcet, la Physiocratie et les Etats-Généraux,* Révolution.Net, août 2014.
- Gautier Florence et Ikni Guy-Robert, *La guerre du blé au XVIIIe siècle*. Paris, 1988, Editions de la passion.
- Gidney Lucy M., *L'influence des Etats-Unis d'Amérique sur Brissot, Condorcet et Mme Roland*, Paris, Rieder, 1930.
- Gillard Lucien, *Condorcet, deux autres paradoxes ?* Annales, Histoire, Sciences sociales, n°1, 1996.
- Gilles Philippe et Berlan Jean-Pierre, *Economie, histoire et genèse de l'économie politique : Quesnay, Turgot et Condorcet, Say, Sismondi.* Revue économique, volume 42, N° 2, 1991.
- Granger Gilles-Gaston, *Langue universelle et formalisation des sciences : un fragment inédit de Condorcet*, Revue d'histoire des sciences et de leurs applications, tome 7, n° 3, 1954.
- Gusdorf Georges, *La conscience révolutionnaire. Les Idéologues*, Paris, 1978, Payot.
- Hilton Root, *Emeutes frumentaires et libre commerce des grains : retour sur l'expérience Turgot (1774-1776).* Sur le site Internet de l'Institut Turgot.
- Ikni Guy R. et Florence Gauthier, *La guerre du blé au XVIIIe siècle. La critique populaire contre le libéralisme économique au XVIIIe siècle,* Montreuil, 1988, Editions de la Passion.
- Jaume Lucien, *Condorcet : droit de résistance ou censure du peuple ?* Revue Le genre humain, 2005/1.
- Jevons Stanley, *Bibliographie des ouvrages relatifs à l'application des mathématiques à l'économie politique*, Journal des économistes, octobre-décembre 1878, pages 470 à 477.

- Kaplan Steven L. *Raisonner sur les blés, essai sur les lumières économiques*, Paris, 2017, Fayard-Histoire.
- Kaplan Steven L. *Le pain, le peuple et le roi, la bataille du libéralisme sous Louis XV*, Paris, 1986, Perrin.
- Kintzler Catherine, *Condorcet, l'instruction publique et la pensée politique*, sur Internet, site Mezetulle
- Klotz Gérard, *L'économie saisie par la statistique*, Revue Romantisme, 2006/3.
- Laboulle M-J, *La mathématique sociale : Condorcet et ses prédécesseurs*, Revue d'histoire littéraire de la France, tome 46, 1939.
- Le Chapelain Charlotte, *L'instruction publique de Condorcet. Progrès économique et réflexions sur la notion de capital humain*, Presses de Sciences-po, 2010/2, volume 61.
- Lerat Christian, *Condorcet, sur Franklin : un éloge funèbre ou un auto-portrait ?* Dans le livre d'Elise Marienstras *L'Amérique et la France : deux révolutions.* Paris, 1991, éditions de la Sorbonne.
- Malbranque Benoît, *Morellet et la première opposition de l'école française à l'économie mathématique.* Sur Internet, site de l'Institut Coppet.
- Menudo José-Manuel et Rieucau Nicolas, *Une apologie des Physiocrates par Condorcet*, Société française d'étude du Dix-huitième siècle, 2014/1, N° 46.
- Mercier Anne-Cécile, *Le référendum d'initiative populaire : un trait méconnu du génie de Condorcet*, Revue française de droit constitutionnel, 2003/3.
- Meynaud Jean, *Les mathématiciens et le pouvoir*, Revue française de science politique, N°2 - 1959.
- Moret Jacques, *L'emploi des mathématiques en économie politique*, Paris, 1975, Giard et Brière.
- Nemo Philippe, *A.Destutt de Tracy critique de Montesquieu : le libéralisme économique des Idéologues*, revue Romantisme, 2006/3.
- Pons Alain, *Condorcet, science et philosophie du progrès*, sur Internet.
- Provost Audrey, *Le luxe public au dix-huitième siècle : questions de formes*, L'atelier du centre de recherches historiques, 08/2011.
- Provost Audrey, *Rabelleau et le luxe en 1772* : stratégie de publication, revue Dix-huitième siècle, N°35, 2005.
- Provost Audrey, *Le luxe, les Lumières et la Révolution*, Champ Vallon.
- Rashed Roshdi, *Condorcet, mathématique et société*, Paris, 1974, Hermann.
- Regaldo Marc, *La Décade et les philosophes du XVIIIe siècle*, Revue Dix-huitième siècle, 1970, N°2, Garnier frères.
- Regaldo Marc, *Lumières, élite, démocratie, la difficile position des Idéologues*, Revue dix-huitième siècle, 1974, N°6, (numéro spécial sur Lumières et civilisation), Garnier frères.

- Regaldo Marc, *Un milieu intellectuel : La Décade philosophique (1794-1807)*, Paris, 1976.
- Rieucau Nicolas, *L'économie d'un savant : l'œuvre de Condorcet, des archives à l'interprétation*, Université Paris 8, Synthèse pour l'habilitation à diriger des recherches (sur Internet).
- Rieucau Nicolas, *Nature et diffusion du savoir dans la pensée économique de Condorcet*, thèse pour le doctorat en sciences économiques, 1997, (sur Internet, site HAL archives-ouvertes).
- Rieucau Nicolas, *Défaillance instrumentale et défiance généralisée : les réflexions de Condorcet sur les assignats dans le débat de 1790*, Revue dix-huitième siècle, 1996 (sur Internet, site HAL).
- Spengler Joseph J., *Economie et population : les doctrines françaises avant 1800. 1-De Budé à Condorcet*, INED, cahier 21, Paris, 1954, PUF.
- Steiner Philippe, *Le projet physiocratique : théorie de la propriété et lien social*, Revue économique, volume 38, N°6, 1987.
- Steiner Philippe, S*ociologie de la connaissance économique. Essai sur les rationalisations de la connaissance économique (1750-1850*). Paris, 1998, PUF.
- Steiner Philippe, *La science de l'économie politique et les sciences sociales en France (1750-1830),* Revue d'histoire des sciences humaines, 2006/2 n°15.
- Thiveaud Jean-Marie, *Condorcet : prévoyance, finance et probabilités, entre raison et utopie*, Revue d'économie financière, N°49 - 1998.
- Walras Léon, *De l'application des mathématiques à l'économie politique* (1876), Revue française d'économie, volume 4, N°2, 1989.
- Weulersse Georges, *Le mouvement physiocratique en France de 1756 à 1770*, 2 volumes, Paris, 1910, Alcan.

TABLE DES MATIÈRES

TROISIÈME PARTIE

Revue « Marché et Organisations »

Promouvoir la recherche originale sur les relations de plus en plus étroites entre le marché et les organisations. Les acteurs économiques de taille, de puissance et de pouvoir différents dont les intérêts peuvent être convergents, complémentaires ou, le plus souvent, antagoniques, ont tendance à organiser les marchés. La raison du marché, pourtant, est la référence stratégique pour l'entreprise ainsi que pour les institutions publiques de décision économique.

N°1 : Artisanat. La modernité réinventée, 2006
N°2 : La petite entreprise, elle a tout d'une grande. De l'accompagnement aux choix stratégiques, 2006
N°3 : Tourisme et Innovation. La force créative des loisirs, 2007
N°4 : Le travail. Formes récentes et nouvelles questions, 2007
N°5 : Les universités et l'innovation. L'enseignement et la recherche dans l'économie des connaissances, 2007
N°6 : Entrepreneuriat et accompagnement. Outils, actions et paradigmes nouveaux, 2008
N°7 : Développement durable des territoires. Economie sociale, environnement et innovations, 2008
N°8 : Développement durable et responsabilité sociale des acteurs, 2009
N°9 : Gouvernance : exercices de pouvoir, 2009
N°10 : Le travail collaboratif. Une innovation générique, 2009
N°11 : Economie sociale et solidaire. Nouvelles trajectoires d'innovations, 2010
N°12 : Relations à la marque et marques de la relation. Regards croisés sur le management relationnel de la marque, 2010
N°13 : Les contrats au service de la recherche ?, 2011
N°14 : Le potentiel économique de l'Afrique subsaharienne, 2011
N°15 : Management de la distribution, 2012
N°16 : Territoire Vert. Entreprises, Institutions, Innovations, 2012
N°17 : Eco-conception, conception et innovation. Les nouveaux défis de l'entreprise, 2013
N°18 : Intelligence économique : entreprises et territoires, 2013
N°19 : La finance globale. Un monde fini, 2013
N°20 : La crise du « développement », 2014
N°21 : La Chine innove. Politiques publiques et stratégies d'entreprise, 2014
N°22 : Go East! Nouvelles Economies de Marché, 2015
N°23 : L'économie du changement, 2015
N°24 : Le temps des artisans. Permanences et mutations, 2015
N°25 : Innovations de proximité et esprit d'entreprise, 2016
N°26 : L'avenir des économies du Maghreb : entre inertie structurelle et envie de rupture, 2016/3 (n° 27)
N°27 : Le sport aux frontières du marché du travail, 2016
N°28 : Dynamiques internationales des entreprises, 2017
N°29 : L'univers du risque, 2017
N°30 : Les petites entreprises dans l'histoire industrielle, 2017
N°31 : Economie sociale et *social business* ? Au défi d'entreprendre et se financer, 2018
N°32 : Éducation et fertilisation des économies africaines, 2018
N°33 : L'entrepreneuriat innovant dans les pays du Maghreb, 2018
N°34 : L'entrepreneuriat scientifique : institutions et innovation, 2019
N°35 : Le champ économique de la culture, 2019
N°36 : Economie sociale et solidaire ? Modèles d'innovation et modes de gouvernance, 2019
N°37 : Rethinking Luxury Business, 2020
N°38 : La santé connectée. Nouvelles technologies et réorganisation des soins, 2020
N°39 : Options stratégiques et systèmes complexes d'innovation, 2020
N°40 : Les services : intégration des systèmes productifs et lien social, 2021
N°41 : Crise pandémique, crise globale. Réalité et controverses théoriques, 2021
N°42 : La crise de la covid-19. Le marché et les organisations en perspective, 2021
n°43 : (Re)faire système. *Bug & reset*, 2022
n°44 : Aléas du marché et management du risque, 2022
n°45 : Le renouveau du transport et de la logistique : les systèmes d'information, 2022
N°46 : Entrepreneuriat et innovation dans l'enseignement supérieur, 2023

Collection « L'esprit économique »

fondée par Sophie Boutillier et Dimitri Uzunidis en 1996

Dernières parutions

► ***Série Economie et Innovation***

S. MONNERIE, *L'économie digitale révolutionne le monde. Innovation et total design*, 2019.

T. MICHAUD, *Le projet spatial européen, entre pragmatisme et imagination*, 2020.

J.-P. SCHMITT, N. RAVIDAT, *Management conjoint de la technologie et de la personne. Pour performer et croitre*, 2020.

Y. EL YAHYAOUI, *Economie des plateformes numériques. Captation de la valeur, pouvoir de marché et communs collaboratifs*, 2021.

G. DUTHIL, *Handicap et insertion professionnelle*, 2022.

T. MICHAUD, *La science-fiction institutionnelle*, 2023.

► ***Série Le Monde en Question***

H. AGOURRAME, *La règlementation bancaire internationale. Genèse, évolution et impact sur le « business model » des banques*, 2021.

A. AMINE, C. GALLOUJ, *Consommateurs et pratiques de consommation au Maroc*, 2021.

T. MARINOVA, *Economie sociale et solidaire dans les pays des Balkans. Bulgarie, Roumanie, Serbie : quels enseignements ?* 2021.

T. GARCENOT, *La finance contre le dérèglement climatique. Politiques monétaires et enjeux géopolitiques de la finance verte*, 2021.

A. VALLERAY, *Mondialisation mon amour. Avatars d'une utopie*, 2021.

I. BEN ABDELKADER, *La microfinance dans la région du Moyen-Orient et de l'Afrique du nord (MENA). Aperçu global et enjeux actuels*, 2022.

C. GALLOUJ, *Grande distribution alimentaire au Maroc. Acteurs et stratégies*, 2022.

J. PIERRE-JUSTIN VIRAPATIRIN, *La petite économie insulaire de la Guadeloupe. Bilan, enjeux et perspectives*, 2022.

K. ESSAF, *Les Sukuk : aspects théoriques, rendement et risques*, 2022.

► ***Série Krisis***

V. LAURE VAN BAMBEKE, *La valeur du travail humain. Essai sur la refondation de l'expression monétaire de la valeur-travail*, 2021.

A. FONTAINE, *L'économie est l'opium du peuple. Une fausse science*, 2021.

A. RODRIGUEZ-HERRERA, Travail, valeur et prix. Reprise et clôture d'un débat centenaire (1885-1985) a la lumière des textes marxiens, 2021.

R. DELORME, *La complexité autrement. Une réponse nouvelle à la pandémie et à d'autres phénomènes sociaux complexes*, 2022.

V. YEFIMOV, *L'ordre social monétaire. L'économie discursive défit le courant dominant et l'économie narrative*, 2022.

M. WIELEZYNSKI, *La loi du marché post-esclavagiste. Une approche critique*, 2023.

► **Série *Clichés***

S. BOUTILLIER, D. UZUNIDIS (dir.), *La Russie européenne. Du passé composé au futur antérieur*, 2008.

R. VOLPI, *La négociation. Pain, paix, liberté*, 2009.

► ***Série Cours Principaux***

R. SANTENAC, *Le cycle des crises financières. Une étude approfondie des causes, des impacts et de la fréquence*, 2020.

B. LANDAIS, *Macroéconomie efficace. Croissance et crises*, 2020.

A. MBULI LANDU, *Le memo d'un comptable. Approche par le SYSCOHADA révisé*, 2021.

M. EL KARRIM, *Introduction à l'économétrie appliquée*, 2022.

Z. FIRANO, *Fondements de la finance de marché. Théories et applications*, 2022.

► ***Série L'économie formelle***

H. AMAAZOUL, *Responsabilité sociétale des entreprises et performance financière. Étude appliquée aux entreprises marocaines*, 2021.

M. BERTONECHE, *Chroniques économiques de notre temps*, 2021.

E. CARREY, H. LANDIER, *Après la guerre contre la Covid : de l'économie financière a l'entrepreneuriat social*, 2021.

J. LATREILLE, *Sale temps pour l'économie marchande*, 2021.

J. LATREILLE, *Escronomistes ! Ces théories qui abîment le monde*, 2022.

Structures éditoriales du groupe L'Harmattan

L'Harmattan Italie
Via degli Artisti, 15
10124 Torino
harmattan.italia@gmail.com

L'Harmattan Hongrie
Kossuth l. u. 14-16.
1053 Budapest
harmattan@harmattan.hu

L'Harmattan Sénégal
10 VDN en face Mermoz
BP 45034 Dakar-Fann
senharmattan@gmail.com

L'Harmattan Cameroun
TSINGA/FECAFOOT
BP 11486 Yaoundé
inkoukam@gmail.com

L'Harmattan Burkina Faso
Achille Somé – tengnule@hotmail.fr

L'Harmattan Guinée
Almamya, rue KA 028 OKB Agency
BP 3470 Conakry
harmattanguinee@yahoo.fr

L'Harmattan RDC
185, avenue Nyangwe
Commune de Lingwala – Kinshasa
matangilamusadila@yahoo.fr

L'Harmattan Congo
219, avenue Nelson Mandela
BP 2874 Brazzaville
harmattan.congo@yahoo.fr

L'Harmattan Mali
ACI 2000 - Immeuble Mgr Jean Marie Cisse
Bureau 10
BP 145 Bamako-Mali
mali@harmattan.fr

L'Harmattan Togo
Djidjole – Lomé
Maison Amela
face EPP BATOME
ddamela@aol.com

L'Harmattan Côte d'Ivoire
Résidence Karl – Cité des Arts
Abidjan-Cocody
03 BP 1588 Abidjan
espace_harmattan.ci@hotmail.fr

Nos librairies en France

Librairie internationale
16, rue des Écoles
75005 Paris
librairie.internationale@harmattan.fr
01 40 46 79 11
www.librairieharmattan.com

Librairie des savoirs
21, rue des Écoles
75005 Paris
librairie.sh@harmattan.fr
01 46 34 13 71
www.librairieharmattansh.com

Librairie Le Lucernaire
53, rue Notre-Dame-des-Champs
75006 Paris
librairie@lucernaire.fr
01 42 22 67 13